Introducción a la inteligencia artificial

José María Girón Sierra

Introducción a la inteligencia artificial

La tecnología que nos cambiará para siempre

SEKOTIA

Editorial Sekotia • Colección Reflejos de actualidad
Editor: Humberto Pérez-Tomé
Maquetación: Miguel Andréu

www.sekotia.com
pedidos@almuzaralibros.com - info@almuzaralibros.com

Editorial Sekotia
Parque Logístico de Córdoba. Ctra. Palma del Río, km 4
C/8, Nave L2, nº 3. 14005 - Córdoba

Imprime: Romanyà Valls
ISBN: 978-84-18414-57-2
Depósito legal: CO-341-2023

Hecho e impreso en España-*Made and printed in Spain*

Índice

En recuerdo del profesor de Inteligencia Artificial,
José Mira Mira
Que fue director de mi tesis doctoral
sobre aprendizaje por refuerzo

Introducción

La inteligencia artificial va ocupando un papel importante en nuestra vida, a través de Internet y de nuestro entorno social y profesional. Es lógico que despierte diversas preguntas sobre lo que es y qué posibilidades nos brinda. El propósito de este libro es responder a esto, introduciendo las ideas centrales de la inteligencia artificial, y dando una panorámica de aplicaciones actuales. Ponemos especial acento en los medios sociales, tan apoyados hoy día en los móviles y sus *apps*. Damos paso, también, a algunos aspectos de la inteligencia artificial bajo debate. El libro no pretende ser un tratado exhaustivo, pero sí da pistas, a través de las referencias a materiales en la web, para la exploración personal de los aspectos que susciten especial interés o curiosidad. Bienvenidos a estas páginas.

Deseo expresar mi agradecimiento al profesor Guillermo Botella, de la Universidad Complutense de Madrid, por haberme animado a escribir este libro. También mi reconocimiento a los profesores, investigadores y compañeros que tanto han contribuido a atender a mi curiosidad científica a lo largo de los años.

Capítulo 1

Panorámica breve de la inteligencia artificial

Para ir entrando en materia, queremos presentar de forma introductoria y breve algunos trazos importantes de la inteligencia artificial, intentando explicar con ejemplos su fundamento y para qué nos pueden servir.

1.1. Ver al humano como manejador de información

Aparece en la figura 1.1 un ingeniero en tareas de inspección de una obra. Lleva un cuaderno de notas y un bolígrafo. Nos interesa analizar lo que sucede, porque quizá la inteligencia artificial desee crear un robot humanoide que sustituya al ingeniero. Ya tenemos aquí una cuestión que ver más adelante en el libro: ¿sustituir hombres por máquinas?

Figura 1.1. Fotografía de un ingeniero durante la inspección de una obra

Vamos a considerar al humano como manejador de información, con arreglo al diagrama de bloques de la figura 1.2. Desde luego, no es la única manera de estudiar al hombre, pero nos va a servir para destacar cosas que la inteligencia artificial mira con detalle. De izquierda a derecha tenemos un flujo de información, que es captada por los sentidos; después hay un procesamiento; y más adelante se traduce en unas acciones.

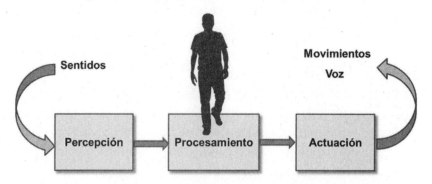

Figura 1.2. El hombre como manejador de información: diagrama de bloques

La aplicación del diagrama al caso del ingeniero resulta, en principio, muy directa. El ingeniero ha visto cosas, medita sobre lo que interesa anotar y entonces actúa escribiendo las notas pertinentes. Puede que, además, haga algunas observaciones de viva voz.

Pero aquí pasan muchas cosas. Más de las que parecen a primera vista. Pongamos la lupa en algunas de ellas.

Por supuesto, el ingeniero ha aplicado sus sentidos para fijarse en lo que le interesa inspeccionar. No se trata de una mera captación pasiva, sino que intervienen mecanismos de atención especializada. Esto también le sucede a un vehículo autónomo sin conductor, tiene que fijarse en importantes aspectos de la calle o la carretera.

Por otro lado, al escribir sobre un papel, el ingeniero aplica la vista y el tacto. De hecho, los hombres usamos simultáneamente varios sentidos. El bloque «Percepción» se encarga de unificar la información recibida.

Otra de las funciones de la «Percepción» es reconocer formas y signos. Como son, por ejemplo, los números y letras que el ingeniero escribe sobre el papel.

Es de suponer que lo que está escribiendo el ingeniero tenga algún significado. Aquí, en la interpretación, interviene el bloque de «Procesamiento», que puede emplear memoria y habilidades aprendidas. Y que conste que este bloque puede tener muchas otras funciones.

El bloque de «Actuación» se encarga de los movimientos coordinados de brazos y manos, para sujetar el papel y escribir con la fuerza conveniente, sin perforar el papel.

En nuestro sistema biológico tenemos muchas realimentaciones y, así, por ejemplo, nuestra vista suele vigilar lo que hacen nuestras manos, como en el caso de enhebrar una aguja o de escribir. De hecho, el diagrama de la figura 1.2 es todo él un lazo constante de realimentación.

Los puntos que acabamos de indicar nos dan un primer mapa de situación de temas. Veamos ahora algunas cosas que sabemos hacer con inteligencia artificial.

1.2.Clasificar/reconocer

La inteligencia artificial ha aprendido a clasificar en contextos difíciles, a veces lejos de la capacidad humana.

¿A qué nos referimos con clasificar? Veamos un ejemplo. A través de una cinta transportadora nos llegan calabazas y pimientos. A la salida de la cinta hemos de separar las calabazas de los pimientos. Queremos que lo haga un sistema automático. Mediante sensores podemos saber el tamaño y el color (de amarillo a rojo) de cada hortaliza que nos llega. La figura 1.3 muestra cómo serían los datos tras haber analizado varias de las hortalizas. Hemos dibujado una recta que separa en dos zonas estos datos, y la hemos denominado «criterio de decisión».

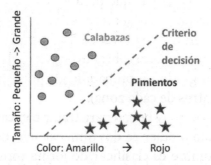

Figura 1.3. Ejemplo simple de clasificación

En principio, tras recoger suficientes datos, podemos calcular matemáticamente cuál sería la recta más apropiada para separar las dos zonas. A continuación, aplicaríamos la recta para clasificar cualquier nueva hortaliza que nos llegue por la cinta.

No siempre lo lógico es emplear una recta. La figura 1.4 muestra una situación bien distinta, en la que no es posible separar dos zonas tan fácilmente, y desde luego no con una recta. En la figura hemos dibujado una curva que podría servir como criterio de decisión. La inteligencia artificial dispone de algoritmos para poder calcular la curva de separación adecuada.

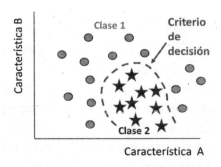

Figura 1.4. Ejemplo algo más difícil de clasificación

En la vida real aparecen con frecuencia mezclas, de modo que los datos no están en regiones separadas. Hay algoritmos de inteligencia artificial que permiten encontrar zonas (por ejemplo, circulares o elípticas) en las que predominan una clase de datos u otra (un ejemplo de esto aparece en la figura 1.7). Incluso se pueden calcular centros de gravedad de cada zona. Así, a la hora de clasificar un nuevo dato, cabría expresar varias posibilidades, cada una con un grado de probabilidad (por ejemplo, según la cercanía a los centros de cada zona).

El ser humano es muy bueno para tratar con casos de clasificación que se puedan dibujar en dos dimensiones. Lo que ya es más difícil para el hombre es clasificar de forma intuitiva casos con más de tres dimensiones. Imagínese cómo se complica la situación a medida que las dimensiones se cuentan por décadas o centenares. Esto sucede por ejemplo con el diagnóstico médico.

Afortunadamente, los algoritmos de inteligencia artificial se pueden aplicar, usando ordenadores, a escenarios con muchas dimensiones.

Pongamos ahora un ejemplo de la vida actual, representado en la figura 1.5. Queremos un préstamo. Existen compañías a las que llamas por teléfono, te hacen esperar un cierto tiempo, quizá te hagan alguna pregunta, y finalmente te dicen que te conceden el préstamo. ¿Qué ha sucedido?

Figura 1.5. Queremos un préstamo

Lo que ha sucedido es que la compañía, una vez que sabe tu teléfono, ha consultado vía ordenador una inmensa base de datos acerca de ti. Ha examinado tu trayectoria, tu entorno familiar, tus costumbres, tu salud, lo que hay en las redes sociales, etc. Ha puesto en marcha un algoritmo de clasificación, y ha dictaminado cuánto eres de fiable.

Hablemos de otra aplicación interesante. La inteligencia artificial permite reconocer caras, cada vez con más acierto. La figura 1.6 ilustra la problemática del reconocimiento de caras[1].

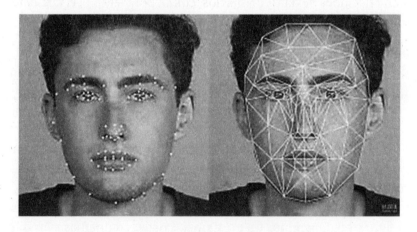

Figura 1.6. Reconocer una cara

Además de caras, hay voz, caligrafía, aspecto corporal, iris, huella digital, etc. Tenemos toda una panoplia de técnicas para poder identificar a cada persona.

---

1   https://blog.rapidapi.com/top-facial-recognition-apis/

En el tema del reconocimiento de caras aparece una cuestión crítica, ¿en qué debemos fijarnos para individualizar una cara? Podría ser el tamaño de la nariz, la distancia entre ojos, la redondez de la cara, etc. Tenemos aquí un problema típico de la clasificación, que es determinar una serie de características relevantes con las que poder distinguir casos distintos. Lo mejor sería que unas pocas características fuesen suficientes.

Una de las áreas de actividad que siente mayor necesidad de ayuda, a la hora de saber cuáles son las características clave, es el diagnóstico médico. En este contexto estaríamos hablando de síntomas, de resultados de los análisis y de las pruebas, de edad, de obesidad, etc. Por ejemplo, existe una conocida base de datos sobre diabetes que contiene información de 442 pacientes y que considera 64 factores de posible interés (una tabla de 442 filas y 64 columnas).

Con el tiempo se han ido desarrollando métodos que permiten localizar las características más definitorias en grandes volúmenes de datos. Puede suceder que las características relevantes sean relaciones de datos primarios, como, por ejemplo, el cociente edad/peso. Uno de los métodos más conocidos para buscar los factores distintivos es el análisis de componentes principales[2]. La figura 1.7 muestra el resultado de aplicar este método para poder representar en dos dimensiones la información contenida en una base de datos sobre tumores benignos y malignos, de bastantes pacientes, y que considera treinta factores (es decir, información en treinta dimensiones)[3].

---

2   Giron-Sierra, J. M. (2017). «Digital Signal Processing with MATLAB Examples». Vol. 2. Springer.

3   https://towardsdatascience.com/principal-component-analysis-pca-101-using-r-361f4c53a9ff

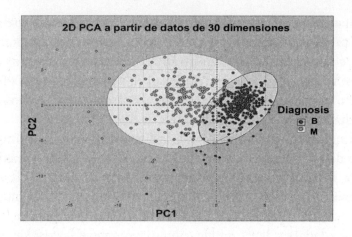

Figura 1.7. Ejemplo de utilización de análisis de componentes principales

1.3. Razonar

1.3.1. Sistemas expertos

En los libros de texto básicos sobre filosofía suele aparecer una sección de lógica en la que aparecen los silogismos. Un formalismo que permite bastante flexibilidad para expresar el razonamiento consiste en emplear reglas de inferencia:

Si A entonces B.

En donde A es una premisa, y B es una conclusión.

Existen diversas posibilidades para encadenar o combinar reglas. Por ejemplo:

Si A entonces B.
Si C entonces D.
Si B y D entonces E.

En 1965 un investigador de la Universidad de Stanford introdujo los llamados «sistemas expertos». El núcleo de un sistema experto es un «motor de inferencias», que es capaz de procesar ordenadamente conjuntos de reglas, de modo que, a partir de unas premisas asignadas, obtiene las conclusiones correspondientes. Dada una conclusión, se le puede pedir al motor que nos diga cómo ha llegado a esa conclusión; es decir, cuál es el encadenamiento de reglas que ha encontrado y utilizado (algo así como ir marcha atrás en el razonamiento).

Inmediatamente se viene a la cabeza una aplicación importante de los sistemas expertos. Se trata del diagnóstico médico, en el que las premisas vienen dadas por síntomas y otros datos del paciente. Ya se ve que conviene que el sistema experto sea interactivo, de modo que colabore con el doctor en el diagnóstico. Por ejemplo, a partir de la información disponible, el sistema experto podría sugerir efectuar tal o cual prueba para ir descartando posibles alternativas.

El aspecto esencial traído a colación por los sistemas expertos es separar el conocimiento del procesamiento. El conocimiento está en las reglas. El procesamiento es automático.

El argumento que se empleó para promover el uso de sistemas expertos por parte de empresas y profesionales es destacar que en bastantes casos los expertos de diversos tipos de actividad suelen llegar a un conjunto no demasiado complicado de reglas específicas. Basta con conocer esas reglas para poder sustituir al experto por una máquina.

Se habló entonces de «ingeniería del conocimiento», fundamentalmente en relación con cómo extraer información de los expertos y ponerla en forma de reglas.

La experiencia ha ido mostrando que no es tan fácil construir un sistema de reglas. Entre otras cosas, pueden darse faltas de consistencia e incluso contradicciones.

1.3.2. Chatbots

Veremos más adelante aspectos históricos relativos a programas capaces de mantener conversaciones con humanos. En parte estos programas se basan en reglas. Actualmente este tipo de programas[4] reciben el nombre de «chatbots». Han pasado a ocupar una

---

4   https://negociosyestrategia.com/blog/chatbots/

parte importante de la aplicación práctica de la inteligencia artificial por parte de las empresas. Por ejemplo, sirven para atención al cliente o publicidad, vía teléfono o Internet.

Figura 1.8. Disponiéndose a utilizar un chatbot

1.3.3. Lógica borrosa

Es habitual entre las personas utilizar categorías cualitativas, con un cierto grado de verdad. Por ejemplo, en una misma habitación alguien puede decir que hace frío, y otro puede decir que hace calor. Mediante la «lógica borrosa» (o, también, difusa) es posible construir reglas de inferencia que pueden considerar aspectos cualitativos con un *grado de verdad*. Al utilizar estas reglas, el sistema de inferencia combina grados de verdad y llega a conclusiones de buen compromiso. Hay numerosas aplicaciones: por ejemplo, algunas máquinas de fotografía y de vídeo emplean lógica borrosa para control de exposición y enfoque automático[5].

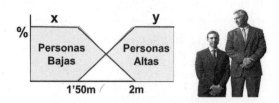

Figura 1.9. Ejemplo de variables borrosas

---

5   https://www.researchgate.net/publication/287064144_Design_and_implementation_of_fuzzy_controllers_for_auto_focus_auto_exposure_and_zoom_tracking

En la figura que se acaba de mostrar (figura 1.9), se observan los valores que toman dos variables borrosas, x e y, según llevamos a estudio una u otra persona para decir si es alta o baja. Existen personas para las que x valdrá 1 (indicando 100 %) e y valdrá 0 (indicando 0 %), lo que corresponde a persona baja. O bien, para una persona alta tendremos x = 0, y = 1. Ya se ve que hay una zona intermedia en la que x e y pueden tomar valores intermedios (entre 0 y 1), lo que corresponde a un grado de certeza al decir que tal persona concreta es baja o es alta.

1.4. MANEJO DE DATOS

Desde los primeros ordenadores digitales hasta ahora, la capacidad de memoria y almacenamiento de datos ha crecido de una forma casi increíble.

Hagamos números. Una hoja DIN A4 de letras y dígitos puede contener unos 5 Kbytes de información (es decir, unos 5000 caracteres). Suponiendo 50 millones de habitantes, se puede almacenar una hoja de información por habitante empleando un disco duro de 250 gigabytes. La primera línea de cada hoja puede bastar para nombre y dirección.

Figura 1.10. Disco duro de 20 terabytes

En la actualidad, es fácil encontrar discos duros con 20 terabytes de capacidad (el precio del disco puede ser unos 300 euros).

Con este disco duro, podemos almacenar 80 hojas de información —casi un libro— para cada uno de los 50 millones de habitantes.

No hace tanto, la unidad más utilizada para medir grandes masas y grandes flujos de datos fue el petabyte (PB), que equivale a 1000 terabytes (50 discos duros de 20 TB). Por ejemplo, en el año 2011 Google procesaba unos 100 PB por día, y almacenaba unos 15.000 PB de datos. También eBay procesaba unos 100 PB diarios, mientras que Facebook procesaba 0,6 PB diarios.

Si pensamos a nivel global, para referirnos a los volúmenes de datos, conviene emplear una unidad todavía más grande: el exabyte, que equivale a 1000 petabytes (es decir, un millón de terabytes). Y yendo más allá, podemos utilizar el zettabyte, que es 1000 petabytes. Las previsiones son que, en 2025, el almacenamiento mundial será de unos 175 zettabytes.

Todo esto nos habla del mundo del *big data* y la minería de datos, cada vez más importante.

La figura 1.11 muestra la evolución del volumen de datos a escala mundial[6].

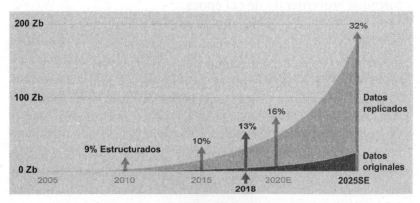

Figura 1.11. El volumen mundial de datos crece exponencialmente

6   https://www.bondcap.com/report/it19/#view/151

1.5. Encontrar las mejores soluciones

Virgilio nos cuenta en su *Eneida* el hermoso relato de la reina Dido. En su huida de Tiro, llegó a las costas de África, pidió hospitalidad al rey Jarbas y un trozo de tierra para instalarse. El rey Jarbas le concedió toda la tierra que Dido pudiera abarcar con una piel de buey. Ella hizo cortar esta piel en finas tiras, empalmarlas, y consiguió hacer un perímetro grande, lo suficiente como para poder construir una fortaleza, que más tarde pasaría a ser la ciudad de Cartago.

Desde un punto de vista matemático, el problema de Dido fue encontrar la forma geométrica que abarcara más área con idéntico perímetro. Es la circunferencia.

Este es un ejemplo básico de lo que es toda un área de investigación dedicada a la «optimización»: encontrar las soluciones que producen el mayor beneficio. El enfoque matemático-analítico de este tipo de cuestiones tuvo su Edad de Oro en el siglo XVIII, con aportaciones de grandes científicos como Euler, Lagrange, Newton, Leibnitz, etc. Varias ramas de la ingeniería utilizan ideas y métodos provenientes de esa época.

Pero además del análisis, que puede ser complicado, cabe buscar soluciones de manera más o menos sistemática. La llegada de los ordenadores está favoreciendo esta alternativa. Por ejemplo, es muy popular el algoritmo A* (propuesto en el año 1968), que puede servir para encontrar la ruta más corta entre dos sitios. Hay diversas variantes de este algoritmo.

Por cierto, un ejemplo de lo que venimos hablando es la herramienta de Google Maps para buscar cómo ir de un sitio a otro en una ciudad. Claramente, el tema está también relacionado con la planificación.

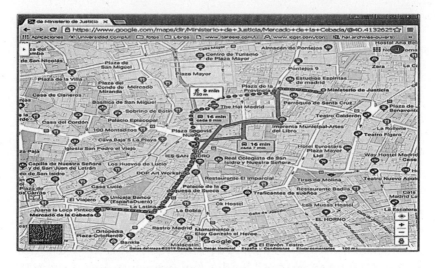

Figura 1.12. Google Maps nos sugiere varias rutas

1.5.1. Algoritmos bioinspirados

En el mundo de la inteligencia artificial se ha popularizado, ya desde hace años, el empleo de algoritmos bioinspirados. Uno de los primeros métodos que se han propuesto es el de los «algoritmos genéticos», que combinan diversas soluciones como si fueran cromosomas (intercambiando partes, introduciendo mutaciones; ver figura 1.13) y que a lo largo de sucesivas generaciones van encontrando soluciones cada vez mejores. Otros algoritmos imitan el comportamiento de las hormigas, o de las abejas, o del sistema inmune, etc.

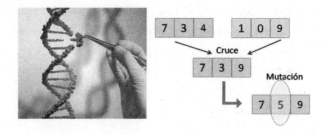

Figura 1.13. Idea de los algoritmos genéticos

1.6. TOMAR DECISIONES. APRENDER. PREDECIR

Una de las funcionalidades específicas de la inteligencia artificial es que los sistemas o los robots puedan tomas decisiones. O bien que puedan ayudar a los humanos a tomarlas.

Se ha estudiado mucho esta cuestión desde diversos puntos de vista. Citemos algunos de ellos, comenzando con el uso de modelos.

1.6.1. USO DE MODELOS

La famosa ley de Newton, que se resume en la fórmula F = m a, se puede interpretar como un modelo matemático. En efecto, dado un vehículo con una masa de 1000 kg, si su motor aplica una fuerza de 3000 N, entonces podemos predecir, basándonos en la fórmula, que el vehículo tendrá una aceleración de aproximadamente 3 m/s^2. Decimos aproximadamente porque la fórmula no tiene en cuenta que haya rozamiento, viento en contra, etc.

El conocimiento de la ley de la gravedad nos permite también predecir cómo va a ser el movimiento de un satélite o de un planeta. La cosa se complica si queremos analizar el movimiento de las estrellas en las galaxias, en parte por el enorme número de estrellas. Algo semejante ocurre con la predicción del movimiento de los ciclones en nuestra atmósfera, cuyo estudio puede basarse en suponer que están formados por muchísimas partículas en movimiento. Para este tipo de escenarios, los ordenadores nos brindan posibilidades cada vez mejores en cuanto a poder tratar problemas complejos con muchos componentes.

Puede suceder que no sepamos cuáles son las leyes internas de un fenómeno, pero que sí tengamos una serie de datos. Por ejemplo, en bolsa, la evolución del valor de unas acciones a lo largo del tiempo. La figura 1.14 presenta un ejemplo de valor en bolsa; hay una flecha marcando un punto de transición[7]. El gráfico desde el origen hasta la flecha compara un modelo con los datos reales que se han producido; el ajuste es prácticamente perfecto, por lo que no se aprecian discrepancias entre datos y modelo, solo se ve una

---

7   https://journals.plos.org/plosone/article?id=10.1371/journal.pone.0209922

curva. A partir de la flecha hacia la derecha, vemos la predicción de futuro del modelo (lógicamente, todavía no hay datos).

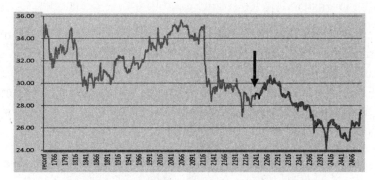

Figura 1.14. Modelo y predicción de un valor en bolsa

Desde hace años se han ido refinando unas expresiones matemáticas, que pueden ajustarse al comportamiento más o menos oscilante de multitud de fenómenos. Tenemos así modelos empíricos que nos dan cierta capacidad de predicción.

Existe la posibilidad de ir combinando modelos y datos. Tenemos el ejemplo de los navegadores con GPS, que emplean mapas y modelos de cómo nos movemos para mejorar la precisión. Cuando entramos con nuestro vehículo en un túnel, desaparece la señal de GPS, pero el navegador —basándose en modelo— puede seguir ayudándonos.

Hay lugares del mundo en los que se tienen pantallas informativas en las vías de acceso a las ciudades, donde se indica el número de plazas de aparcamiento disponibles dentro de la ciudad. Lo que no te dicen las pantallas es que, en realidad, están teniendo en cuenta lo que vas a tardar en llegar, y están aplicando modelos (además de los datos actuales) para predecir cuántas plazas habrá cuando llegues.

Un robot humanoide doméstico que nos da la mano debe hacerlo con *prudencia*. Si le damos la mano varias veces, es posible que vaya aprendiendo de la misma fuerza con que nosotros apretamos la suya. El robot puede ir construyendo un modelo de cómo somos nosotros, incluyendo nuestra cara, nuestro aspecto y nuestro comportamiento.

1.6.2. Aprendizaje automático

Es interesante que un robot pueda aprender. Por ejemplo, una forma de evitar largos esfuerzos de programación para que un robot se mueva según queremos es *llevarle de la mano*. La figura 1.15 muestra, a la izquierda, cómo una persona enseña a un humanoide a borrar una pizarra blanca[8]. A la derecha tenemos ya al robot borrando completamente la pizarra él solo.

Figura 1.15. Ejemplo de robot que aprende

Existen demostraciones experimentales de brazos robot que aprenden a manejar una sartén[9] y a darle la vuelta a la tortilla[10]. Algunos vídeos llegan a mostrar ya humanoides cocinando.

El tema del aprendizaje ha sido largamente investigado por la inteligencia artificial. Se trata de una funcionalidad habitual entre personas, e incluso en los animales (es normal, por ejemplo, que una mascota reconozca a su dueño). Cabe esperar en los robots «mayordomo» que posean grandes capacidades de aprendizaje, combinada con una percepción «emocional» que estime cuál es nuestro estado de ánimo. En gran medida, estas capacidades se basan en el ajuste de modelos.

---

8   https://kormushev.com/papers/Kormushev_ICRA_2011.pdf

9   https://kormushev.com/papers/Kormushev-IROS2010.pdf

10   https://vimeo.com/20042665

1.6.3. Decisiones e incertidumbre

Existen modelos que consideran probabilidades. Dediquemos algunas palabras a este aspecto.

El estudio de ciclones tiene que ver con la predicción del tiempo climatológico. De hecho, se oye a veces al «hombre del tiempo» decir que según los *modelos* mañana va a hacer mucho viento, etc. Todos nos damos cuenta de que nos movemos en el mundo de las probabilidades, con un cierto horizonte de predicción que nos ofrece bastante seguridad para mañana, pero no tanto para dentro de una semana o de un mes.

Evidentemente las probabilidades entran de lleno en el mundo de la toma de decisiones, tanto por la evaluación de la situación como por considerar las posibles consecuencias. Así suele ser el caso, por ejemplo, de diversas actuaciones médicas.

En la figura 1.16 aludimos a una típica decisión en presencia de incertidumbre. Es el caso de un vehículo que intenta evitar un atasco, y toma otra calle suponiendo que existe una ruta alternativa posible. Hay que decir que los navegadores actuales pueden servir de ayuda en estas situaciones, aunque también pueden complicar las cosas.

Figura 1.16. El vehículo prueba a ver si puede escapar del atasco

1.6.4. Juegos: teoría y práctica

Consideremos ahora otra faceta de la toma de decisiones. Tiene que ver con estrategias. En un contexto de sobra conocido, podríamos hablar de fútbol defensivo, o bien de contraataque, etc. Ello nos lleva al ámbito de la teoría de juegos.

Desde los orígenes de la inteligencia artificial se ha venido prestando especial atención a los juegos. Detrás hay evidentemente un interés económico (hacer negocios, jugar en bolsa, etc.). No en vano uno de los grandes investigadores en ajedrez (H. A. Simon) obtuvo el Premio Nobel en Economía.

Hay diversos tipos de juegos. Por ejemplo, juegos de suma cero en los que el beneficio total es cero (lo que unos ganan es igual a lo que los otros pierden). La mayoría de los «juegos» en economía y política son de suma distinta de cero. Hay juegos cooperativos o no cooperativos. Puede además que los jugadores dispongan de información completa, como en ajedrez, o puede que no. De la teoría de juegos se desprenden consecuencias importantes sobre cómo actuar, decidir, en diversas circunstancias. Hay por ejemplo situaciones en que es mejor cooperar que competir. Nuestros consejeros informáticos —quizás un robot— pueden tener en cuenta tales criterios.

Figura 1.17. Humanoides jugando al fútbol

Existen desde hace años competiciones de fútbol entre robots. Personalmente tuve ocasión de asistir a un partido en el que se enfrentaron dos estrategias bastante claras y diferentes. Varios de estos partidos fueron organizados[11] por RoboCup, que también ha planteado un desafío de escenarios de rescate (por ejemplo,

---

11   http://www.humanoidsoccer.org/ws10/media.html

escombros tras un terremoto) para robots. La figura 1.17 muestra uno de los momentos de un partido de fútbol entre humanoides.

1.7. ROBOTS

Un primer éxito resonante de la robótica fue la creación de los «brazos robot», cuya intención era imitar al hombre en su capacidad de actuar físicamente como *Homo faber*. Estos brazos fueron adoptados por la industria de manufactura, y en particular por las fábricas de coches, con gran resultado. Hoy día son muchas las instalaciones industriales que hacen empleo de este tipo de dispositivos robóticos.

Debemos irnos preparando para la llegada de una nueva ola de avances de robótica, más allá de los brazos robot.

1.7.1. ROBOTS DE SERVICIO

Por ejemplo, hay países como Corea, Japón, etc., que vienen desarrollando robots de servicio. Típicamente son robots humanoides que pueden servir como enfermeros, llevando pacientes en brazos, como guías de museo, maniquís móviles en escaparates, camareros (ver vídeo en [12]), recepcionistas de hotel, mayordomos, y un largo etcétera.

Figura 1.18. Camarera robot

---

12   https://robots.nu/en/company/CSJBot

Existe una rama de investigación científica, con el nombre de «vida artificial», que, entre otras cosas, examina con curiosidad por qué los animales son como son. Por ejemplo, se estudia en simulación posibles animales con tres patas (o más patas), con más o menos articulaciones, más de un cerebro, etc. En cierta forma, la robótica ha hecho varias incursiones en esta temática, como es el caso de los robots con patas. Conozco de primera mano investigaciones con robots araña a gran tamaño (cientos de kilos de peso), con patas magnéticas, para soldar planchas de hierro en barcos.

Efectivamente, un aspecto que resolver para hacer un robot humanoide es que sea *capaz de andar*. Se han hecho estudios de cómo se mueven los caballos, incluso con ayuda de antiguas láminas inglesas (figura 1.19) que representan cómo van moviendo sus patas al galopar, al trote, etc.

Figura 1.19. Movimientos del caballo (lámina clásica)

Según sus diversos modos de moverse, el caballo puede usar tres, dos, uno o ningún punto de apoyo en cada momento. En el caso de los bípedos, el cuerpo debe hacer contrapeso a cada paso, para poder levantar una pierna y perder uno de los puntos de apoyo (se puede incluso perder los dos puntos de apoyo al correr). Los estudios que se han hecho distinguen varios tipos de estabilidad (no caer), incluyendo una estabilidad dinámica que aprovecha las inercias del movimiento.

Figura 1.20. Enfermero robot

En cuanto al contrapeso que debe ejercer el cuerpo, las cosas se complican para un camarero que debe llevar una bandeja con habilidad o para un enfermero que debe llevar un paciente en brazos (figura 1.20).

Ya se ve que el jugar al fútbol con humanoides sirve como ejercicio demostrativo para la investigación, empezando con que los jugadores sean capaces de moverse con cierta agilidad (y también de incorporarse si se caen).

1.7.2. Robótica biomimética

Hay un sector de la robótica dedicada a imitar animales. Se denomina «robótica biomimética». Por ejemplo, se hacen serpientes artificiales capaces de moverse de frente y de lado, enormes cangrejos para trabajos submarinos, pájaros que vuelan, mosquitos, peces con diversos aspectos, arañas de agua que flotan. De hecho, la fauna ha crecido bastante, en parte como desafío tecnológico, como es que el mosquito vuele y disponga de energía; y en parte por el mismo interés de las aplicaciones: vigilancia, espantar pájaros en los aeropuertos, piscicultura, etc.

Un ejemplo interesante de aplicación es el uso de serpientes robot para localizar supervivientes entre los escombros, tras un terremoto. Por su parte, los peces pueden ir iniciando el rumbo hacia la «ganadería» en el mar, como líderes o vigilantes de bancos de peces. La figura 1.21 muestra algunos ejemplos de estos nuevos «animales».

Figura 1.21. Robótica biomimética

Se ha puesto de actualidad en la investigación la *soft robotics*. Ya no se trata de robots de metal o plástico rígido. Las personas somos de carne. Las diversas publicaciones de esta investigación presentan tentáculos flexibles, dedos, calamares, lombrices, etc. Dejo al lector adivinar hacia dónde pueden ir las cosas.

Otra línea de avance es la «nanorrobótica». Mediante diversas técnicas se pueden hacer micromotores, o incluso pequeñas aletas (como los peces). Un objetivo planteable es poder inyectar nanorrobots en el cuerpo humano para operar por dentro.

1.8. Vehículos autónomos

No hace mucho han hecho irrupción en escena los coches autónomos, es decir, sin conductor. Con ello además ha aparecido un número de cuestiones, también legales, con respecto a la autonomía.

Antes que nada, es oportuno aclarar un poco los términos.

Por ejemplo, hay muchas publicaciones que hablan de *Unmanned Aerial Vehicle* (UAV), es decir, vehículo aéreo no tripulado. De forma parecida, se habla de *Unmanned Ground Vehicle* (UGV). También, *Unmanned Underwater Vehicle* (UUV), para sumergibles. Y, además, *Unmanned Surface Vehicle* (USV), para barcos.

Hay que dejar claro que un vehículo no tripulado no es lo mismo que un vehículo autónomo. En la práctica, la mayor parte de los vehículos no tripulados están controlados a distancia por una persona. En el caso de los sumergibles se suele hablar de *Remotely Operated Vehicle* (ROV), y se emplea habitualmente un cable umbilical que conecta el sumergible con un operador humano fuera del agua. Así, por ejemplo, se exploró el Titanic bajo el agua.

Cuando hablamos de un vehículo autónomo, estamos suprimiendo la intervención de cualquier persona (ni siquiera a distancia).

Por tanto, decir autonomía es decir algo muy fuerte, radical.

El vehículo autónomo debe tomar sus propias decisiones y aplicarlas. En el caso de los coches, se ha suavizado la autonomía, de modo que al menos se le dice al coche a dónde quiere ir el pasajero, y se le da la oportunidad al hombre de poder intervenir en la conducción. Es decir, se supone que hay alguien a bordo. Los futuros taxis podrán ir sin nadie a bordo a recoger clientes.

Es evidente que la autonomía (más o menos suavizada) abre grandes perspectivas en tareas de riesgo, como son incendios, labores de exploración y rescate, etc. Lo mismo que para tareas pesadas, como es el caso de ciertas labores agrícolas. Ya existen tractores autónomos, como los que muestra la figura 1.22 (ver vídeo [13]).

Figura 1.22. Tractores autónomos (sin nadie a bordo)

---

13   https://www.youtube.com/watch?v=T7Os5Okf3OQ

Hace algunos años aparecieron los *quadcopter* (tetracópteros). Se les viene llamando también como «drones». Sin embargo, el término dron es anterior, se le venía aplicando desde hace algunas décadas a las aeronaves (aviones, helicópteros, etc.) sin piloto. En todo caso, sea cual sea el tipo de «dron», normalmente funciona como vehículo a control remoto.

Existe un modo básico de autonomía, en cuanto a navegar de un sitio a otro, que es darle al vehículo una lista de coordenadas por las que tiene que pasar. Una vez dada la lista, se le dice al vehículo que —por sí mismo— la cumpla. Podríamos decir que es un comportamiento «automático». Parte de mi experiencia personal tiene que ver con barcos no tripulados, o también tetracópteros, que actúan de esta manera.

Por cierto, una de las promesas para relativamente pronto es la puesta en marcha de flotas de barcos de carga sin nadie a bordo.

Como es sabido, se dispone ya de transporte terrestre mediante conjuntos de camiones formando un convoy, en el cual solo hay un conductor en el primer camión (este conductor podrá no ser necesario en el futuro).

1.8.1. Enjambres

Ya se sabe que la investigación está siempre inquieta, haciéndose sin cesar nuevas preguntas, aunque sea sobre fenómenos habituales. ¿Ha visto el lector alguna bandada de pájaros? Bueno, pues sucede que uno de los temas de actualidad científica son las grandes bandadas, o los enjambres, o los bancos de peces...

De momento, parece que lo que pasa en un bando de miles de estorninos, que forman una nube cuya forma cambia constantemente (figura 1.23), es que se aplica la teoría del «pequeño mundo». Si llamas por tu móvil a seis conocidos, y estos a otros seis, y así sucesivamente, en menos de seis pasos se puede llegar a cualquier habitante del planeta. Los estorninos se relacionan con unos cuantos semejantes, y estos con otros, etc. El caso es que se observa que, si un halcón se acerca al bando, muy pronto el bando se deforma y pone distancia respecto a la rapaz.

Figura 1.23. Un enjambre de estorninos

Esto se puede aplicar al tráfico, pensando en comunicar unos coches con otros por radio. De hecho, ya se han propuesto protocolos y sistemas de comunicación entre vehículos. Aun así, ¿es necesario que todos los coches se comuniquen con todos?

1.9. EL ÁMBITO MÉDICO

El ámbito médico es uno de los preferidos por la inteligencia artificial, ya desde los comienzos de los sistemas expertos, como fue el caso de MYCIN, un sistema experto creado en la Universidad de Stanford, en 1976, para recomendar tratamientos de ciertas infecciones sanguíneas. Otro ejemplo es ONCOCIN, de la misma Universidad, en 1981, para gestión de protocolos oncológicos. Desde esos comienzos se han desarrollado multitud de aplicaciones inteligentes con propósito médico y hospitalario.

En la actualidad, una de las iniciativas más llamativas es la denominada «oncología de precisión». Lo que se pretende es emplear datos genéticos, reconociendo con rapidez secuencias de interés en el ADN de los tumores, para orientar específicamente el tratamiento.

Otro de los campos de aplicación es la «robótica quirúrgica». Se trata de robots creados para realizar operaciones quirúrgicas. Las primeras ideas en este sentido se enfocaban al caso militar de médicos operando a distancia, con robots telecontrolados en los hospitales de campaña. En el año 2000 se empezaron a fabricar los robots Da Vinci, para su uso para el público en general. Desde entonces ya se han instalado más de 4000 de estos robots. Actualmente ya hay varias empresas que ofrecen diversos robots quirúrgicos. La figura 1.24 muestra un robot quirúrgico en acción.

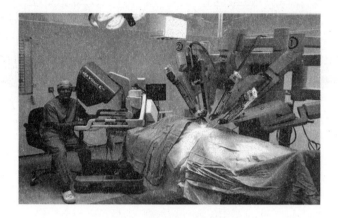

Figura 1.24. Robot quirúrgico

1.10. LAS CIUDADES *SMART*

Desde hace no mucho, se viene hablando de las *smart cities*. Es algo de creciente importancia. No en vano, más del 50 % de la población mundial vive en ciudades y se prevé que la cifra vaya creciendo. En 2014 el número de megaciudades (más de 10 millones de habitantes) era de 28, con una predicción de 41 megaciudades para 2030. Mientras que el conjunto de ciudades del mundo ocupa un 2 % de la superficie del planeta, ellas consumen el 75 % de la energía total generada y son responsables de más del 70 % de emisión de CO_2.

Precisamente con objeto de ayudar a las ciudades a reducir la emisión de CO_2, la empresa Cisco lanzó en 2005, bajo los auspicios de la Fundación Clinton, un programa de desarrollo urbano que supuso un impulso clave hacia la *smart city*. Participaron en este programa San Francisco Ámsterdam y Seúl. Este esfuerzo se ha visto ampliado y apoyado por IBM, al poner en marcha en 2008 el grupo de trabajo Smarter Planet.

En un conciso artículo científico, en la revista *Cities*[14], se resume en una tabla un conjunto de dimensiones por las que está avanzando el desarrollo de las *smart cities*. Se refieren a gobernanza, ciudadanos, economía, modo de vivir, entorno, movilidad, infraestructura, educación, salud, seguridad y cultura. Hay que aplicar a todos y cada uno de los términos citados el calificativo «*smart*».

La inteligencia artificial está ayudando a la constitución de ciudades *smart* de varias maneras, según las dimensiones que acabamos de citar. Es de destacar, por su enorme importancia económica, la gestión inteligente de energía, agua y residuos.

1.11. MUNDO COMERCIAL: LOS SISTEMAS RECOMENDADORES

Vayamos ahora al mundo comercial, tocando aspectos que conciernen a Amazon, Netflix, Reddit, Spotify, Best Buy, YouTube, etc.

Se trata de los «*recommendation systems*».

La cosa tiene su historia. En octubre del 2006, Netflix propuso una competición, con premio de un millón de dólares, para poder predecir el juicio de los clientes sobre nuevas películas. La convocatoria se repitió en el 2008 y en el 2009.

Pongamos un ejemplo básico. Tenemos un conjunto de películas y un conjunto de valoraciones (de 0 a 5) por parte de unos clientes. La figura 1.25 muestra la información que se ha podido obtener de los clientes.

---

14 https://scholar.google.es/scholar_url?url=https://jtec.utem.edu.my/jtec/article/download/1023/631&hl=en&sa=X&ei=xD9IY8GiBI30mgHekrT4BA&sci-sig=AAGBfm356QFc2N-LSJ8Tt7N80VPEoF9ggA&oi=scholarr

	Alien	La La Land	X-Men	Sherlock
José Pérez	4		5	2
Amalia Ocam	1	5		1
Félix Amigo		3	4	2
Pepa Alcantara	2	5	2	
Rosa Jiménez		0	5	0
Alberto Extra	5		2	3

Figura 1.25. Tabla de valoración de películas

El problema que resolver es completar los datos que faltan, sin hacer más preguntas a los clientes.

Aprovechamos este momento para introducir algunas palabras del mundo de las matemáticas. Se denomina «matriz» a un conjunto de datos organizados según un rectángulo, con filas y columnas, tal y como tenemos en el centro de la figura.

En términos matemáticos, lo que tenemos es una matriz incompleta, y el problema que resolver es completar la matriz (matrix completion).

Si las valoraciones son completamente al azar, no podemos resolver el problema. Sin embargo, si hay algunos factores que explican las valoraciones (el tema es interesante, buenos actores, que esté de moda, buen precio, etc.), entonces podemos aproximarnos a la solución.

En efecto, existen técnicas matemáticas que permiten detectar esos posibles factores (esto tiene que ver con el análisis de componentes principales), y que se utilizan para completar la matriz.

Para dar una idea de tamaños, en la primera convocatoria de Netflix, los datos anónimos de los que se dispusieron correspondían a valoraciones de unos 480.000 clientes sobre unas 17.700 películas.

Los progresos matemático-algorítmicos que se han producido en este contexto permiten predecir valoraciones y cantidad de ventas en productos todavía por lanzar al mercado, y son útiles para la política de precios y para *marketing* (recomendar ciertos productos).

1.12. INTELIGENCIA AMBIENTAL

Otro de los campos de aplicación emergentes es la «inteligencia ambiental». Poco a poco vamos a vernos envueltos por ambientes inteligentes en nuestra vida diaria, incluyendo nuestra propia casa.

Existen ya varias propuestas en torno a la constitución de hogares inteligentes. Una de estas propuestas gira en torno a un sistema informático que va observando mediante sensores cómo son las actividades de los habitantes de la casa, va construyendo modelos matemáticos de tales comportamientos y, usando esos modelos para predecir, va gestionando cada vez mejor la iluminación, la temperatura, el frigorífico, etc., procurando ahorrar energía y mejorar el confort.

La casa inteligente puede también intervenir en cuestiones de salud y/o dependencia. Es capaz de monitorizar las actividades de personas mayores o enfermas, incluyendo aspectos de dieta y ejercicio, y detectar cambios o anomalías. Esto puede llevarse a cabo en coordinación con algún centro de salud.

Otros ámbitos a los que se extiende la inteligencia ambiental son las escuelas, las oficinas, las tiendas, el tráfico, los servicios de emergencia, etc. La investigación en este campo está plenamente activa, como lo atestiguan revistas especializadas y diversos congresos.

La idea de que el entorno se preocupe de ti y te vaya ayudando se puede extender a muchos escenarios. El entorno inteligente puede ser amplio, como un edificio entero, una calle o plaza, etc. Claro está que de esta manera entramos en una zona fronteriza con la *smart city*.

Capítulo 2

La inteligencia artificial en el mundo del trabajo y la economía

Vamos a abordar en este capítulo aspectos muy sensibles para la opinión pública, porque tienen relación con las perspectivas del empleo y el impacto social y económico de la inteligencia artificial.

Para encuadrar esta temática, hay que decir que la inteligencia artificial forma parte, y de modo muy relevante, de la cuarta revolución industrial. Todas las revoluciones implican cambios de mentalidad y necesidades de adaptación a un nuevo entorno.

La figura 2.1 muestra de forma esquemática la secuencia de revoluciones industriales, desde sus orígenes al llegar la máquina de vapor hasta hoy día.

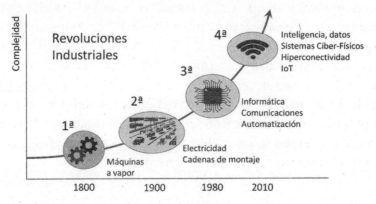

Figura 2.1. Revoluciones industriales

La abreviatura IoT, que aparece en la figura como parte de la cuarta revolución industrial, significa «internet de las cosas». Va llegando el momento de que Internet llegue a muchos tipos de sensores y dispositivos, no solo a los teléfonos móviles.

¿De qué manera se ha reconocido que estamos en la cuarta revolución industrial? En general, se atribuye a la aparición en 2017 del libro titulado *The Fourth Industrial Revolution*[15], escrito por el doctor Klaus Schwab, fundador del Foro Económico Mundial. El año anterior, el tema de la reunión anual de este foro en Davos fue «dominar la cuarta revolución industrial».

Un importante precedente fue un proyecto del Gobierno alemán, denominado «Industria 4.0», para desarrollar un nuevo concepto de industria. El término se utilizó por primera vez en la Feria de Hannover del 2011.

Antes de comenzar el capítulo, queremos tocar un aspecto terminológico. Vamos a mencionar en este libro varias publicaciones de ámbito internacional que se refieren a automatización, robótica e inteligencia artificial. Conviene distinguir el significado de estos términos para sacar una idea más clara de lo que nos dicen esas publicaciones.

Existe toda una «teoría de autómatas», de carácter plenamente matemático. En esta teoría el concepto clave es el de «autómata»,

---

15   https:/law.unimelb.edu.au/__data/assets/pdf_file/0005/3385454/Schwab-The_
Fourth_Industrial_Revolution_Klaus_S.pdf

que es una entidad que puede tener varios estados, y que puede cambiar de un estado a otro cuando se dan condiciones precisas (eventos). Buscando un ejemplo bien común, una cerilla puede estar encendida o apagada. Tiene dos estados posibles. Hay eventos que hacen que la cerilla se encienda, y los hay que apagan la cerilla. Otro ejemplo común sería el de la luz temporizada, con un pulsador uno puede encender la luz de un pasillo, y ella sola al cabo de un tiempo se apaga. El evento que conduce a apagar la luz es que ha transcurrido un tiempo prefijado.

En una lavadora automática, se da al pulsador de arranque, y la máquina va pasando por diversos estados (prelavado, lavado, centrifugado, etc.) a lo largo de diversos lapsos de tiempo. Esta secuencia se puede interrumpir con el pulsador de parada. El accionamiento de este pulsador es un evento, y es distinto al de que ha terminado un intervalo de tiempo.

Los autómatas se visten de muchas maneras en el mundo actual. La figura 2.2 muestra algunos ejemplos: un riego automático, un semáforo, la lavadora, un ascensor. Se podrían añadir muchas más imágenes para mostrar hasta qué punto la automatización ha entrado en nuestra vida corriente.

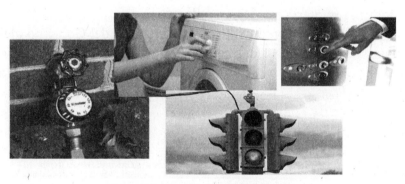

Figura 2.2. Ejemplos de automatización

De todos modos, es oportuno distinguir dos ámbitos de automatización: los productos y los procesos. Las cosas que aparecen en la figura 2.2 son productos. A su vez, estos productos han sido fabricados en plantas industriales que pueden tener un grado mayor o menor de automatización. El caso de las fábricas de coches es bien conocido por su alto grado de automatización, gracias entre otras cosas a los robots.

Existen automatismos verdaderamente simples, como, por ejemplo, los termostatos con los que manejamos la calefacción. Y en el otro extremo, automatismos de gran complejidad. Muchos de los automatismos no son inteligentes, más bien pueden ser bastante inflexibles (deterministas).

La figura 2.3 muestra de una forma simplificada las relaciones existentes entre automatización, robótica e inteligencia artificial. Desde sus orígenes, la robótica se ha entendido como parte de la inteligencia artificial, en cuanto trata de capturar características del ser humano.

La inteligencia artificial se mueve en un contexto conceptual y de algoritmos, teniendo una proyección aplicada que atañe a la automatización. Desde luego, gran parte de la robótica interviene en la automatización industrial.

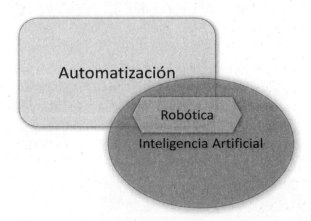

Figura 2.3. Relaciones entre automatización, robótica e inteligencia artificial

2.1. ¿NOS VA A QUITAR EL EMPLEO?

Al principio de los ordenadores digitales hubo pánico: nos iban a sustituir. Ahora pasa lo mismo con la inteligencia artificial. Valga como ejemplo del miedo que se extendió en el pasado siglo la siguiente cita de Marvin Minsky (del que hablaremos más adelante):

> Cuando los ordenadores tomen el control, puede que no lo recuperemos. Sobreviviremos según su capricho. Con suerte, decidirán mantenernos como mascotas.

(Revista Life, noviembre de 1970).

Algo parecido sucedió en los comienzos de la robótica: nos iba a quitar trabajo. De hecho, en torno a 1970 los robots pasaron a tomar un papel preponderante en la fabricación de vehículos y otros procesos de manufactura. Por ejemplo, en 1969 General Motors rehízo una de sus plantas de fabricación de automóviles, instalando los robots Unimation para soldadura (se suele afirmar que este fue el primer robot industrial, con un primer ejemplar ya utilizado en 1959). Con estos robots, el ritmo de fabricación superó en más del doble a cualquier otra planta en el mundo.

En nuestros días, ha vuelto a la actualidad más candente si la inteligencia artificial y los robots nos iban a quitar el empleo.

En buena parte, el responsable del revuelo sobre este aspecto ha sido un informe, al que ahora nos vamos a referir, que provocó una avalancha de otros análisis e informes, por parte de diferentes entidades, en cierta manera contradictorios. Citemos dos de estos documentos, empezando por el que produjo la conmoción:

a) El informe del McKinsey Global Institute (MGI), diciembre de 2017:
El informe se titula *Jobs Lost, Jobs Gained: Workforce Transitions in Time of Automation*.
Ha sido elaborado con la participación de expertos del Departamento de Economía de Oxford y del Banco Mundial[16].
Quizá uno de los resultados más impactantes fue el pronóstico de que entre 400 y 800 millones de personas serán desplazadas de sus trabajos de aquí al 2030 a causa de la automatización.
Otras aportaciones de McKinsey sobre el futuro del trabajo

---

16 https://www.mckinsey.com/ /media/BAB489A30B724BECB5DEDC41E9BB9FAC. ashx

son: el informe[17], del año 2020, centrado en Europa; y un nuevo informe global[18] del año 2021, teniendo en cuenta los efectos del COVID.

b) El informe del World Economic Forum, 2018.
El informe se titula *The Future of Jobs Report*.
Los pronósticos son menos dramáticos, pero importantes. La automatización eliminará 75 millones de empleos para 2025, pero creará 133 millones de nuevos trabajos. Se prevé que un 54 % de todos los empleados necesitarán formarse para nuevas habilidades en los próximos cinco años[19]. Por ello, se predicen cambios en el sistema educativo alrededor del 2020. Precisamente en ese año 2020, el WEF publicó un nuevo informe sobre el futuro del trabajo[20], en el que entran las consecuencias del COVID. Más recientemente, en mayo del 2021, apareció la página [21], en la que se sugerían diez trabajos con futuro (para el 2030). Hay más informes del WEF sobre esta temática, conforme a los enlaces ofrecidos por la página[22].

Otros informes al respecto son [23] [24] del Pew Research Center y [25] [26] de Accenture. Para completar la visión que dan los informes, cabe recomendar dos libros. El primero se titula *Human+Machine. Reimagining Work in the Age of AI*. Sus autores son P. R. Daugherty

17   https://www.strategosinstitute.com/uploads/7c3fb2239691e5277424bb6f8af52b-74c4a931c1c12612245f5eda61b0f6eaa5.pdf

18   https://img.lalr.co/cms/2021/02/23084228/mgi-the-future-of-work-after-covid-19-report-feb-2021.pdf

19   http://www3.weforum.org/docs/WEF_Future_of_Jobs_2018.pdf

20   https://www.weforum.org/reports/the-future-of-jobs-report-2020

21   https://www.weforum.org/agenda/2021/05/jobs-of-the-future-year-2030/

22   https://www.weforum.org/projects/future-of-work

23   https://www.pewinternet.org/2014/08/06/future-of-jobs/

24   https://www.pewinternet.org/2018/12/10/artificial-intelligence-and-the-future-of-humans/

25   https://www.key4biz.it/wp-content/uploads/2018/01/Accenture-8343-Davos-Future-Workforce-WEB-A4-POV-AW-GG.pdf

26   https://www.accenture.com/us-en/insights/consulting/future-work

y H. J. Wilson, y fue editado por Harvard Business Reviews Press en 2018[27]. En este libro, sus autores se extienden en la perspectiva del informe de Accenture. El otro libro es *AI Superpowers: China, Silicon Valley, and the New World Order*. Su autor es Kai-Fu Lee, y fue editado por Houghton Mifflin Harcourt en 2018[28]. Los muchos comentarios que ha suscitado este libro coinciden en calificarlo de provocativo. Se trata de que China quiere ser la primera potencia mundial en inteligencia artificial, y para ello está poniendo muchos medios. Por cierto, China está ya introduciendo la asignatura de Inteligencia Artificial en cientos de escuelas a nivel preescolar[29]. Además, ya hay en China dos avatares (con rostro y expresividad humana) actuando como locutores en informativos de televisión.

Los informes citados contienen numerosas figuras para hacer notar el efecto de la sustitución del hombre por máquinas (ordenadores, robots, etc.). La figura 2.4 (basada en[30] y referente a España, 2016) muestra con qué probabilidad determinados tipos de trabajos serán asumidos por máquinas en lugar de personas. Obsérvese que el sector de restauración también se ve afectado.

27 Daugherty, P.R., Wilson H.J. (2018). Human+Machine: Reimagining Work in the Age of AI. Harvard Business Review Press

28 Lee, K-F. (2018). AI Superpowers. China, Silicon Valley and the New World Order. Houghton Mifflin Harcourt

29 https://www.genbeta.com/actualidad/china-pretende-ganar-la-carrera-mundial-en-inteligencia-artificial-y-por-ello-la-esta-introduciendo-en-las-escuelas

30 https://www.caixabankresearch.com/es/economia-y-mercados/mercado-laboral-y-demografia/llegara-cuarta-revolucion-industrial-espana

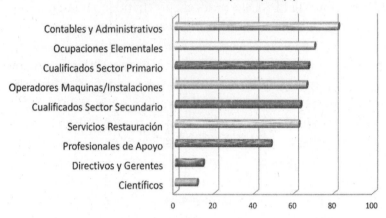

Probabilidad de Sustitución por Máquina (%)

Contables y Administrativos
Ocupaciones Elementales
Cualificados Sector Primario
Operadores Maquinas/Instalaciones
Cualificados Sector Secundario
Servicios Restauración
Profesionales de Apoyo
Directivos y Gerentes
Científicos

0   20   40   60   80   100

Figura 2.4. Trabajos en los que el personal está en mayor
o menor riesgo de sustitución por máquina

Con el paso de los años, la gente ha ido adquiriendo familiaridad con diversos tipos de aplicaciones informáticas, como son hojas de cálculo, procesadores de texto, bases de datos, manejo de Internet, etc. El uso de estas aplicaciones se ha ido abaratando (no hace falta personal especializado), lo mismo que los ordenadores. De modo que resulta relativamente fácil reducir el número de empleados necesarios. La siguiente gráfica[31] (figura 2.5) muestra cómo ha ido cambiando el empleo en las décadas recientes, en función de la cualificación del personal. Resulta que la cualificación intermedia es la que va perdiendo más puestos, a favor de las máquinas. En la cualificación más baja, las personas son más baratas que las máquinas. En cuanto al otro extremo, la alta cualificación, las personas todavía pueden sobrevivir.

---

31   https://www.researchgate.net/publication/282320407_Why_Are_There_Still_So_
Many_Jobs_The_History_and_Future_of_Workplace_Automation/download

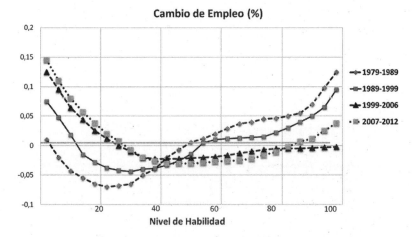

Cambio de Empleo (%)

Leyenda:
- 1979-1989
- 1989-1999
- 1999-2006
- 2007-2012

Eje X: Nivel de Habilidad

Figura 2.5. Evolución del empleo en las últimas
décadas, en función de la cualificación

Es de notar que la figura 2.5 muestra cómo se va abriendo una brecha social. Es un dato preocupante que debe dar mucho que pensar. De alguna forma recuerda los problemas sociales que supusieron las primeras revoluciones industriales.

Lo que parece claro es que el progreso tecnológico empuja a que las personas cambien de trabajo. Hay que formarse y reciclarse.

Bastantes estudios comparados hacen notar que los países con más robots por cada trabajador son países con menor índice de paro. Estos estudios emplean el término «densidad de robots» para indicar el número de robots por cada 10.000 trabajadores. Según la International Federation of Robotics[32] [33] [34] [35], los cuatro países con mayor densidad de robots son Corea del Sur (631), Singapur (488), Alemania (309) y Japón (303). Estados Unidos está séptimo en el *ranking*, con una densidad de 189. España está en el número 11 del *ranking*, con 160. Pues bien, en cuanto a índice de paro,

---

32   https://www.libremercado.com/2017-08-26/los-paises-con-mas-robots-tienen-menos-desempleo-1276604779/

33   https://blog.bankinter.com/economia/-/noticia/2018/3/7/paises-mas-robotizados-mundo-grafico

34   https://www.thenewbarcelonapost.com/es/ranking-de-paises-segun-la-densidad-de-robots-industriales/

35   https://blogs.diariovasco.com/ekonomiaren-plaza/2017/10/24/atlanta/

los tres primeros países están por debajo del 4 %, y Alemania en torno al 4,5 %.

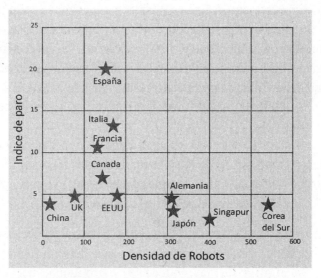

Figura 2.6. Nivel de paro en relación con la densidad de robots

La figura 2.6 hace una comparación entre varios países. Según varios analistas, el singular caso de España parece deberse a causas estructurales y no precisamente al uso de robots.

2.2. LA INTELIGENCIA ARTIFICIAL IRRUMPE EN EL ESCENARIO ECONÓMICO

Decíamos antes que la inteligencia artificial ha venido gestándose desde hace décadas, y que ahora, como de repente, se ha puesto de actualidad. ¿Por qué motivo? Parece que ha llegado su oportunidad porque la tecnología digital lo permite, y se trata de una tecnología que está en manos de todos. Tanto es así que se ha abierto una gran vía de negocio. Se está produciendo un salto comercial de gran envergadura.

Es algo parecido a lo que sucedió en robótica con el desarrollo de los brazos robot. Se denominaron «brazos» porque la investigación quería imitar un aspecto de la naturaleza. Esta temática vivía en un mundo particular, de universidades y centros de investigación. Pero en un momento dado, en los años setenta, las ideas habían llegado a un grado de madurez como para poder proponer brazos de uso industrial. Así, se pasó de un mundo particular a un mundo comercial. Aparecieron empresas productoras de robots. Esto conllevaba una cierta confidencialidad, y poco a poco la investigación académica sobre brazos robot fue dejando paso a la actividad especializada de las empresas. Por decirlo de una forma un tanto cruda, los brazos robot pasaron de ser investigados a ser utilizados.

Para ser justos, conviene traer a colación un tema que tiene que ver con la transferencia de conocimiento y, en particular, con la famosa colaboración universidad-empresa. Hace tiempo, la NASA estableció los niveles TRL *(Technology Readiness Levels)*. Son una escala de 9 niveles, según representamos en la figura 2.7.

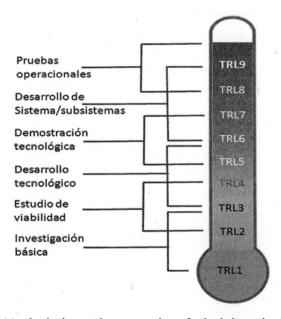

Figura 2.7. Marcha desde una idea a un producto final, a lo largo de niveles TRL

Supongamos una nueva idea tecnológica. Cuando nace, está en estado embrionario, nivel 1. Hay que investigar si es viable, nivel 3 (el nivel 2 permite la transición del 1 al 3).

Después, con una transición a lo largo del nivel 4, viene el desarrollo tecnológico (ingeniería), hasta llegar a la demostración (niveles 5-7). Los dos últimos niveles permiten llegar al producto[36] [37].

Durante el recorrido desde los niveles 1 hasta el 9 hay que atravesar el denominado «Valle de la Muerte»[38] [39].

Es típico de las universidades y centros de investigación ocuparse de los primeros niveles, mientras que la empresa está más bien en los últimos. La inversión va siendo cada vez más grande, a medida que se va alcanzando el nivel de producto. Hay una zona, en los niveles intermedios, que requiere bastante inversión, pero sin ver todavía el producto. Es la zona peligrosa en la que, además, tiene lugar (normalmente) la transferencia de conocimiento desde la investigación más o menos académica al mundo aplicado. Es complicado atravesar este valle y con frecuencia, si hay éxito, gran parte del mérito está en la empresa. Con respecto al gran momento actual de la inteligencia artificial, no es necesario citar aquí las empresas protagonistas, porque son enormemente conocidas.

Mientras que en 2013 los inversores apoyaron la inteligencia artificial con 1700 millones de dólares, en 2017 la cifra andaba ya por 15.242 millones[40]. El número de nuevas compañías de inteligencia artificial se ha multiplicado por catorce con respecto al año 2000[41].

La figura 2.8 muestra las expectativas de mercado de la inteligencia artificial en millones de dólares. Ya se ve que son muy positivas.

---

36 https://www.mincotur.gob.es/Publicaciones/Publicacionesperiodicas/EconomiaIndustrial/RevistaEconomiaIndustrial/393/NOTAS.pdf

37 http://financiacioneinvestigacion.com/blog/los-niveles-trls-en-horizon-2020/

38 http://philippleitner.net/technology-readiness-levels-impact-of-science-and-the-valley-of-death/

39 https://www.wipo.int/edocs/mdocs/aspac/en/wipo_ip_bkk_17/wipo_ip_bkk_17_17.pdf

40 https://aboutkevingrant.com/content/artificial-intelligence/item/2018-s-top-ai-trends2018-s-top-ai-trends

41 https://www.forbes.com/sites/louiscolumbus/2018/01/12/10-charts-that-will-change-your-perspective-on-artificial-intelligences-growth/#28c3f6cf4758

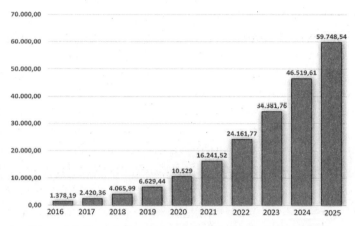

Figura 2.8. Expectativas de mercado de la inteligencia artificial

En cuanto a la incorporación de inteligencia artificial por parte de las empresas, la figura 2.9[42] ayuda a ver cómo es la situación actual y hacia dónde se mueve. En la esquina superior derecha se encuentran los sectores que más inteligencia artificial han puesto a bordo, y que además invierten para incrementar su uso. Casi se puede apreciar una diagonal de izquierda a derecha. Con respecto a ella, se observa la desconexión del mundo de la construcción. En general, se ve la importancia del manejo de información (gestión y toma de decisiones).

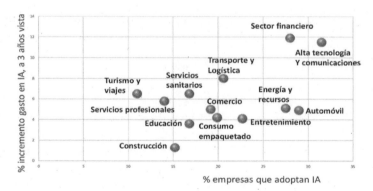

Figura 2.9. Dinámica de la incorporación de la
inteligencia artificial en las empresas

42   https://www.mckinsey.com/featured-insights/artificial-intelligence/the-promise-and-challenge-of-the-age-of-artificial-intelligence/es-CL

2.2.1. Apoyo de los gobiernos

En 2018, el 60 % de la inversión global en inteligencia artificial se dirigió a China, la cual se ha propuesto adelantar en pocos años a Estados Unidos en esta área[43][44]. Algunas de las aplicaciones de la inteligencia artificial en China se refieren al reconocimiento facial, a ayudar a los bancos a detectar fraudes y a los clientes en planes financieros, a diagnóstico de enfermedades dermatológicas, a ayudar a la política de ventas de Alibaba, etc. China pretende también dominar el mundo de los chips para inteligencia artificial.

La política de Estados Unidos está reaccionando ante el desafío. Ya en febrero de 2019, el presidente Donald Trump firmó una orden ejecutiva para promover la inteligencia artificial[45].

En cuanto a Europa, en abril del 2018, la Comisión Europea adoptó una comunicación sobre inteligencia artificial, que, entre otras cosas, anuncia incrementos de inversión en esta área para llegar a 1500 millones de euros en el 2020[46]. En diciembre del 2018, la Comisión puso en marcha un Plan Coordinado de Inteligencia Artificial. Ya en el 2021, la Comisión publicó una actualización de este Plan. La serie de acontecimientos en el seno de la Comisión, hasta llegar a este punto, viene sintetizado (con enlaces a documentos) en la página [47]. Un breve resumen de dicha actualización, con especial énfasis en cuanto a energía limpia, aparece en la página [48].

Prácticamente todos los países con cierto peso económico, como Alemania, India, Reino Unido, Francia, Suecia, México, etc.,

---

43 https://appen.com/blog/recent-ai-developments-in-china/

44 https://www.cbinsights.com/research/china-artificial-intelligence-investment-startups-tech/

45 https://www.nytimes.com/2019/02/11/business/ai-artificial-intelligence-trump.html

46 https://medium.com/politics-ai/an-overview-of-national-ai-strategies-2a70ec6edfd

47 https://digital-strategy.ec.europa.eu/en/policies/european-approach-artificial-intelligence

48 https://ee-ip.org/en/article/the-eu-coordinated-plan-on-ai-expectations-for-the-energy-transition-1-5799

están tomando medidas especiales. Por parte de España, se ha ido preparando, al compás de los cambios de gobierno, una Estrategia Nacional de Inteligencia Artificial, que fue presentada el 2 de diciembre del 2020; ver [49] [50]. Actualmente dicha Estrategia está a cargo del Ministerio de Asuntos Económicos y Transformación Digital[51].

2.2.2. Beneficios de la inteligencia artificial

Los expertos coinciden en señalar un gran impacto de la inteligencia artificial sobre el PIB de los países, al aumentar la productividad del trabajo. Aumento debido a la automatización de labores rutinarias, la expansión de habilidades de las personas y el incremento del valor añadido de sus actividades[52] [53].

Resumiendo las aportaciones de diversos informes de las consultoras internacionales, la página[54] del ISO (noviembre del 2021) nos dice que, gracias a la inteligencia artificial, la eficiencia de las organizaciones va a crecer en un 40 % hacia el año 2035. Además, la inteligencia artificial contribuirá al producto interior bruto global, con un valor de unos 14 billones de dólares en torno al año 2030.

Bastantes de las publicaciones recientes sobre el impacto económico de la inteligencia artificial, como, por ejemplo, [55] (año 2022), hacen referencia a dos informes anteriores de especial rele-

---

49 https://datos.gob.es/es/noticia/el-papel-de-los-datos-abiertos-en-la-nueva-estrategia-nacional-de-inteligencia-artificial

50 https://portal.mineco.gob.es/es-es/ministerio/areas-prioritarias/Paginas/inteligencia-artificial.aspx#:~:text=La estrategia España Digital 2025,económico social, inclusivo y sostenible.

51 https://avancedigital.mineco.gob.es/es-es/SecretariaDeEstado/Paginas/Organigrama.aspx

52 https://link.springer.com/article/10.1007/s12115-021-00588-6

53 https://www.weforum.org/agenda/2020/12/ai-productivity-automation-artificial-intelligence-countries/

54 https://www.iso.org/news/ref2763.html

55 https://lattedriven.co.uk/the-impact-of-artificial-intelligence-on-the-world-economy/

vancia. Uno de ellos[56], del 2018, proviene de McKinsey y considera comparable el impacto de la inteligencia artificial a lo que supuso —en su tiempo— la llegada de la máquina de vapor. El otro[57], del 2017, procede de PwC, y, entre otras muchas cosas, predice que la inteligencia artificial va a impulsar especialmente el crecimiento del PIB en China (hasta un 26 % de tal aumento), seguida de Norteamérica (con un 14 %).

Para completar la visión que se tenía en el 2018, son recomendables otros dos informes: un extenso documento[58] de PwC, incluyendo fórmulas matemáticas de modelación y predicción, y la sugerente y amplia contribución del ITU[59], que, por ejemplo, predice que la influencia económica de la inteligencia artificial irá siendo cada vez más evidente según nos acerquemos al 2030; y también avisa de que quien no se enganche a la corriente verá crecer ante sí una brecha inquietante (en esto coincide con otros observadores).

En otro orden de cosas, se nota una preocupación creciente por poner al hombre en el centro, y no desviarlo a córner. Es uno de los temas que se consideraron en un fórum organizado por *Financial Times* en el 2020, dando lugar a la página [60], que ofrece gráficos y datos de gran interés sobre tecnologías en creciente popularidad, y el efecto de estas sobre las habilidades y capacidades de las personas en el trabajo. Pero donde dicha preocupación por el hombre se hace más neta, y tomando forma de un manifiesto, es en la página [61].

---

56 https://www.mckinsey.com/featured-insights/artificial-intelligence/notes-from-the-ai-frontier-modeling-the-impact-of-ai-on-the-world-economy

57 https://www.pwc.com/gx/en/issues/analytics/assets/pwc-ai-analysis-sizing-the-prize-report.pdf

58 https://www.pwc.co.uk/economic-services/assets/macroeconomic-impact-of-ai-technical-report-FEB-18.PDF

59 https://www.itu.int/pub/S-GEN-ISSUEPAPER-2018-1

60 https://www.ft.com/content/e082b01d-fbd6-4ea5-a0d2-05bc5ad7176c

61 https://www.europeanbusinessreview.com/humanity-first-the-centre-on-ai-technology-for-humankind-aith-manifesto-building-the-road-to-a-human-centred-digital-society/

2.3. Un tren en marcha. Subirse

Para muchas personas, la inteligencia artificial puede suponer una gran oportunidad. Es, evidentemente, un tren en marcha al que cabe subirse (a lo que alude la figura 2.10, que trae a la vista un fotograma de la película *Viaje a Darjeeling*).

Figura 2.10. Subir a un tren en marcha (la IA)

En esta breve sección queremos tocar dos aspectos: qué puede decirse de la situación actual y futura y qué medios pueden ponerse para adquirir una formación adecuada.

2.3.1. Presente y futuro

Las aplicaciones de la inteligencia artificial son hoy día muy numerosas y variadas. El ritmo creativo ha ido creciendo, de modo que podemos hablar actualmente de varias novedades importantes cada año. En concreto, pueden encontrarse breves descripciones de las nuevas aportaciones en [62][63]. La página [64] se fija en las contribuciones más significativas del siglo XXI, incluyendo el automóvil Tesla, el reconocimiento de voz y de caras, herramientas en *software* para creación farmacéutica, etc.

Desde un punto de vista científico, y con respecto al futuro previsible de la inteligencia artificial, son muy interesantes las

---

62 https://achievements.ai/

63 https://data-science-ua.com/blog/top-ai-achievements-of-2021-so-far/

64 https://sdsclub.com/21st-century-ai-biggest-achievements/#:sim:text=Some of the Artificial Intelligence,aspects of their daily lives

perspectivas presentadas por el DARPA[65] [66], en las que se nos habla de tres oleadas de la inteligencia artificial. La tercera tiene que ver con comprender (los porqués, motivos, credibilidad) las situaciones, para así tomar decisiones oportunas.

En cuanto a la perspectiva económica y social, estamos en momentos de transición y asimilación tras el COVID. Esto ha trastocado muchas cosas. Tanto hablar en ámbitos institucionales, y en otros observatorios, de disrupciones aquí o allá y parece que, de verdad, ya están sucediendo ante nuestros ojos a gran escala y penetración.

Casi todos los informes sobre IA mencionados en este capítulo son anteriores a la pandemia. Después han aparecido nuevas contribuciones, pero ya con otro tono y perspectiva. Por ejemplo, entran de lleno el teletrabajo y las operaciones a distancia (compras, relaciones con el banco, gestiones, etc.); y la propia casa va tomando el aspecto de *mi torre de marfil*.

La reunión número cincuenta del World Economic Forum, en Davos, el año 2020, tuvo como lema: «The Great Reset». Algo así como «volver a empezar…».

Por tanto, revisten especial interés las observaciones pospandémicas acerca del nuevo panorama para la inteligencia artificial. Como, por ejemplo, la página [67].

Cuando se escriben estas líneas, ya tenemos guerra en Europa, en Ucrania. Muy probablemente sea otro acontecimiento disruptivo que originará cambios de carril en la energía, los productos básicos y el transporte, la defensa, economizar, asegurar información veraz, etc.

A través de diversas publicaciones en Internet, como son [68] [69], del año 2021, el World Economic Forum se muestra optimista con respecto a la inteligencia artificial.

---

65 https://www.darpa.mil/about-us/darpa-perspective-on-ai

66 https://www.darpa.mil/attachments/AIFull.pdf

67 https://hbr.org/2021/09/ai-adoption-skyrocketed-over-the-last-18-months

68 https://www.weforum.org/agenda/2021/11/positive-artificial-intelligence-visions-for-the-future-of-work/

69 https://www.weforum.org/reports/positive-ai-economic-futures

2.3.2. Prepararse para participar

Quien desee aprender lo necesario para entrar en el mundo de la inteligencia artificial tiene varios caminos para elegir.

Lo primero es meditar sobre el perfil profesional (o aficionado) que se desea, porque cabe optar por usar de alguna manera los medios disponibles, y con diversos fines; o bien hacer programación para crear nuevos productos inteligentes.

Podríamos sugerir las siguientes lecturas en la web. La página [70] habla de los diversos empleos relacionados con inteligencia artificial, y cómo prepararse de cara a ellos. Si se piensa en alguna carrera universitaria, la página [71] puede ayudar a seleccionar dónde (si bien cada vez hay más alternativas en esta dirección). Accenture y otras empresas similares están ofreciendo carreras interesantes (ver, por ejemplo, [72]).

Para los emprendedores, la página [73] indica diversas posibilidades de negocio basándose en herramientas de inteligencia artificial.

---

70 https://www.gbsrecursoshumanos.com/blog/empleo-en-inteligencia-artificial-ia-todo-lo-que-necesitas-saber/

71 https://www.formacionimpulsat.com/carreras/inteligencia-artificial-donde-estudiar-esta-carrera/

72 https://www.accenture.com/es-es/careers/explore-careers/area-of-interest/ai-and-analytics-careers?c=car_glb_skillssourcinggoogle_12416843&n=psgs_1021&gclid=Cj0KCQjwz7uRBhDRARIsAFqjullDFHZqMPheZFOec4uiXAmu-T9v2tIb5nObwEBHvKOk6pvlAqPsa7saAsEiEALw_wcB&gclsrc=aw.ds

73 https://www.emprendedores.es/ideas-de-negocio/oportunidades-de-negocio-entorno-a-la-inteligencia-artificialstartups-tecnologia-realidad/

Capítulo 3

Los mimbres de la inteligencia artificial

Vamos a introducir en este capítulo ideas y métodos fundamentales de la inteligencia artificial, como son las redes neuronales artificiales, los sistemas expertos, los métodos bioinspirados, etc.

Seguiremos un cierto orden cronológico que ayude a situar las cosas.

El progreso de la inteligencia artificial se ve emparentado con la evolución de la electrónica y la informática. Hoy día, parece increíble cómo apareció todo un mundo de ideas —la base de la inteligencia artificial— cuando la electrónica que la haría posible estaba en mantillas. Precisamente este capítulo comienza con una rápida panorámica histórica del *hardware*, para abrir paso, acto seguido, a los temas originarios de la inteligencia artificial.

3.1. Máquinas en vez de hombres

La verdad es que ya llevamos varias décadas viendo cómo los hombres somos sustituidos por máquinas en la agricultura, la industria, el transporte, etc. El punto de novedad que ahora, en esta sección, queremos contemplar especialmente es el manejo de información.

La educación recibida nos permite realizar operaciones matemáticas, como sumar, restar, multiplicar y dividir. Es una de las capacidades del hombre. Ahora bien, desde antiguo se han venido empleando sistemas mecánicos, como es el ábaco, que ayudan a hacer algunas operaciones simples. Después se construyeron mecanismos con engranajes, que permiten hacer algunos cálculos. Ya durante el siglo XX se desarrolló en sucesivas etapas un abanico de sistemas basados en electricidad, que ha desembocado en la moderna electrónica. Electrónica que se manifiesta en varias vertientes: sistemas de comunicación y telefonía, sistemas de control automático y computadoras.

Existe una pieza del puzle, que, siendo muy simple, ha tenido y tiene profundas implicaciones. Nos referimos al **relé**. Fue inventado hace bastante, en 1835. Hoy día se emplean millones de relés para diversas tareas.

Una de las grandes aplicaciones de los relés fue el telégrafo. Por cierto, con el telégrafo aparece también, de forma ya extensiva, la codificación. Las letras se transmiten mediante código morse.

Lo que nos interesa destacar aquí es que el relé tiene dos estados: interruptor abierto o cerrado. En un artículo de importancia histórica, titulado «Mathematical Theory of Communication» (año 1948), Claude Shannon empleó una variable, denominada «bit», con solo dos valores (por ejemplo, 0 o 1) para tratar matemáticamente la información. Combinando ceros y unos pueden codificarse diversos conjuntos de símbolos. Por ejemplo, con solo dos bits tenemos cuatro posibilidades: 00, 01, 10, 11. Esto podría servir para codificar con bits un semáforo, rojo, amarillo, verde, o sin luz. Con 6 bits podemos codificar las letras de una máquina de escribir (6 bits permiten 64 posibilidades). Las palabras se componen con letras, y cada una con bits. Tenemos así una forma de medir cantidad de información, en términos de cantidad de bits.

Es fácil ver que relés y bits guardan mutua sintonía. De hecho, se propusieron sistemas de computación basados en relés. Es más, incluso la memoria bit a bit puede realizarse con relés.

Figura 3.1. Alan M. Turing

Otro de los grandes afluentes en los inicios de la computación vino del ámbito matemático. Precisamente el álgebra de Boole emplea variables con solo dos valores. Son particularmente relevantes para nuestro tema los avances que se dieron en los años cincuenta con respecto a las máquinas de estados finitos (autómatas), cuya evolución depende de las entradas y de la información que tengan en memoria. Y por supuesto, hay que mencionar las aportaciones de Alan M. Turing (figura 3.1), incluyendo el desarrollo del ordenador programable MADAM, en 1947, y la famosa prueba para determinar si una máquina es inteligente o no.

Pronto se vio que era posible realizar operaciones lógicas, con álgebra de Boole, mediante circuitos electrónicos, y que se podía sustituir a los relés también con circuitos electrónicos. Tomó relieve así la electrónica digital.

En torno a 1945, varios investigadores, como Von Neumann, Eckert, Mauchly, etc., propusieron un tipo de máquina de cálculo que obedeciera a un programa almacenado en memoria, al igual que los datos. De este modo, *una misma máquina podría abordar diversos problemas, simplemente cambiando de programa*. Es una idea revolucionaria que ya estaba en los trabajos de Turing. Los programas pueden incluir decisiones, de modo que a lo largo de la ejecución de un programa pueden darse cambios de rumbo, según se cumplan o no las condiciones especificadas.

La figura 3.2 muestra a Von Neumann junto al computador MANIAC, el cual fue construido por Nicholas Metropolis en el Laboratorio Científico de Los Álamos, poniendo en práctica la arquitectura funcional propuesta por Von Neumann.

Figura 3.2. John von Neumann y el computador MANIAC (1952)

La «arquitectura» interna que se propuso para construir un computador digital organizaba sus circuitos electrónicos en diversas unidades, la de cálculo, la de memoria, la de control y las de entrada/salida (respecto al humano). Se construyeron los primeros ejemplares de computador, dignos de mención. Por ejemplo, el ENIAC (figura 3.3), una máquina puesta en marcha en 1946, que utilizaba más de 17.000 válvulas electrónicas y que pesaba 27 toneladas, era capaz de hacer 5000 sumas, o 300 multiplicaciones por segundo. Se instaló en una sala de 139 metros cuadrados, consumía 150 kW. Para su circuitería electrónica fueron necesarios 5 millones de puntos de soldadura.

Figura 3.3. Programando el computador ENIAC

En 1947 se produjo uno de los inventos fundamentales de nuestra época. Se trata del transistor, creado por Bardeen, Brattain y Shockley en los Laboratorios Bell. La figura 3.4 muestra a los tres investigadores averiguando las características del transistor, al que podían observar con un microscopio.

Figura 3.4. Bardeen, Brattain y Shockley, inventores del transistor

A partir de 1956 comienza la segunda generación de computadores, que pasan a basarse en circuitos con transistores. Los transistores eran mucho mejores que las válvulas, son pequeños, no se funden, consumen poco. Uno de los computadores más populares con esta tecnología fue el IBM 1401. Durante esta época se crearon los lenguajes FORTRAN y COBOL.

En 1958 J. Kilby desarrolló el primer circuito integrado, producido por la compañía Texas Instruments. Son circuitos basados en muy pequeños transistores y realizados en obleas de silicio. Con los circuitos integrados llegó la tercera generación de computadores (1964-1971). Más adelante se desarrollaron técnicas de fabricación que han permitido la integración a gran escala, y así la cuarta generación de computadores.

En nuestros días gozamos de un nivel de integración inimaginable. Por ejemplo, el procesador Intel i7 980x tiene 1170 millones de transistores. En cuanto a capacidad de cálculo, el procesador AMD Ryzen 7 1800X llega a procesar 304.500 millones de instrucciones por segundo. Los teléfonos móviles actuales son inmensamente superiores a los mejores ordenadores que se emplearon durante la misión Apolo a la Luna, tanto en capacidad de cálculo como de memoria.

La evolución que han tenido los ordenadores se ha apoyado en varias patas. Además de ir creando versiones del procesador central cada vez más potentes, en cuanto a velocidad de cálculo, se han creado chips de memoria y discos duros con enormes capacidades de almacenamiento, y también se han incrementado las posibilidades de visualización de imágenes, etc. Gracias a esta situación, se pueden abordar hoy día los *big data*.

Volviendo atrás, hacia los años sesenta y setenta, cuando llegaron los primeros grandes computadores a las empresas, los bancos y los centros de cálculo, y se vio que eran mejores que los hombres, se produjo un gran susto. Aparecían con frecuencia en los periódicos artículos sobre la superioridad de las nuevas máquinas, de que había que revisar nuestros conceptos sobre el hombre y de que se avecinaba un nuevo orden mundial. Hubo películas sobre computadores que se rebelaban, o de imperios galácticos con un ordenador central como gobernante, etc.

En torno a 1980 hubo otra revolución silenciosa. Hasta entonces, los computadores se instalaban en grandes salas con aire acondicionado y un amplio suministro de energía. Costaban mucho dinero. Pero en 1977 apareció en el mercado el Apple II, y en 1981 el IBM PC. Empezaron los ordenadores personales. El mercado al que nos referimos son ya las tiendas de la calle. Se produce una *democratización* de la informática. ¿Alguien puede decir cuántos computadores de sobremesa, portátiles, etc., se usan hoy día en el mundo?

En 1969 se conectaron entre sí ordenadores de tres centros de investigación en California y de la Universidad de Utah. Comenzó así ARPANET. En 1970 se ampliaron las conexiones a ordenadores de la costa este de Estados Unidos. Año tras año se fue ampliando la red, saliendo también fuera de Estados Unidos. A partir de propuestas y herramientas desarrolladas en Europa, en el CERN, se puso en marcha la World Wide Web, empezando a comienzos de 1992 a nivel de centros científicos de investigación. Después se abrió al uso popular. En el 2000, los usuarios de Internet eran unos 400 millones. En el 2016, el número de usuarios de Internet era ya un 40 % de la humanidad.

Sucede que ahora vivimos inmersos en la nube. Esto empezó con las empresas que viven de Internet, como fueron los servicios ofrecidos por Amazon a partir del 2002. Curiosamente, responde a la visión de un profeta, J. C. R. Licklider, quien en los años sesenta habló de una red de computadores intergaláctica, mediante la cual todo el mundo pudiese estar interconectado y poder usar datos y programas desde cualquier sitio. También por los sesenta, John McCarthy propuso la idea de la computación como un servicio público como lo es la luz o el agua. La palabra «nube» fue por primera vez utilizada por el profesor R. Chellappa en 1999.

La primera Escuela Técnica de Informática empezó en España en 1969. Actualmente hay unos diecisiete centros superiores de enseñanza dedicados a la informática. Se ha consolidado todo un nuevo panorama de carreras universitarias y de trabajos profesionales en torno a los ordenadores.

Empezábamos esta sección con el título «Máquinas en vez de hombres». ¿Dónde están las máquinas? Pues bien, los ordenadores se han «infiltrado» en ámbitos tradicionales, ofreciendo las grandes posibilidades de las bases de datos, las hojas de cálculo, los buscadores en Internet, los procesadores de texto, el cálculo científico y de ingeniería, etc. En todos estos terrenos está entrando (a veces sigilosamente) la inteligencia artificial. Pero, además, están surgiendo revoluciones —combinando ordenadores y robótica— en la agricultura, la logística, las comunicaciones, los coches, y un largo etcétera.

Y quizá, según ya dicen algunos pensadores, estamos asistiendo a la simbiosis de hombre + móvil.

3.2. ¿PODEMOS APRENDER DE LA NATURALEZA?

En algunos aspectos, la naturaleza muestra a las claras posibilidades que el hombre debería intentar imitar. Un ejemplo evidente son los pájaros. Vienen enseguida a la cabeza aquellos primeros intentos para que un hombre volara a base de alas más o menos apropiadas. En nuestros días la aviación comercial es ya cosa acostumbrada, y muy utilizada.

Hay también otros aspectos de la naturaleza que requieren espíritu de observación para captar detalles de interés científico y funcional. Hay que penetrar más en lo que nos dice el entorno.

Norbert Wiener inventó el nombre «cibernética» para proponer una ciencia sobre el control y la comunicación en el animal y la máquina. En 1948 publicó un libro titulado *Cybernetics*, en el que se analizaban procesos similares que se dan tanto en los animales como en las máquinas. De hecho, parte de su propuesta era aprender de los animales para plasmar diversos principios funcionales en las máquinas. En la fotografía (figura 3.5) tenemos a Wiener dando clase, teniendo a la vista una primitiva versión de un robot móvil.

Figura 3.5. Norbert Wiener dando clase

Uno de los principios funcionales que captó la atención de Wiener fue la realimentación *(feedback)*. Vamos a intentar explicarlo mediante un diagrama de bloques, según la figura 3.6.

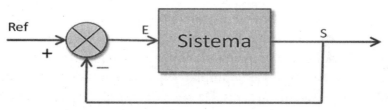

Figura 3.6. Diagrama de un sistema con realimentación

En este diagrama se maneja un concepto abstracto de «sistema». Es decir, sistema puede ser un avión, un motor, un club deportivo, un embalse, etc. Es un ente que admite entradas de control (indicadas con la flecha rotulada con la E), y salidas o resultados que podemos observar (la flecha con la letra S). En el caso del avión, las entradas son los mandos que usa el piloto, y las salidas serían la altura de vuelo, el rumbo, la velocidad, etc. En el club deportivo se observarían los resultados, y se intentarían mejorar con incentivos, mejor entrenador, etc.

Lo importante en el diagrama es que existe un flujo de información hacia atrás, desde la salida hacia la entrada. Los conocedores del tema hablan de que existe un «lazo de realimentación». Nótese que hemos incluido un símbolo algo extraño: un círculo con una X en su interior. Con este símbolo nos referimos a un ente que compara la entrada «ref» con la salida S. La idea es que nosotros indicamos con la entrada Ref, lo que deseamos que haga el sistema. Por ejemplo, en el caso de un avión queremos ir a 10.000 metros de altura, y nos interesa entonces que S sea 10.000. Lo que hace el comparador es actuar sobre el sistema para corregir las posibles diferencias que pueda haber entre lo que se desea (ref) y lo que se consigue (S).

Pongamos un ejemplo «humano». Se trata de enhebrar una aguja. Nadie lo hace cerrando los ojos. Lo que se hace es mirar, y de acuerdo con la distancia entre mano y aguja vamos corrigiendo nuestro movimiento. De igual manera, conducimos un coche mirando a la carretera y corrigiendo desviaciones. Desde el punto de vista de información, el cerebro manda información hacia adelante (las manos) y recibe información hacia atrás (con los ojos), y puede corregir.

La realimentación aparece de muchas maneras. La ciencia médica sabe que la realimentación juega un papel fundamental en el mantenimiento de constantes fisiológicas. Asimismo, a medida que se profundiza en el equilibrio en el medioambiente, se descubren muchas y diversas versiones de los ciclos y la realimentación. También se descubren mecanismos de realimentación en el mundo de los negocios o en el de las opiniones sociales.

Recientemente ha vuelto a ser de actualidad el aprendizaje por refuerzo *(reinforcement learning)*. Se trata de fomentar un determinado aprendizaje penalizando de alguna manera respuestas incorrectas y premiando respuestas deseadas. Quien escribe este libro hizo su tesis doctoral con un tema muy relacionado que supuso hacer estudios experimentales con máquinas basadas en neuronas artificiales, las cuales interactuaban mediante refuerzos con ratas de laboratorio, con el objetivo de que las ratas aprendieran ciertas conductas.

Muchos de los sistemas de control, como son el piloto automático de un barco o avión, el control de la calefacción, la temperatura del agua caliente, la regulación de presión, etc., se basan en realimentación.

Cambiemos de tema sin dejar de escudriñar la naturaleza. ¿Qué pasa con las neuronas? Son evidentemente importantes en los seres vivos, y tienen mucho que ver con la inteligencia artificial.

La referencia obligada en la historia de las neuronas artificiales es la aportación de Warren S. McCulloch y Walter Pitts en un artículo científico publicado en 1943, con el título «A Logical Calculus of the Ideas Immanent in Nervous Activity» (Un cálculo lógico de las ideas inmanentes en la actividad nerviosa). Se introduce un modelo matemático de cómo funciona una neurona, considerando sus conexiones con otras neuronas. La figura 3.7 muestra una fotografía de McCulloch. Se da la circunstancia de que estuvo de visita unos días en nuestro departamento, en la Universidad Complutense de Madrid, y dio una brillante conferencia, incluso con algunas citas de Santa Teresa en castellano.

Figura 3.7. Warren S. McCulloch

Intentemos explicar en qué consiste el modelo de neurona artificial. En primer lugar, consideremos una neurona real con ayuda de la figura 3.8 (de izquierda a derecha). El soma de la neurona recibe entradas de otras neuronas a través de las dendritas. La neurona procesa las entradas y produce una salida. El axón transmite la salida de la neurona hacia las dendritas de otras neuronas. Las conexiones entre axón y dendritas se denominan sinapsis.

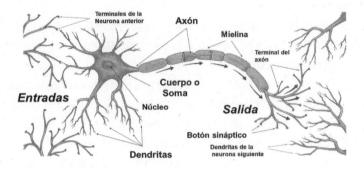

Figura 3.8. Estructura básica de una neurona

El modelo matemático, como en general cualquier modelo, implica una cierta idealización y simplificación. La figura 3.9 muestra en esquema cómo es el modelo de neurona artificial. Las entradas son las señales enviadas por axones de otras neuronas. Las sinapsis son como empalmes que conectan un axón con una dendrita.

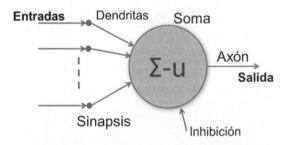

Figura 3.9. Modelo matemático de neurona artificial

El soma efectúa una suma (un curioso juego de palabras, ¿verdad?) de las entradas. Además, resta un umbral. Todo muy simple. El resultado de la suma puede superar o no el umbral. Si lo supera, el modelo da como salida un «sí». En caso contrario, la salida es «no». Así pues, el funcionamiento de la neurona es como una votación. Se suman votos de diversa procedencia (las entradas) y se aplica un umbral, que equivale a una regla de mayoría simple, o de dos tercios, etc., y se emite un «sí» o un «no».

Existe una entrada inhibitoria que si se activa hace que la neurona no emita salida.

Este sencillo modelo permite hacer ciertas operaciones con lógica de Boole (la AND y la OR). Es decir, permite hacer ciertos cálculos matemáticos.

En 1949 el libro de Donald Hebb, titulado *The Organization of Behavior (La organización de la conducta)*, introdujo un aspecto revolucionario. En el libro se decía que si una neurona A excitaba repetida o persistentemente a otra neurona B, algún tipo de proceso biológico hacía que la conexión entre A y B se fuese haciendo cada vez más eficiente. Este mecanismo, según el libro, es fundamental para el aprendizaje y la memoria.

En 1951, Marvin Minsky, cuando aún era estudiante de matemáticas en Princeton, construyó la máquina SNARC, con 40 sinapsis de Hebb realizadas mediante 3000 válvulas electrónicas, condensadores como memorias a corto plazo y motores eléctricos. La máquina simulaba el aprendizaje de una rata en un laberinto.

Algunos años más tarde, en 1957, Frank Rosenblatt propuso el perceptrón. Con base en el modelo de McCulloch y Pitts, tuvo en cuenta las indicaciones de Hebb mediante la inclusión de unos pesos en las entradas, según indica la figura 3.10.

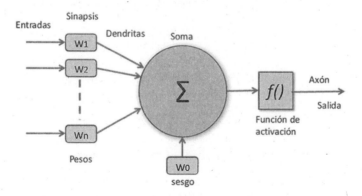

Figura 3.10. Estructura del perceptrón

Los pesos van a dar mayor o menor importancia a una u otra información procedente de las otras neuronas. Si una neurona A insiste en excitar a nuestra neurona B, entonces el peso asociado a la sinapsis A-B debe aumentar.

Los pesos pueden ser positivos o negativos. Los negativos tienen influencia inhibidora. El sesgo corresponde al umbral del modelo de McCulloch y Pitts. Se elimina la entrada de inhibición y se añade una función de activación.

El soma efectúa una suma ponderada de las entradas a través de los pesos. El resultado puede ser positivo o negativo. Una forma básica de función de activación es decir que sí si el resultado es positivo, o que no si el resultado es negativo.

El comportamiento de la neurona puede resumirse entonces con la siguiente expresión matemática:

- Suma ponderada de entradas:

$$S = w_0 \cdot x_0 + w_1 \cdot x_1 + ... + w_n \cdot x_n$$

- Salida de la función de activación:

$$y = f(S) = \begin{cases} 1 \text{ si } S \geq 0 \\ 1 \text{ si } S < 0 \end{cases}$$

En la expresión de S hemos denominado los valores de las entradas con las variables

$$x_0, x_1, ... x_n$$

Desde un punto de vista geométrico, la ecuación de $S = 0$, es decir:

$$w_0 \cdot x_0 + w_1 \cdot x_1 + ... + w_n \cdot x_n = 0$$

corresponde a un hiperplano. Si tuviéramos solo dos variables (), entonces el hiperplano sería simplemente una recta.

Podemos entonces decir que la frontera que separa las dos

alternativas que puede tomar la función de decisión es el hiperplano S = 0.

Como queremos mostrar ahora cosas importantes para la inteligencia artificial, vamos a ir por pasos y poniendo ejemplos. Vamos a centrarnos en casos simples con solo dos variables x_1, x_2.

Supongamos, por ejemplo, que hemos recolectado una serie de minerales, los hemos numerado (1, 2, 3...) y hemos anotado la densidad y el porcentaje de hierro de cada mineral. De modo que para el mineral 1, podríamos tener el dato (1.2, 30), indicando una densidad de 1.2 y un porcentaje de hierro del 30 %. Y así con el mineral 2, el mineral 3, etc. Ahora pintamos estos datos en un plano con ejes x_1, x_2, donde x_1 sería la densidad y x_2 sería el porcentaje de hierro. Obtenemos una serie de puntos, que podrían ser los que aparecen con aspas en la figura 3.11.

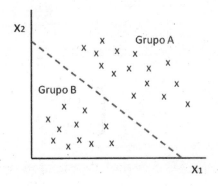

Figura 3.11. Ejemplo de dos minerales

Podría suceder, como es el caso de la figura 3.11, que los datos sugirieran la existencia de dos grupos (A y B). Esto no tiene por qué ser así en la vida real, pero recordemos que estamos en un ejemplo. Así pues, mirando la figura hemos dibujado una recta a tramos que separa un grupo de otro. Algunos especialistas llaman a esta línea separadora «separatrix».

Sigamos con las suposiciones. Podría ser que la separatrix fuese la recta (el hiperplano) definida por S = 0 de un perceptrón. A la derecha de la recta tendremos S > 0, y a la izquierda S < 0.

Si fuese así, si aplicamos a la entrada del perceptrón uno de los datos del grupo A, entonces, como está a la derecha sucede que S>0 y la salida del perceptrón sería «sí». Nosotros podremos interpretar esta salida como que el perceptrón nos dice que el dato pertenece al grupo A. De forma similar, si aplicamos un dato del grupo B al perceptrón, la salida sería «no», y la interpretaríamos como que el dato pertenece al grupo B.

Estamos diciendo entonces que el perceptrón puede utilizarse para clasificar. Y añadimos que esto es verdad para casos con más de dos variables.

Hay un ejemplo muy popular cuando se habla de clasificar. Se trata de la flor Iris. La figura 3.12 muestra una fotografía de esta flor.

Figura 3.12. Flor Iris

Existen diversas variedades de la flor Iris, pero solo nos vamos a fijar en dos: la variedad *versicolor* y la variedad *setosa*. Ambas se pueden distinguir midiendo la longitud de sus sépalos y la de sus pétalos. La figura 3.13 presenta algunos datos tras medir un conjunto de flores.

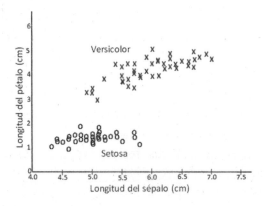

Figura 3.13. Datos sobre dos variedades de Iris

Lo que echamos de menos en la figura es una recta que nos ayude a clasificar. ¿Se puede encontrar la separatrix apropiada para aplicar un perceptrón?

El mismo Rosenblatt sugirió un algoritmo para ajustar los pesos a fin de poder clasificar. Se cuenta con una serie de datos que sabemos pertenecen al grupo A o al grupo B. Los pasos del algoritmo son los siguientes:

1. Se dan valores iniciales al azar para los pesos.
2. Se toma el primer dato, se aplica a la entrada del perceptrón y se ve cuál es su salida y.
3. La salida correcta debería ser d (1 o 0, según pertenencia a A o B). Si la salida fuese incorrecta, es decir, $y \neq d$, entonces hay que modificar el peso w_0:

$$\text{Si } y > d \text{ entonces } w_0 \leftarrow \cdot w_0 - \eta x_0$$

$$\text{Si } y < d \text{ entonces } w_0 \leftarrow \cdot w_0 + \eta x_0$$

4. Volver al paso 2, tomando el siguiente dato y actualizando subíndices (1, 2, 3, …, n).
5. Al terminar con el último dato volver al paso 2 con el primer dato. Continuar así el ciclo hasta que todos los datos sean clasificados correctamente.

(El parámetro η es un número pequeño, como, por ejemplo, 0,05).

Con este algoritmo tenemos un primer ejemplo de «*machine learning*». Se dice que el perceptrón aprende a clasificar.

Más en detalle, lo que sucede es que el perceptrón determina la separatrix para el caso considerado. Si el caso fuese otro, con otros objetos en estudio (no solo flores) y otros datos, el perceptrón encontraría una separatrix apropiada.

Como al entrenar el perceptrón sabemos ya cuál es la clasificación adecuada para cada dato, se trata de un «aprendizaje supervisado».

La utilidad está en que si tenemos un nuevo dato, que no sabemos si pertenece a A o a B, y lo aplicamos a la entrada del perceptrón, se producirá en principio una clasificación correcta. Decimos que la neurona tiene una capacidad de «generalización».

Por supuesto, hay que matizar. Hay escenarios en los que la separación entre grupo A y grupo B mediante una recta no es tan clara, y puede que un nuevo dato ofrezca dificultades de clasificación correcta.

Es posible combinar varias neuronas para tratar casos más complejos, con más grupos distintos. Un ejemplo sencillo sería el de una capa con dos neuronas y dos entradas, según se representa en la figura 3.14.

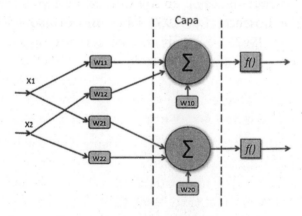

Figura 3.14. Ejemplo básico de red neuronal

Este ejemplo es un primer caso de «red neuronal».

Con esta configuración sería posible clasificar según se ilustra en la figura 3.15. Hay dos separatrices, correspondientes a las dos neuronas. Las dos salidas darían la clasificación según cuatro casos: 00, 01, 10 y 11.

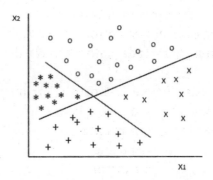

Figura 3.15. Clasificación en cuatro casos

Es posible aumentar el número de neuronas, formando una capa con N neuronas, para aplicar a situaciones de clasificación que requieran N rectas.

Hay que hacer notar que además de los escenarios con solo dos variables, el caso general tiene más variables y las rectas pasan a ser hiperplanos.

Una primera realización en *software* del perceptrón fue desarrollada por Rosenblatt en 1957 sobre un ordenador IBM 704. Por cierto, en 1962, J. L. Kelly Jr. creó con este ordenador (que pesaba 5 toneladas) en los laboratorios Bell un sintetizador de voz. Años más tarde, Arthur C. Clarke visitó los laboratorios Bell y pudo escuchar cómo este sintetizador cantaba la canción *Daisy Bell*. Clarke fue el guionista de la película *2001: una odisea en el espacio*, y esa fue la canción que cantó HAL9000 cuando lo iban desconectando.

En 1962, Rosenblatt publicó un libro titulado *Principios de neurodinámica: perceptrones*. El libro tiene cuatro partes. En la segunda parte se habla de redes neuronales con tres capas; y en la tercera parte se introducen redes multicapa y acoplamientos entre perceptrones.

Efectivamente, las cosas pueden ir más allá, añadiendo una capa de neuronas (que se suele denominar «capa oculta»), y consiguiendo así estructuras como las que muestra la figura 3.16.

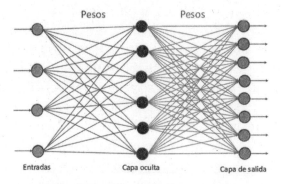

Figura 3.16. Red neuronal de tres capas[74]

Ya se ve por la figura por qué se ha denominado el enfoque que estamos introduciendo como «conexionista» (connectionism). Con este motivo se ha producido una enorme actividad investigadora mediante la cual se han propuesto diversas alternativas estructurales y funcionales. Por ejemplo, la función de activación puede no ser tan simple como la de «sí» o «no». Otra posibilidad es que haga una transición suave de no (un 0) a sí (un 1) a través de valores continuos: 0.1, 0.2, ...0.9, 1. Esto puede ser utilizado para expresar probabilidad, como, por ejemplo, que la probabilidad de que una flor sea de tal especie es 0,75 (es decir, un 75 %).

Se han estudiado bastantes tipos de funciones de activación y formas de actualizar los pesos.

Dentro de poco hablaremos de reconocimiento de patrones. Un ejemplo muy actual es el de reconocer caras de personas. En este ámbito se suele utilizar lo que se denomina «extracción de características o propiedades» (feature extraction). Una característica puede ser la redondez de la cara, el color del pelo, boca grande o pequeña, etc.

¿Qué es lo que hace la capa oculta en una red de neuronas? Pues bien, probablemente extraiga características. Después, la siguiente

---

74   La figura muestra de forma simplificada las neuronas como círculos.

capa tiene el trabajo más fácil para clasificar, porque se trata de encuadrar y sopesar las piezas reconocidas por la capa oculta.

Las redes que hemos introducido hasta ahora son *feedforward*; es decir, una vez que la red ha aprendido, la información viaja desde las entradas a las salidas, sin marcha atrás.

Si bien Rosenblatt hablaba ya de capas ocultas, existía un grave problema, y es que no estaba claro cómo ajustar los pesos en estructuras multicapa. Hubo que esperar bastantes años para que se encontrara un método para establecer los pesos, basado en ir marcha atrás, desde la capa de salida hacia la de entrada.

Este procedimiento se llama —con toda propiedad— de propagación hacia atrás *(backpropagation)*. Ha sido la clave para impulsar la investigación y la aplicación real de las redes neuronales.

En la actualidad se sabe que el método de propagación hacia atrás ya fue sugerido en los sesenta. Pero fue en 1986 cuando D. Rumelhart, G. Hinton y R. Williams publicaron un artículo científico que supuso la popularización definitiva de las redes neuronales. Poco después, ese mismo año, Rumelhart y McClelland publicaron un libro que se considera hoy día como un hito fundamental en cuanto a las redes neuronales. Por aquel entonces andaba yo en la Universidad de Stanford, y aún recuerdo cómo se agotaron rápidamente, en pocos días, los tres volúmenes de aquel texto que incluía programas para probar la propagación hacia atrás.

Llegados a este punto, hemos ya introducido los aspectos fundamentales de las redes neuronales[75] [76]. En un próximo capítulo retomaremos el tema. Por ahora, vamos a continuar con otras facetas de los orígenes de la inteligencia artificial.

3.3. A POR LAS FUNCIONALIDADES SUPERIORES

No es casualidad que diversos investigadores hayan focalizado su esfuerzo en los juegos. Además, en parte este interés se ha visto catalizado por la existencia de los computadores. Desde luego, si

---

75 https://scikit-learn.org/stable/modules/neural_networks_supervised.html
76 https://www.dataversity.net/a-brief-history-of-machine-learning/

un computador es capaz de ganar a un buen jugador de ajedrez, demuestra —por así decirlo— un grado notable de inteligencia.

Páginas más arriba, nos hemos referido ya a Claude Shannon, a quien se le considera como el padre de la teoría de la información. Pero todavía hay más; resulta que, por otra parte, es él quien dio el impulso original definitivo a la investigación sobre ordenadores y el ajedrez. Esto sucedió en 1950, año en el que Shannon publicó el artículo titulado «Programming a Computer for Playing Chess».

Previamente, algún tiempo antes del cincuenta, Turing ya estuvo considerando sobre el papel la posibilidad de un ordenador jugando al ajedrez.

Si bien Turing no jugaba del todo bien al ajedrez, Shannon tenía en cambio buen nivel de juego y reconocida afición. Para llevar a la práctica su teoría, Shannon llegó a fabricarse de forma casera un computador[77], basado en relés, que realizaba algunas jugadas (figura 3.17).

Al jugar al ajedrez uno debe buscar entre varias alternativas (mover una ficha u otra). Shannon distinguió dos tipos de búsqueda: o bien selectiva, o bien a fuerza bruta. Él siguió un modo selectivo basado en un procedimiento «minimax» y una función de evaluación acerca de la posición actual de las fichas.

¿Qué es el procedimiento minimax? La pregunta nos retrotrae al año 1928, en el que Von Neumann profundizó en este tema. Se trata del mismo Von Neumann que, según se ha comentado antes, intervino en la concepción y construcción de los primeros computadores. Tenía un don para las matemáticas que le llevó, entre otras cosas, a contribuir decisivamente a la teoría de juegos[78].

---

77 https://www.chess.com/article/view/the-man-who-built-the-chess-machine

78 https://cs.stanford.edu/people/eroberts/courses/soco/projects/1998-99/game-theory/Minimax.html

Figura 3.17. Claude Shannon y su máquina de ajedrez

En la estrategia minimax, una de las estrategias posibles, se trata de minimizar la máxima pérdida posible. El ejemplo clásico es un caso de la guerra Japón-Estados Unidos. Se puede estudiar como un juego de suma cero entre dos jugadores. Hay un convoy de embarcaciones niponas que pueden tomar dos rumbos, el norte o el sur. El otro bando debe decidir hacia dónde enviar sus aviones de reconocimiento, al norte o al sur. En el peor caso para los japoneses, los americanos tendrían la oportunidad de 3 días de bombardeo. Las otras alternativas implican menos días de bombardeo. La situación se resume en la siguiente tabla:

Aviones EE. UU.	Navíos Japón	Días bombardeo
Norte	Norte	2
Norte	Sur	2
Sur	Norte	1
Sur	Sur	3

Siguiendo el enfoque minimax, para los americanos lo mejor es el norte. El mayor riesgo del sur es perder dos días de bombardeo, mientras que con el norte es perder uno. Para los japoneses, lo mejor es el norte también. El mayor riesgo del sur es sufrir tres días de bombardeo, mientras que con el norte son dos.

De hecho, ambos eligieron el norte.

Según hemos dicho, Shannon prefería una búsqueda selectiva, en vez de aplicar fuerza bruta. Hoy día, los expertos suelen hablar de «métodos heurísticos» para indicar una perspectiva selectiva. Pongamos un ejemplo relativamente típico. Se trataría de una gran biblioteca llena de libros, sin ningún orden, con baldas para libros grandes y baldas para libros pequeños. Nos piden encontrar un libro de Pepe Pérez. Si no nos dan ninguna pista, habría que mirar uno por uno. Pero nos dicen que el libro es grande y amarillo. No cabe duda de que estas dos pistas nos simplifican el trabajo. La heurística trata de aprovechar al máximo el conocimiento disponible, todas las pistas posibles. En ciertas circunstancias se pueden manejar probabilidades, mayores en una zona de búsqueda y menores en otra.

Pero pensemos por un momento en la fuerza bruta y el ajedrez. Considerando que un par de movimientos de fichas trae consigo explorar unas mil posibilidades, y suponiendo que un juego típico dura unas 40 jugadas, Shannon estimó que habría que explorar por fuerza bruta unas 10^{120} posibilidades (un 1 seguido de 120 ceros). Este es llamado «número de Shannon». Para dar una idea de la inmensidad de este número[79], se considera que el número de átomos en el universo observable es de unos 10^{80}.

La exploración a la que nos referimos se puede representar como un árbol de decisiones. Justamente, la exploración de árboles es un tema típico de la ciencia informática. Un ejemplo obvio de árbol es... un árbol genealógico. Pero hay muchos otros ejemplos, como en el mundo de las clasificaciones (botánica, minerales, etc.), o el caso de cómo están organizadas las carpetas, subcarpetas, etc., de un disco duro.

---

79   http://mathematics.chessdom.com/shannon-number

Figura 3.18. Queremos explorar árboles

Se puede explorar un árbol de diversas maneras. En un árbol genealógico podríamos, por ejemplo, ir de padre a abuelo, bisabuelo, etc., es decir, en profundidad (haciendo varias veces marcha atrás y marcha adelante). También podríamos ir por niveles, nivel de padres, nivel de abuelos, nivel de bisabuelos, etc., es decir, en anchura (saltando de nivel varias veces). En fin, existen diversas formas de seguir un orden. La figura 3.18 quiere ilustrar la cuestión que estamos considerando.

Ya en 1955, J. McCarthy introdujo la idea de la «poda alfabeta»[80]. Esto tuvo lugar con ocasión de un famoso congreso que hubo en Dartmouth, al que nos referiremos más tarde. Fue precisamente McCarthy el que también introdujo la expresión «inteligencia artificial» durante ese congreso. La poda de un árbol permite reducir, a veces significativamente, los esfuerzos de búsqueda en un árbol.

En 1958, Alex Newell, Herbert A. Simon y Cliff Shaw desarrollaron un programa que jugaba al ajedrez. Se denominó como NSS. Fue el primer programa que ganó a un ser humano. Pero hay que decir que se trató de una secretaria a quien se enseñó a jugar

---

80   https://www.endtoend.ai/mooc/aind/12/

al ajedrez una hora antes de la partida. La figura 3.19 muestra una fotografía[81] de Herbert A. Simon.

Figura 3.19. Herbert A. Simon

Newell y Simon son considerados también como inventores de la poda alfa-beta, a la par que McCarthy. Pero quizá el aspecto más interesante de su trabajo fue proponer que la máquina (el computador) aprendiera a jugar al ajedrez. No se trata solo de saber las reglas, sino de jugar como hace una persona, con una cierta estrategia. Asimismo, contribuyeron a la investigación sobre toma de decisiones, y sobre programas para resolver problemas en general. Tanto Newell como Simon recibieron el Premio Turing en 1975, y Simon además el Premio Nobel de Economía en 1978.

Años después, el 10 de febrero de 1996, en Filadelfia, el superordenador Deep Blue de IBM ganó al campeón de ajedrez Garry Kasparov. Hoy día se dispone de bastantes «motores de ajedrez», entre los que se cuentan Stockfish, Houdini, Komodo, etc.[82]. Estos programas combinan cierta fuerza bruta y técnicas heurísticas.

Puesto que hemos tocado algún aspecto de la teoría de juegos[83], es obligado citar la investigación al respecto de John Nash (hay

81   https://www.biografiasyvidas.com/biografia/s/simon_herbert.htm
82   https://www.ichess.es/blog/los-mejores-motores-de-ajedrez-top-3/
83   https://www.maa.org/sites/default/files/pdf/ebooks/GTE_sample.pdf

una película sobre él, *Una mente maravillosa*), y en particular el conocido equilibrio de Nash[84], introducido en 1951.

Entre los alumnos doctorales de Herbert Simon, destaca especialmente Edward Feigenbaum. A este último se le considera el padre de los «sistemas expertos». Recibió también el Premio Turing.

La figura 3.20 presenta una fotografía de Edward E. Feigenbaum imprimiendo en el papel pijama que se empleaba hace tiempo.

Figura 3.20. Edward A. Feigenbaum

El primer sistema experto, denominado Dendral, fue desarrollado en 1965 por E. Feigenbaum, J. Lederberg, B. Buchanan *et al.*, en la Universidad de Stanford. El objetivo de Dendral era el análisis de compuestos químicos. Dentro de un sistema experto hay una base de conocimientos y un motor de inferencias[85]. Los conocimientos se expresan como reglas. Las conclusiones de las reglas llevan asociada una cierta probabilidad de ser ciertas. El razonamiento basado en reglas aplica un análisis heurístico para manejar estas probabilidades, a medida que el razonamiento avanza encadenando reglas.

84 https://www.theorie.physik.uni-muenchen.de/lsfrey/teaching/archiv/sose_06/sof-tmatter/talks/Heiko_Hotz-Spieltheorie-Handout.pdf

85 https://imarcai.com/wp-content/uploads/2019/04/Feigenbaum-EXPERT-SYS-TEMS-PRINCIPLESAND-PRACTICE.pdf

Más adelante, en 1972, y también en Stanford, la tesis doctoral de E. Shortliffe presentó el sistema experto MYCIN para el diagnóstico de enfermedades infecciosas en la sangre.

Los nuevos planteamientos asociados a la llegada de los sistemas expertos supusieron una especie de revolución en el mundo de la inteligencia artificial, con una vertiente práctica. Aparecieron en el mercado numerosas herramientas para ingeniería de conocimiento, y para el desarrollo de sistemas expertos según diversos tipos de aplicación.

Figura 3.21. Lofti A. Zadeh

En aquella misma época, en torno a 1965, L. A. Zadeh (figura 3.21) fue desarrollando las ideas y el entramado metodológico de lo que llamó «lógica borrosa» *(fuzzy logic)*[86]. Recientemente fallecido, era una persona que disfrutaba de forma muy simpática creando controversia, como personalmente tuve ocasión de presenciar en varios eventos científicos.

En general, el diseño de sistemas de control con lógica borrosa suele ser bastante intuitivo, y una vez implantados mediante electrónica gozan de rapidez de respuesta.

---

86 https://pdfs.semanticscholar.org/85ca/6bdf31847e05d601996c3ea6fd515dbc2c2a.pdf

Siguiendo todavía con la década de los sesenta, fijamos ahora la atención en un programa llamado ELIZA[87], que fue creado por J. Weizenbaum en el Laboratorio de Inteligencia Artificial del MIT, entre 1964 y 1966 $REF. Se trata de uno de los primeros programas capaces de procesar lenguaje natural. Lo que hacía este programa, según tuve ocasión de comprobar, era mantener una conversación contigo al estilo de una entrevista con un psicólogo (de hecho, parodiaba al psicólogo Carl Rogers). Por ejemplo, el programa te saludaba y te preguntaba qué tal estabas con frases en inglés. Uno respondía también en inglés que te sentías regular, pongamos por caso. A continuación, te preguntaba si habías tenido pesadillas. Respondías, te volvía a preguntar, y así sucesivamente. Lo que conviene destacar es que tenemos aquí en germen los chatbots. Volveremos a hablar de ELIZA más adelante.

La siguiente fotografía (abril de 1968) (figura 3.22) muestra de izquierda a derecha a Shannon, McCarthy (con barba), Fredkin y Weizenbaum.

Figura 3.22. Shannon, McCarthy, Fredkin y Weizenbaum

Edward Fredkin sostuvo una temática filosófica según la cual, por ejemplo, el universo se comporta\como un autómata celu-

---

87   https://web.stanford.edu/class/linguist238/p36-weizenabaum.pdf

lar[88] [89]. Pero ¿qué es un «autómata celular»? Para esta pregunta es bueno considerar el conocido «juego de la vida», introducido por John Conway en 1970. Se trata de lo siguiente: supongamos una cuadrícula en la que cabe una célula viva en cada casilla. Hay una población inicial de células, que pueden estar vivas o muertas. Periódicamente se actualiza la situación de la siguiente manera:

— Una célula muerta con exactamente tres vecinas vivas nace de nuevo (pasa a estar viva).
— Una célula viva con dos o tres vecinas vivas sigue viva. De lo contrario, muere (bien por soledad, o bien por superpoblación).

Por ejemplo, se puede dar la siguiente secuencia —de izquierda a derecha— de estados del autómata celular (pintamos en gris las células vivas, figura 3.23).

Figura 3.23. Evolución de un simple autómata celular

El juego de la vida ha dado lugar a bastantes investigaciones basadas en computador. Hay configuraciones iniciales que permanecen constantes, las hay que causan secuencias que se repiten periódicamente, también existen las «naves espaciales» que aparecen con la misma forma en distintos sitios según avanza la secuencia, etc.

Un aspecto muy interesante de la investigación sobre autómatas celulares es que a veces llevan a secuencias caóticas. Esto conecta con la teoría del caos[90].

88   http://users.utu.fi/jkari/ca/part1.pdf

89   http://www.cs.tau.ac.il/~nachumd/models/Orit.pdf

90   http://www0.cs.ucl.ac.uk/staff/p.bentley/teaching/L6_CAs_and_Complexity.pdf

Quizá el lector se pregunte en estos momentos si las redes sociales, los rumores o el tráfico urbano pueden tener que ver con los autómatas celulares[91] [92] [93].

Y un comentario que ya se podía prever, sucede que uno de los iniciadores del tema de los autómatas celulares es... Von Neumann[94] [95].

3.4. ALGORITMOS BIOINSPIRADOS

De nuevo volvemos a lo mismo, imitar cosas de la naturaleza.

Esta vez podemos interesarnos por mecanismos bioinspirados para resolver problemas de optimización.

Imaginemos que estamos metidos en la exploración de un desierto formado por dunas, con muchas hondonadas. Nos piden encontrar la hondonada más profunda en un tiempo razonable. ¿Qué estrategia deberíamos seguir?

Figura 3.24. ¿Cuál es la hondonada más profunda?

En bastantes escenarios de optimización se produce una situación similar. En términos más matemáticos, podemos tener problemas con varios mínimos locales (lo que hemos llamado hon-

---

91   http://www.aporc.org/ISORA/2013/Proceedings/Papers/ISORA2013F41.pdf

92   http://downloads.hindawi.com/journals/complexity/2018/1890643.pdf

93   https://hal.archives-ouvertes.fr/hal-01773462/document

94   https://plato.stanford.edu/entries/cellular-automata/

95   https://embryo.asu.edu/pages/john-von-neumanns-cellular-automata

donadas), y queremos encontrar el más pequeño de los mínimos, es decir, un mínimo global.

En el caso de las dunas, podríamos lanzar en paracaídas y de forma dispersa unos cuantos exploradores. Todos con la misión de buscar una hondonada. El método que cada uno puede seguir sería avanzar paso a paso en la dirección más cuesta abajo en cada momento (hasta que no se pueda bajar más). Esta simple idea se expresa, en términos matemáticos, como «método del gradiente». Al cabo de un tiempo los exploradores habrán encontrado unas cuantas hondonadas, y se tratará de compararlas para determinar la más profunda. Ya se ve que podríamos encontrar varias con la misma máxima profundidad, o sea: que hay problemas con varias soluciones válidas.

Haciendo un ejercicio de generalización, lo que estamos acariciando es la idea de emplear varias exploraciones simultáneas para ver si alguna acierta con la solución.

Y si ahora nos inspiramos en la genética, podríamos pensar en explorar diversas alternativas, mediante «cromosomas», y empleando cruzamientos y mutaciones.

Pongamos un ejemplo muy simple. Tenemos una función matemática, de esas que dan miedo por su complejidad. Va a ser una función $y = f(x)$; es decir, con una sola variable x, y un solo resultado y. Queremos saber el mínimo de y. Vamos a intentarlo por prueba y error. Probamos $x = 1,41$ y sale $y = 21,3$; probamos $x = 3,57$ y sale $y = 15,2$. Así seguimos con muchas pruebas al azar. Después podemos hacer un *ranking*, según los valores de la y para cada x, de menor a mayor (es decir, de mejor a peor solución).

Demos ahora un salto conceptual. Vamos a llamar a los valores de la x cromosomas. Eliminamos las peores soluciones del *ranking* y las sustituimos por otras nuevas. ¿Cómo elaboramos estas nuevas? Pues mediante operadores genéticos. Por ejemplo, podemos cruzar 1,41 y 3,57, y obtener 1,57 y 3,41. También podemos mutar 3,57 y obtener 3,97. Ya se ve que son posibles muchos cruces y mutaciones, según el punto que se elija al azar para cruzar o mutar. Una vez que obtenemos una nueva generación de cromosomas, los ponemos a prueba y hacemos un nuevo *ranking*, volvemos a eliminar los peores, creamos unos nuevos… y así sucesivamente. Lo que estamos haciendo es analizar con varios exploradores (los cromosomas), y lo que se espera es ir acercándose a la solución global.

La figura 3.25 muestra esquemáticamente un cruce de cromosomas.

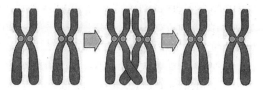

Figura 3.25. Cruce de cromosomas

Esto que acabamos de describir es un «algoritmo genético». Por supuesto, se trata de una introducción básica: a lo largo de los años se han ido proponiendo diversas versiones más refinadas, con el fin de adaptar la búsqueda a diversos tipos de problemas.

En ausencia de mutación, puede ocurrir que el algoritmo genético caiga en un mínimo local y lo considere como el mínimo global. Las mutaciones —no muchas— están ahí para procurar escapar de los mínimos locales.

En la práctica, tras bastantes generaciones puede llegarse a una solución candidata. Lo que puede hacerse a continuación es aplicar el método del gradiente para encontrar, ya dentro de una hondonada, un punto mejor (más profundo).

Aunque hemos puesto un ejemplo sencillo, no hay que sacar la impresión de que los algoritmos genéticos son para problemas fáciles. Todo lo contrario, los algoritmos genéticos permiten atacar problemas de optimización difíciles, complicados, y con bastantes variables

Una vez que hemos intentado mostrar el planteamiento genético, podemos hacer un poco de historia.

Existe un tronco común de ideas, que suele denominarse teoría de algoritmos evolutivos (*evolutionary algorithms*, EA). De este tronco han aparecido tres grandes ramas: los algoritmos genéticos (*genetic algorithms*, GA), la programación evolutiva (*evolutionary programming*, EP) y las estrategias basadas en evolución (*evolution strategies*, ES)[96].

Los orígenes de las tres ramas pueden situarse en las investigaciones de L. Fogel en la Universidad de San Diego, California, en 1966, con respecto a EP; en la intensa actividad de J. Holland en la Universidad de Michigan, en 1967, con respecto a GA; y en los frutos de la colaboración de tres estudiantes, Bienert, Rechenberg y Schwefel, en Berlín, 1965, acerca de ES.

El término «*genetic algorithm*» fue introducido por J. Holland[97]. Su libro, titulado *Adaptation in Natural and Artificial Systems*, significó un punto de partida para una amplia área de investigación, que se mantiene y va creciendo, según se refleja en numerosos congresos internacionales sobre esta temática. Después de ese libro han seguido otros de especial impacto para referencia y material de estudio, como son el libro de D. Goldberg, *Genetic Algorithms in Search, Optimization, and Machine Learning* (1989), o el de Michalewicz, *Genetic Algorithms + Data Structures = Evolution Programs* (1992); ver [98] para más información.

Antes de seguir adelante, resulta conveniente decir algo más acerca de los autómatas. En el amplísimo campo de las matemáticas, existe una parcela dedicada a la teoría de autómatas. Muy probablemente, el más paradigmático de los autómatas sea la llamada «máquina de estados finitos» (*finite state machine*, FSM). Estas máquinas tienen un número finito de estados y un conjunto de entradas. Bajando de la abstracción matemática a nuestro mundo concreto, podemos poner como ejemplo un ascensor: hay varios pisos (estados) en los que puede estar, y hay pulsadores (entradas) para que cambie de piso. Lo interesante en una FSM es cómo cambia de unos estados a otros. Es fácil especificar el comportamiento de una FSM utilizando una «matriz de transiciones», que cabe expresar como una tabla. Por ejemplo, suponiendo un

---

96 https://www.researchgate.net/publication/216300863_A_history_of_evolutionary_computation

97 https://sci2s.ugr.es/sites/default/files/files/Teaching/OtherPostGraduateCourses/Metaheuristicas/GeneticAlgorithms.pdf

98 http://www.it.uu.se/edu/course/homepage/mil/vt11/handouts/koza.ga-gp-survey.pdf

autómata con dos entradas (u1, u2) y tres estados posibles (s1, s2, s3), podríamos tener una tabla como la siguiente:

	u1	u2
s1	s2	s3
s2	s1	s3
s3	s1	s2

La primera columna muestra los posibles estados iniciales. Si al principio estamos en el estado s1 y se activa el pulsador u1, entonces pasamos al estado s2; o si activamos el pulsador u2, entonces pasamos al estado s3. Y así según las filas de la tabla.

Originalmente, la programación evolutiva consideró una población de varias FSM, como la población inicial de cromosomas. Mediante operadores genéticos se creaban nuevos autómatas, se eliminaban otros, y así sucesivamente. De alguna forma esto puede llevarse al terreno de los programas, creando nuevos programas con trozos de otros programas. El campo de aplicación del concepto se ha ido extendiendo, de modo que se ha empleado en entrenamiento de redes neuronales, en planificación de rutas, en robótica (incluyendo autoadaptación), sistemas borrosos, etc. (ver [99]).

En su momento hemos hablado de Google y rutas óptimas. Estas rutas se pueden encontrar mediante EP, pero también con... hormigas.

A principios de los setenta, E. O. Wilson publicó un importante libro sobre el comportamiento de los insectos sociales[100]. Muchos otros investigadores han proseguido con esta temática que ofrece interesantes pistas para los algoritmos bioinspirados.

Fijándonos concretamente en lo que hacen las hormigas en su búsqueda de alimento, aparece un comportamiento colectivo que tiende a conseguir la ruta más corta. Durante su avance, las hor-

---

99   https://www.researchgate.net/publication/216300863_A_history_of_evolutionary_computation

100 https://www.worldcat.org/title/insect-societies/oclc/199513

migas depositan un rastro de feromona, una sustancia química que se evapora al cabo de un tiempo y que las hormigas huelen. Hay hormigas exploradoras y hormigas trabajadoras (que recolectan el alimento). La figura 3.26 muestra un primer camino, y que una exploradora ha descubierto una alternativa más corta. El paso de hormigas por el camino más corto se hace comparativamente más frecuente que por el camino largo, y la densidad de feromona crece en el corto mientras decae en el largo. Al final, las hormigas prefieren el camino corto.

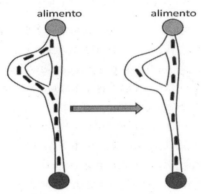

Figura 3.26. Al final, las hormigas encuentran el mejor camino

Las ideas básicas para establecer algoritmos de optimización inspirados en hormigas *(ant colony algorithms)* fueron propuestas por M. Dorigo, en 1992. Desde entonces, la investigación ha sugerido y estudiado diversas modificaciones, y se han publicado bastantes aplicaciones[101,102,103]. El mismo Dorigo y su equipo de colaboradores han proseguido con colonias de pequeños robots móviles que imitan el comportamiento de las hormigas.

La figura 3.27 muestra a Marco Dorigo con alguno de sus pequeños robots.

---

101 http://www.cs.unibo.it/babaoglu/courses/cas05-06/tutorials/Ant_Colony_Optimization.pdf

102 https://courses.cs.ut.ee/all/MTAT.03.238/2011K/uploads/Main/04129846.pdf

103 https://ieeexplore.ieee.org/abstract/document/782657

Figura 3.27. Marco Dorigo en su laboratorio

En nuestro grupo de investigación de la Universidad Complutense de Madrid, y dentro de nuestra línea de trabajo con barcos-robot, también hemos propuesto un algoritmo de hormigas para encontrar trayectorias de navegación dentro de un puerto, evitando obstáculos[104].

Hoy día la cantidad de algoritmos bioinspirados que se han propuesto es casi inabarcable. No podemos hablar aquí de todos ellos, pero sí mencionar algunos en especial.

Comenzamos con los bosques aleatorios, que, en realidad, tienen poco de bioinspiración. Su denominación original en inglés es *random forests*. Son algoritmos de clasificación basados en una colección al azar de árboles de decisión[105] [106] [107]. Son uno de los algoritmos típicamente utilizados en aprendizaje *(machine learning)* y en sistemas que aconsejan o recomiendan (banca, medicina, comercio).

La figura 3.28 muestra un diagrama conceptual de un bosque aleatorio. Está compuesto de un número N de árboles de decisión distintos (en la figura se marcan en verde los nodos activados), y se sigue un procedimiento de prueba al azar para encontrar el

104 https://www.sciencedirect.com/science/article/pii/S147466701631895X

105 https://link.springer.com/article/10.1023/A:1010933404324

106 http://www.jmlr.org/papers/volume13/biau12a/biau12a.pdf

107 https://www.newgenapps.com/blog/random-forest-analysis-in-ml-and-when-to-use-it

mejor árbol o bien promediar todos los resultados (u otro criterio de operación).

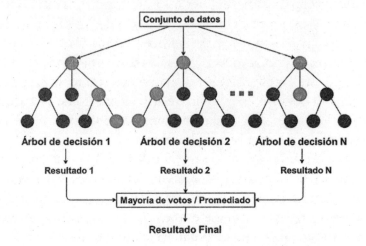

Figura 3.28. Diagrama conceptual de un bosque aleatorio

Con una mayor bioinspiración, se han ideado algoritmos basados en el funcionamiento de nuestro sistema inmune *(artificial immune systems)*[108] [109]. Una aplicación evidente es la detección de intrusos en ambientes de ciberseguridad[110].

Las abejas informan a otras abejas de dónde hay alimento mediante una especie de danza en el aire. Partiendo de esta base, se han propuesto algoritmos basados en colonias de abejas *(artificial bee colony)*[111]. Entre las aplicaciones que se han publicado, hay varias sobre gestión de energía eléctrica[112].

3.5. Momentos álgidos y situaciones difíciles

La historia de la inteligencia artificial no ha seguido una trayectoria suave. Más bien ha tenido sus cumbres y sus valles.

---

108 https://arxiv.org/ftp/arxiv/papers/0803/0803.3912.pdf

109 https://ieeexplore.ieee.org/abstract/document/625778

110 https://www.sciencedirect.com/science/article/abs/pii/S221421261630240X

111 https://www.sciencedirect.com/science/article/abs/pii/S1568494609002798

112 https://www.sciencedirect.com/science/article/pii/S0196890414008358

En 1956, John McCarthy organizó en la Universidad de Dartmouth, New Hampshire, un Summer Research Project, entendido como una tormenta de ideas de grandes cabezas. Duró unos dos meses, y por allí pasaron en temporadas más o menos largas veinte participantes, entre los que se contaron C. Shannon, Marvin Minsky, McCulloch, Nash, H. Simon, A. Newell, etc. Con ocasión de este evento, McCarthy acuñó el término «inteligencia artificial». El objetivo era amplio, relativo a hacer que las máquinas usen lenguajes, hagan abstracciones y conceptos, resuelvan problemas solo reservados a los hombres, etc.

Se guarda una placa conmemorativa del acontecimiento, considerado por muchos como un momento fundacional. Reproducimos esta placa en la figura 3.29[113].

Después siguieron diecisiete años de entusiasmo, con buen avance metodológico y conceptual, y bien financiado.

Figura 3.29. Placa conmemorativa de aquel verano en Dartmouth

Sin embargo, varias de las grandes expectativas se vieron frustradas. Tras una gran inversión económica del NRC (National Research Council, EE. UU.), se llegó en 1966 a un notable fracaso en cuanto a la traducción automática entre inglés y ruso. Además,

113. https://www.cantorsparadise.com/the-birthplace-of-ai-9ab7d4e5fb00

en 1969 se publicó un libro de Marvin Minsky y Seymour Papert, titulado *Perceptrons*, que subrayó las dificultades de los perceptrones y que, de hecho, supuso el fin de toda financiación del enfoque conexionista (redes neuronales). El DARPA, a su vez, había financiado generosamente bastante investigación sin llegar a resultados tangibles, y decidió ahorrar, enfocando su respaldo a proyectos concretos.

En 1973, *sir* James Lighthill, a requerimiento del Parlamento inglés, emitió un informe muy negativo sobre la inteligencia artificial.

Desde 1974 se hizo muy difícil conseguir financiación. Y así llegó el primer «invierno de la inteligencia artificial». El invierno duró hasta 1980.

A partir de 1980, con la llegada de los sistemas expertos, hubo un resurgimiento de la inteligencia artificial. Se dio una gran importancia al lenguaje LISP, y nacieron empresas productoras de computadores para LISP. Además, Japón lanzó con gran apoyo económico un amplio programa de investigación para crear la 5.ª generación de computadores que pudiesen conversar, traducir, interpretar imágenes y razonar como un humano; todo ello apoyado por el lenguaje PROLOG. El DARPA no se quiso quedar atrás por esta iniciativa, y lanzó en 1983 la Strategic Computing Initiative.

En un famoso debate del Congreso del AAAI (American Association of Artificial Intelligence), en 1984, se hizo historia del pasado, y se inventó el término «invierno de la inteligencia artificial» para designar la época 1973-1980. Además, Marvin Minsky y Roger Schank, allí presentes, avisaron de que en los ochenta se había vuelto a crear una espiral de expectativas, y que esto podría llevar otra vez al desengaño y a un nuevo invierno.

En efecto, en 1987 las máquinas LISP dejaron de ser competitivas, se había comprobado también que los sistemas expertos eran difíciles de mantener, y se produjo un colapso de la inteligencia artificial. También en 1987, el DARPA cortó la financiación de sistemas expertos. Al llegar 1991, Japón comprobó que su gran programa no había dado grandes resultados.

Si bien se puede decir que el segundo invierno empezó en 1987, no está claro cuándo terminó. Algunos observadores dicen que estamos viviendo una primavera en torno a las *apps*, Internet y el nuevo mundo digital.

La figura 3.30, adaptada de [114], representa la trayectoria que ha ido siguiendo el interés efectivo por la inteligencia artificial a lo largo de los años.

Figura 3.30. Decurso de la inteligencia artificial

Es difícil adelantar acontecimientos sobre lo que nos depara el futuro. Pero parece cierto que la cantidad de datos aumenta sin parar, y la penetración de la inteligencia artificial en el mundo profesional y social crece por momentos, según queremos mostrar en este libro.

---

114 https://www.finextra.com/the-long-read/62/what-should-be-taken-into-account-if-artificial-intelligence-is-to-be-regulated

Capítulo 4

Robots móviles

Los automóviles autónomos *(self-driving cars)* ya están en la calle. Significan la culminación de una larga y compleja investigación de robótica. Digamos que ha sido toda una gran aventura científico-técnica, un dilatado trabajo que ha durado varias décadas.

La llegada de estos vehículos está promoviendo, también, una situación nueva. Aspectos que antes quedaban cerrados en ámbitos especializados han pasado a la arena pública. Ya aparecen en los medios diversas polémicas en cuanto a la ética de las decisiones que puede tomar un automóvil; o bien si la evitación total de posibles accidentes está conseguida; o qué pasa con los errores humanos de conductores, ciclistas, peatones, en presencia de coches autónomos...

También los drones forman ya parte de nuestro mundo cotidiano. Son un ejemplo de la robótica aérea, que también tiene su contrapunto en la robótica acuática.

Claro está que la robótica tradicional, con sus brazos robot y otros sistemas, está ahí, como uno de los puntales de la industria moderna. Ahora bien, nos interesa más en este capítulo dar una panorámica con acento particular en la movilidad y la autonomía (cosa importante, por ejemplo, para la exploración de Marte o para los humanoides de servicio al público).

4.1. Breve historia de los robots

Aunque hay toda una prehistoria de la robótica, con diversos artilugios, podríamos situar los comienzos de la robótica actual en los años cincuenta. Concretamente, fue en 1954 cuando G. Devol creó el primer brazo robot industrial.

Realmente, en aquellos años la tecnología disponible no brindaba demasiados elementos para poder construir robots. Si pensamos solo en mover piezas mecánicas, se contaba con motores eléctricos, o aire comprimido, o hidráulica. En cuanto a los motores eléctricos, la investigación tecnológica ha ido respondiendo a las necesidades de la automatización y la robótica, logrando motores con cada vez más prestaciones, ligeros, de menor tamaño, con más fuerza, etc. Gracias a ello, por ejemplo, se han podido crear drones (con cuatro o más hélices) no solo capaces de volar, sino que además pueden llevar cámaras o alguna carga útil.

Entre los primeros robots móviles, figuran las «tortugas» construidas en 1948 por W. Grey Walter. Tenían un sensor de luz, y lo empleaban para moverse hacia una bombilla, evitando obstáculos. Su inteligencia era equivalente a dos neuronas.

Entre 1961 y 1963, el Laboratorio de Física Aplicada de la Universidad Johns Hopkins creó el robot Beast. Este robot utilizaba sensores de luz y un sonar (ultrasonidos) para navegar. Su control de a bordo no era digital, sino que se basaba en circuitos analógicos a transistores. Era capaz de localizar un enchufe en la pared y utilizarlo para recargar sus baterías.

En 1969 se patentó y se ofertó comercialmente el robot MowBot para cortar el césped.

Entre los años 1966 y 1972, se construyó en la Universidad de Stanford el robot Shakey, cuyo nombre alude a su agitado movimiento. No hace mucho pude verlo en una vitrina de uno de los edificios de ingeniería de dicha universidad. La figura 4.1 muestra una fotografía de Shakey[115]. Tiene tres cuerpos. El intermedio contiene todo un computador. El superior un medidor de distancias y

---

115   http://cyberneticzoo.com/cyberneticanimals/1967-shakey-charles-rosen-nils-nilsson-bertram-raphael-et-al-american/

una cámara. Se le podían mandar órdenes generales vía radio que el robot traducía a tareas concretas con su propio razonamiento.

Figura 4.1. Robot móvil Shakey

La carrera espacial trajo consigo el empleo de «rovers» para exploración planetaria. Además, varios de los satélites tenían cierta capacidad de tomar decisiones autónomas, si bien combinada con una dependencia del operador terrestre. En robótica se habla, en casos de este estilo, de «iniciativa mixta».

Siguiendo con los automóviles autónomos, hay que decir que deben mucho a la investigación de la Universidad Carnegie-Mellon (CMU), y en particular al Laboratorio Navlab. Este laboratorio creó un vehículo semiautónomo, basado en una furgoneta Chevrolet (ver la figura 4.2), en 1986. Hace años lo vi, con ocasión de un congreso internacional en Pittsburgh. Tenía un supercomputador y tres «SUN workstation» a bordo, y diversos sensores de alto precio. Tras este vehículo, Navlab fue desarrollando otros cada vez con más prestaciones, hasta llegar a los Navlab 9 y 10, basados en autobuses urbanos.

Figura 4.2. Vehículo autónomo Navlab

En 1994, con fondos de la NASA, se creó el National Robotics Engineering Center, ligado a la CMU. Sus actividades constituyen una buena referencia de lo que se ha hecho y se hace en robótica. Una figura de gran prestigio, que lleva investigando en CMU desde 1975, es Red Whittaker.

En el 2004, el DARPA (perteneciente al Ministerio de Defensa de Estados Unidos), convocó un concurso (el Grand Challenge) consistente en una carrera de vehículos autónomos. La primera edición, en 2004, tuvo lugar en el desierto de Mojave, y ningún coche logró terminar. En 2005 ganó la Universidad de Stanford, seguido por dos vehículos de CMU. La siguiente convocatoria fue en 2007, en forma de Urban Challenge. Ganó CMU seguido de Stanford, [116].

La figura 4.3 muestra una fotografía del Grand Challenge. Es evidente que uno de los problemas que los coches autónomos debían solucionar era distinguir la carretera.

---

116 https://www.darpa.mil/news-events/2014-03-13

Figura 4.3. Parte del recorrido del Grand Challenge

Recientemente se ha puesto énfasis en los vehículos autónomos a gran velocidad. Así, por ejemplo, el Indy Autonomous Challenge ha convocado una carrera de bólidos autónomos (tipo Fórmula 5) en Tejas, noviembre 2022, [117]. A su vez, el DARPA ha puesto en marcha el programa RACER para crear vehículos autónomos capaces de moverse a gran velocidad en terreno salvaje, [118].

Para los lectores que deseen informarse a fondo sobre el estado del arte pertinente a los coches autónomos, véase el artículo [119]. Al final del artículo se compara el Tesla con el Waymo.

4.2. LOS ROBOTS PERCIBEN Y SE MUEVEN

Como con los ordenadores, también se puede hablar en robótica de *hardware* y de *software*. Es interesante lanzar una mirada a qué ha sucedido en estos aspectos.

4.2.1. LOCOMOCIÓN

En cuanto a *hardware* —los elementos físicos— un primer tema es la locomoción. Cosa fundamental, evidentemente, en la robótica móvil.

---

117 https://www.indyautonomouschallenge.com/

118 https://spectrum.ieee.org/electric-vehicles

119 https://www.preprints.org/manuscript/202202.0123/v1

Hay una observación que hacer con respecto a los automóviles actuales. No se pueden mover de lado. Si así fuese, aparcar sería muy fácil; pero no, hay que hacer maniobra. Lo mismo les pasa a los barcos (salvo que tengan hélices auxiliares para maniobra). En robótica, se dice que son vehículos «no holónomos».

Además de las ruedas, otras alternativas para la locomoción son las patas o moverse como hacen las serpientes o los gusanos (conveniente para moverse en tuberías, o entre escombros tras un desastre). En el agua tenemos las velas, las hélices, las palas, e incluso aletas flexibles al modo de los peces. En el aire, diversos tipos de propulsores, alas, y los artefactos aerostáticos. Vemos algunos ejemplos en la figura 4.4. Arriba, a la derecha, tenemos un anfibio con propulsión ondulatoria.

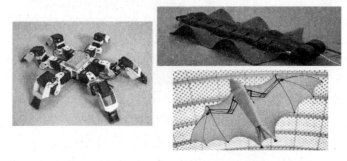

Figura 4.4. Algunos modos de locomoción de los robots

4.2.2. SENSORES Y AUTOLOCALIZACIÓN

Pero hablemos de los sensores. Tienen una importancia evidente para ir hacia algún sitio, sin chocar con los obstáculos ni las paredes, ni salirse de la carretera, etc.

Afortunadamente, el mundo de los sensores ha progresado enormemente con los años, ganando en posibilidades y siendo cada vez más baratos (a medida que se usan cada vez en mayor cantidad).

De hecho, no solo los robots móviles industriales o científicos se han beneficiado del avance de los sensores. También esto ha llegado al gran público. Los automóviles tienen sensores de ultrasonidos para evitar choques, sensores de lluvia, sensores de presión para los *airbag*, etc. Los móviles tienen acelerómetros y brújulas. Los drones tienen giróscopos o unidades inerciales increíblemente baratos. Casi todo lo que recogen los sentidos del cuerpo humano, sonido, tacto, temperatura, luz, etc., encuentra un sensor correspondiente.

Un problema típico de los robots móviles, y también de las personas, es la autolocalización. En este sentido, la llegada del GPS ha supuesto una verdadera revolución.

Figura 4.5. Robots móviles transportando estantes con paquetes

Desde hace algún tiempo, se vienen utilizando las torres de los teléfonos móviles para localizarnos por triangulación. Esta técnica —la triangulación— se venía aplicando desde antiguo por los robots, antes del GPS. Aún hoy, el GPS no sirve dentro de los edificios, y el problema persiste. Esto sucede, por ejemplo, en los almacenes robotizados de las empresas de paquetería. La figura 4.5 muestra cómo pequeños robots móviles llevan encima estanterías de un lugar a otro de una nave de Amazon. En estos casos pueden utilizarse sistemas de guiado incrustados en el suelo.

En situaciones de ataque terrorista a un edificio, se desea tener robots móviles que los puedan explorar de forma autónoma. No hay GPS, ni sistemas de triangulación. El robot debe, por sus propios medios, autolocalizarse, a la vez que va elaborando un mapa. Este es un ejemplo del problema SLAM *(self localization and mapping)*. Hay bastantes escenarios que originan problemas similares. Los primeros en plantearse este problema fueron R. C. Smith y P. Cheeseman en 1986, y H. F. Durrant-Whyte a principios de los noventa. El vehículo de Stanford que ganó el Grand Challenge incluía un sistema de resolución para SLAM.

4.2.3. VISIÓN ARTIFICIAL

No cabe duda de que, para los humanos, la vista tiene enorme importancia. Hablemos un poco de la «visión artificial».

En primer lugar, para tratar por ordenador una imagen, hay que obtener una versión digital de ella. El primer escáner para ser usado por un computador fue creado por R. A. Kirsch y su equipo, en 1957. La primera imagen digitalizada por esa máquina fue la de un niño de tres meses, llamado Walden, hijo de Kirsch. Se conserva en el Portland Art Museum. La figura 4.6 muestra esta imagen (176 x 176 píxeles):

Figura 4.6. Primera imagen digitalizada con escáner

No es solo ver una imagen. Queremos entenderla. Cuando vemos un tren en una foto, tenemos ante nosotros una imagen plana, en dos dimensiones, y sin embargo «vemos» un tren en tres dimensiones.

En 1963, Lawrence Roberts publicó su tesis doctoral con el título *Machine Perception of Three-Dimensional Solids*. Esto significó un gran paso, en cuanto a emplear ordenadores para transformar fotos 2D en imágenes 3D, basándose en perspectiva. En el verano de 1966, Seymour Papert y Marvin Minsky, del MIT, pusieron en marcha un Summer Vision Project, proponiéndose que un ordenador pudiera reconocer objetos en una escena. El resultado fue un fracaso... fructífero. Desde entonces se viene investigando, hasta hoy día, en este tema.

Raymond Kurzweil y su empresa crearon en 1974 el primer OCR *(Optical Recognition System)*, que es un sistema que permite a los computadores reconocer caracteres impresos. Desarrolló también el primer escáner para ordenador y el primer sintetizador de texto a voz. De este modo, pudo construir la primera máquina lectora de documentos para ciegos.

Según dice D. C. Knill, del Centro de Ciencias Visuales, Universidad de Rochester, pensamos equivocadamente que la visión humana es como una cámara de vídeo, de modo que la imagen capturada por la retina va tal cual al cerebro. No, la cosa no es tan «sencilla». Ya en 1959, D. Hubel y T. Wiesel encontraron experimentalmente que el procesamiento visual arranca, en el córtex primario, con estructuras simples, tales como bordes. En 1982, en el libro sobre visión que publicó David Marr, se establecía que la visión es jerárquica, de modo que comienza con un *sketch* de la imagen, reconociendo perfiles, contornos, etc.; después hace una representación 2 ½ D, donde se combinan superficies, profundidad, discontinuidades; y finalmente se obtiene un modelo 3D. En 1999, en su famoso libro titulado *Vision Science* (MIT), Stephen E. Palmer nos habla de un procesamiento en cuatro niveles de procesado: el basado en imagen (nivel inferior), el basado en superficies, el basado en objetos y el basado en categorías (alto nivel). Más cerca todavía de nuestro presente, tenemos el libro de James V. Stone (también MIT), titulado *Vision and Brain* y publicado en 2013, que ofrece una integración de diversos enfoques acerca de cómo vemos.

Figura 4.7. Detección automática de bordes en imágenes

Se han propuesto varios algoritmos de procesamiento de imágenes por computador para detectar bordes. Uno de los más utilizados es el propuesto por J. F. Canny en 1986[120]. La figura 4.7 muestra a la izquierda una foto de Lena, y a la derecha los bordes detectados por Canny.

En 1997, Bruno Olshausen publicó un artículo sobre cómo podría ser la codificación de imágenes en el córtex visual primario[121]. La codificación se basa en un conjunto de viñetas (o parches) en las que se descompone la imagen, de modo que la codificación minimiza el número de neuronas necesarias. La figura 4.8 muestra un conjunto de estas viñetas[122].

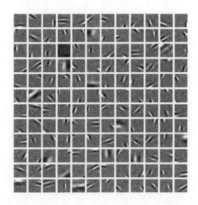

Figura 4.8. El córtex primario codifica lo que vemos mediante parches

120 http://malcolmmclean.github.io/binaryimagelibrary/handwritten/Canny.html

121 https://www.sciencedirect.com/science/article/pii/S0042698997001697

122 https://neuroamer.com/2014/10/30/why-the-brain-uses-sparse-codes/

Cuando se trata de detectar si en una imagen hay rectas, o circunferencias, u otras formas geométricas, existe un método llamado la «transformada de Hough», que permite hacerlo con bastante éxito. Por ejemplo, puede aplicarse al reconocimiento de carriles en una autopista a partir de una cámara[123]. La figura 4.9[124] muestra la detección de la raya continua a la derecha, y la discontinua a la izquierda.

Figura 4.9. Detección automática de rayas en la carretera

4.3. Funciones del robot y *software*

Hasta aquí se ha tratado, más o menos, de *hardware*. Volvamos ahora la mirada a la otra pata, el *software*.

Cuando uno juega al ajedrez y mueve una ficha, en vez de ir barriendo todas las fichas interpuestas, levanta la ficha, la mueve y la deposita en el lugar deseado. Cuando se empezó a trabajar con brazos robot se observó que tenemos que evitar los obstáculos interpuestos en el camino cuando muevo una pieza de un sitio a otro, probablemente con cambios de trayectoria adecuados y posibles. Este problema motiva dos grandes temas: planificar y reaccionar.

123 https://medium.com/pharos-production/road-lane-recognition-with-opencv-and-ios-a892a3ab635c

124 http://johnreilly.tech/project-1-finding-lane-lines/

La palabra «planificación» es tremenda. Hay libros muy gruesos que solo cubren algunas facetas de la planificación. En este sentido, puedo mencionar mi propia experiencia dando clases de Programación Lineal, o de Programación Dinámica, o de Gestión de Redes de Distribución y de Logística, y bastantes cosas más. De todos modos, creo que es particularmente relevante citar el algoritmo A*, [125], que se aplica a encontrar rutas óptimas (como lo hace Google Maps). Este algoritmo fue presentado en 1968 por P. E. Hast, N. J. Nilsson y B. Raphael.

4.3.1. Conducta reactiva o deliberativa

Cuando vemos que un mosquito nos está picando, rápidamente damos un manotazo. Es una conducta instintiva, sin planificar. Es una reacción. En robótica, es conveniente que los robots tengan conductas reactivas, como, por ejemplo, para evitar obstáculos imprevistos.

Ahora bien, a la hora de crear el *software* de a bordo de un robot, suele aparecer la necesidad de acumular varias conductas reactivas para distintas eventualidades, y entonces aparece un problema de prioridades. En 1986, Rodney Brooks publicó un importante artículo científico, proponiendo la «*subsumption architecture*» para el *software* de a bordo[126]. Se trata de descomponer los comportamientos reactivos del robot en varias capas, permitiendo así una ordenación de prioridades para dar respuesta rápida a los eventos detectados por los sensores. Esto abrió el camino para una amplia investigación sobre robots móviles en entornos más o menos complicados.

En los comienzos de los robots móviles también se abrió paso una metáfora, que copiaba algo habitual entre los hombres. La idea es considerar una embarcación en la que hay una cadena de mando, cuya versión más simple sería la de comandante-piloto. El comandante se encarga de planificar la singladura a grandes rasgos, y el piloto trata de llevar a cabo el plan maniobrando y resolviendo la casuística concreta. En términos de robótica, estaríamos

---

125 https://www.enjoyalgorithms.com/blog/a-star-search-algorithm
126 https://people.csail.mit.edu/brooks/papers/AIM-864.pdf

hablando de una arquitectura en dos capas, la superior planifica, y la inferior actúa con un buen componente reactivo. Es decir, una arquitectura deliberativa-reactiva.

4.3.2. EVITAR OBSTÁCULOS

Volviendo a lo de evitar obstáculos mientras el robot se mueve hacia un destino. Una idea interesante y que ha dado lugar a mucha investigación es la de los «potenciales artificiales» *(artificial potential-fields)*[127]. La idea fue propuesta por O. Khatib *et al.* en 1978. Se trata de una visión muy intuitiva; el destino actúa (virtualmente) como un potencial eléctrico atractivo que atrae al robot hacia sí. Los obstáculos actúan como potenciales repulsivos, de modo que el robot se aleje de ellos. Se tiene así un mecanismo para planificar la navegación del robot bastante sencillo. Ahora bien, tiene sus dificultades, por lo demás bien conocidas.

La figura 4.10 muestra en 3D los potenciales repulsivos (los obstáculos) como montañas. El robot va por los valles hacia su objetivo, que tiene un potencial atractivo (equivalente a un valle más profundo).

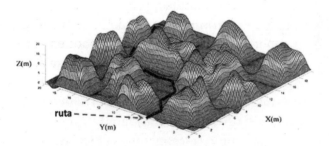

Figura 4.10. Potenciales virtuales repulsivos

4.4. POR TIERRA, MAR Y AIRE

¿Está muy extendida la robótica? Para dar una respuesta aproximada, podríamos hacer ahora un recorrido, más bien rápido, por

---

127 https://medium.com/@rymshasiddiqui/path-planning-using-potential-field-algorithm-a30ad12bdb08

tierra, mar y aire. De paso, retomamos algunos temas apuntados en el primer capítulo.

4.4.1. Barcos y sumergibles robot

Un hito interesante fue la demostración que hizo Nikola Tesla en 1898, en Nueva York, con ocasión de la primera Electrical Exhibition, del radio-control a distancia de un pequeño barco (tenía un metro de longitud). Hoy día son millones los sistemas y robots controlados de esta manera. En el mundo de los artilugios voladores, se emplea modernamente la abreviatura RPAS *(Remotely Piloted Aircraft System)*. En tales circunstancias hay que darle al piloto la suficiente retroalimentación para que pueda hacerse cargo de la situación del artilugio y de su entorno. No es lo mismo manejar a simple vista un pequeño coche de radio-control, que manejar un dron aéreo a cientos de kilómetros de distancia.

El caso de los robots sumergibles es particularmente paradigmático de lo que decimos. Cuando el robot está bajo el agua, no se le ve. Además, bajo el agua no hay GPS. Es difícil saber dónde está el robot. Cabe utilizar giróscopos, pero tienen derivas. Dentro de lo poco que se ve bajo el agua, que el robot tenga una cámara (o varias) representa una ventaja.

Aparte de algunos primeros torpedos, el primer robot submarino fue desarrollado en 1953 por Dimitri Rebikoff, en Francia. El robot se llamó Poodle, y era teledirigido. Los sumergibles teledirigidos (mediante cable umbilical) se denominan ROV *(Remotely Operated Vehicle)*. En 1966, un ROV de la Marina de Estados Unidos recuperó una bomba atómica hundida. En 1973, un ROV de dicha Marina permitió rescatar a los pilotos de un sumergible perdido en Cork, Irlanda.

El primer robot submarino autónomo (no teleguiado) fue desarrollado en 1957 por tres investigadores de la Universidad de Washington. Actualmente hay centenares de estos robots, denominados como AUV *(Autonomous Underwater Vehicle)*. Un interesante tipo de AUV es el deslizante *(glider)*. Lo que hace es planear bajo el agua, descendiendo suavemente hasta llegar a una cierta profundidad, allí emerge y vuelve a empezar el descenso.

Puede recorrer así miles de kilómetros, recogiendo información mediante sus sensores. Son muy conocidos el Seaglider de la Universidad de Washington, y el Spray del Scripps Institution of Oceanography. La figura 4.11 (tomada de [128]) muestra en esquema cómo actúa un Seaglider.

Figura 4.11. Cómo se mueve un Seaglider bajo el agua

La siguiente fotografía (figura 4.12)[129], tomada cerca del estrecho de Drake, da idea del tamaño del Seaglider. Hay más fotografías de la campaña experimental asociada a la imagen 4.13 en la página [130]. El artículo [131] ofrece una revisión de tecnologías e investigaciones relativas a los *gliders*.

Figura 4.12. Fotografía de un Seaglider

128 https://geekerhertz.com/item/50485/9085/3

129 https://sebswart.com/people/

130 https://sebswart.com/expeditions/

131 https://www.ocean-sci-discuss.net/os-2016-40/os-2016-40.pdf

Además de los robots submarinos de propósito científico, existe una amplia gama de ROV de propósito profesional[132]. Por ejemplo, los ROV que intervinieron en taponar la fuga de la plataforma petrolífera Deepwater Horizon, en Florida. La figura 4.13 muestra un típico ROV con dos manipuladores robóticos.

Figura 4.13. Un típico ROV para operaciones submarinas

También vienen cobrando importancia los barcos robot, denominados como USV *(Unmanned Surface Vehicles)*. Bastantes centros de investigación y universidades han ido construyendo pequeños USV (de unos 3 metros de eslora) para tareas de monitorización de agua y contaminación y otros propósitos científicos. Muchos de ellos son catamaranes. La gran ventaja de los barcos es que pertenecen a dos mundos, el agua y el aire. Es decir, pueden tomar datos del agua (e incluso intercomunicarse por sonido con sumergibles) y de datos atmosféricos y comunicarse por radio a distancia a través del aire.

Además, se ha investigado el manejo inteligente de velas y otros medios de propulsión distintos al empleo de hélices. Uno de los problemas que resolver es el energético, para poder moverse muchas horas en el agua. La siguiente imagen (figura 4.14) muestra un *wave glider* que emplea al mismo tiempo energía solar y energía de las olas[133], y que no lleva hélices.

132 http://www.rovinnovations.com/manipulator-arms.html

133 https://newatlas.com/wave-gliders-set-record/21840/

Figura 4.14. Un wave glider que aprovecha energía solar y de olas

Conforme el manejo de USV ha ido ganando en madurez, se han empezado a considerar nuevos usos[134]. Las ideas para aplicaciones de transporte de carga son impresionantes, como, por ejemplo, el concepto de embarcación autónoma que muestra la figura 4.15. Se trata de una iniciativa que va adquiriendo impulso en los países bálticos.

Figura 4.15. Concepto de gran carguero autónomo

4.4.2. ROBOTS VOLADORES

Podemos ahora dirigir la atención al aire. La palabra «dron» se ha hecho popular, refiriéndose a los tetracópteros *(quadcopter)*.

---

134 https://comitemaritime.org/work/unmanned-ships/

Según Statista, [135], en el 2020 existían en el mundo unos 5 millones de estos drones; y llegarán a unos 10 millones en el 2030.

Sin embargo, hay un origen más bien militar del término dron que agrupa muchos tipos de aeroplanos sin piloto. Por ejemplo, pequeños aviones con cámara que pueden lanzarse a mano, u otros de mayor tamaño y alcance. Un término más técnico para estos aparatos es UAV *(Unmanned Aerial Vehicle)*. En este punto, habría que darle la bienvenida al lector con respecto al popurrí de abreviaturas que estamos esbozando.

Quizá uno de los ejemplos más impresionantes de UAV para vigilancia desde gran altura es el Global Hawk, cuyo primer vuelo fue en 1998. Puede volar por encima de los 17 kilómetros de altura, y durante más de 24 horas. Tiene una envergadura de 35,41 metros, pesando en vacío 3,85 toneladas.

Por diversos motivos, tiene interés poder disponer de aeronaves que puedan volar durante muchas horas sin tener que repostar. A partir de 1981, la NASA se embarcó en el desarrollo de aviones que solo empleasen energía solar[136]. Fueron cuatro generaciones, cada vez de mayor envergadura. La última, denominada Helios, tenía 75,3 metros de envergadura y 14 motores eléctricos. En el 2001, Helios fue capaz de volar a 29,5 kilómetros de altura. La figura 4.16 muestra una fotografía del Helios en vuelo.

Figura 4.16. Aeronave solar Helios en vuelo

135 https://www.statista.com/statistics/1234658/worldwide-consumer-drone-unit-shipments/

136 https://www.nasa.gov/centers/armstrong/news/FactSheets/FS-068-DFRC.html

Existe en el horizonte una importante aplicación, que es la de dar cobertura de radio (por ejemplo, de wifi) a grandes ciudades mediante aeronaves casiestáticas a gran altura. Son las HAP *(High Altitude Platforms)*. Se trata de aparatos con gran duración de vuelo *(long endurance flight)*. Para sugerir de qué se trata, a las HAP también se las llama «pseudosatélites». Una ventaja evidente es que no hay que ponerlas en órbita mediante cohetes. Desde luego, podrían tener un papel en cuestiones de control de tráfico, vigilancia, y otras funciones de las *smart cities*.

4.4.3. Robots terrestres

A finales de 1970 comenzó una serie de competiciones, cada varios años (ver la página web Micromouse Online), entre pequeños robots («ratones») autónomos, para ver cuál era capaz de salir de un laberinto como el de la figura 4.17 (ver [137]).

Figura 4.17. Laberinto para prueba de robots móviles

Esta competición pone a prueba diversos algoritmos de navegación y búsqueda. Es fácil ver su relación con las aspiradoras robot domésticas y con otras aplicaciones.

Además del comportamiento individual de los robots móviles, es importante considerar su comportamiento colectivo[138]. Los investigadores han estudiado, por ejemplo, las posibles formaciones de robots. Uno de los primeros trabajos al respecto, debido a P. Varaiya, fue publicado en 1993[139], acerca de coches inteligentes en

137 https://www.hackster.io/jordanjameswong/micromouse-83dab7

138 http://www.robolabo.etsit.upm.es/~inaki/publications/IJARS2013a_Navarro.pdf

139 https://people.eecs.berkeley.edu/~varaiya/papers_ps.dir/SmartCars.pdf

carreteras inteligentes. Ahí se adelantan cuestiones de actualidad en nuestros días. Para el lector interesado, es recomendable leer el artículo de revisión[140], ya en el 2001, de J. P. Desai *et al.*, que, entre otras cosas, recoge la propuesta conductual hecha por T. Balch y R. C. Arkin en 1998. Entre las aplicaciones posibles, es oportuno citar los convoyes de automóviles sin conductor.

Existe una amplia literatura sobre modelos matemáticos del tráfico tanto en artículos científicos como en libros[141] [142]. En ellos aparecen fenómenos tales como la propagación y las oscilaciones de las retenciones. Para el lector interesado, sería recomendable ver un artículo de Kotusevski y Hawick, con una revisión del *software* de simulación de tráfico disponible[143]. Parece que no habrá que esperar mucho para que los automóviles puedan considerarse, cada vez más, como robots sujetos a una cierta coordinación[144] [145].

La figura 4.18 muestra uno de los momentos de una simulación de tráfico urbano hecha con gráficos animados en 3D. Es uno de los ejemplos presentados en su página web[146], por parte de la empresa TransModeler.

140 https://repository.upenn.edu/cgi/viewcontent.cgi?article=1016&context=meam_papers

141 https://www.springer.com/gp/book/9783319786940

142 https://link.springer.com/book/10.1007/978-3-642-32460-4

143 http://www.exec-ed.ac.nz/massey/fms/Colleges/College%20of%20Sciences/IIMS/RLIMS/Volume13/TrafficSimulatorReview_arlims.p

144 https://people.eecs.berkeley.edu/~varaiya/papers_ps.dir/SmartCars.pdf

145 https://repository.upenn.edu/cgi/viewcontent.cgi?article=1253&context=meam_papers

146 https://www.caliper.com/transmodeler/default.htm

Figura 4.18. Captura de un instante en una simulación 3D animada de tráfico

4.5. Autonomía

Tras contemplar un variado panorama de robots, se intuye que existe una gran cuestión. Se trata de la autonomía. Parece que podríamos hablar de *varios grados* de autonomía.

Diversos analistas han propuesto un conjunto de niveles. En cuanto a los coches, por ejemplo, la Sociedad de Ingenieros de Automoción (SAE) ha definido seis niveles de autonomía:

— Nivel 0: conducción manual.
— Nivel 1: el vehículo ayuda al conductor, por ejemplo, para tener velocidad constante.
— Nivel 2: el vehículo se hace cargo de conducir y de acelerar/decelerar bajo supervisión de un conductor.
— Nivel 3: el vehículo tiene capacidad de detección del entorno y toma decisiones; pero debe haber un conductor que tome las riendas en caso necesario.
— Nivel 4: el vehículo atiende también a emergencias; el conductor casi no hace falta.
— Nivel 5: el conductor no es necesario, automatización completa.

Hay otras propuestas en cuanto a distinguir niveles de autonomía. En un artículo publicado en el 2014, J. M. Beer *et al.* estudian varias alternativas publicadas por otros autores, y, a su vez, presentan una clasificación según diez niveles[147].

4.6. Imitar/ayudar al hombre

Dediquemos un breve espacio a los humanoides. La verdad es que podríamos mencionar, como curiosidad, que la primera película sobre Frankenstein es de 1931, a su vez basada en la novela de Mary Shelley (1818). Si bien esta película ha dejado una imagen más bien dramática del tema, afortunadamente los humanoides que se han ido construyendo recientemente son más bien simpáticos. Un ejemplo bien conocido es ASIMO, de Honda, o los robots de Toyota.

La figura 4.19 muestra un humanoide hecho mediante impresora 3D, según la propuesta y ayuda de InMoov[148]. El lector podría hacer este robot en su casa.

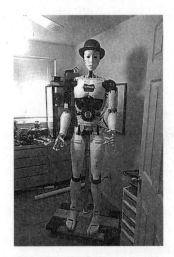

Figura 4.19. Puedes construir tu propio humanoide

Por cierto, se viene investigando en inteligencia emocional y, en particular, robots que detectan nuestras emociones y que, a su vez, muestran emociones. Todo ello en favor de una interacción amigable hombre-robot.

147 https://dl.acm.org/citation.cfm?id=3109833
148 https://inmoov.fr/gallery-v2/

La compañía japonesa Kokoro ofrece una gama de robots con apariencia humana para diversas funciones sociales, tales como azafatas, traductoras, guías de museos, etc. La siguiente imagen (figura 4.20) presenta una chica robot que habla diecinueve idiomas.

Figura 4.20. Azafata robot multilingüe

En relación con los humanoides están los exoesqueletos, y también la robótica ortopédica. Con los exoesqueletos se pretende ayudar a trabajadores que tienen que mover pesos considerables. La figura 4.21 muestra un ejemplo.

Figura 4.21. Exoesqueleto de ayuda para mover pesos

Un notable ejemplo de robótica ortopédica es la que se está creando en el Hospital Nacional de Parapléjicos de Toledo[149].

149 https://www.europapress.es/castilla-lamancha/noticia-pacientes-lesion-medular-paraplejicos-probaran-robot-hibrido-les-ayudara-mejorar-movilidad-20220207150843.html

Capítulo 5

Manejo y análisis de (muchos) datos

Desde hace unos años, se viene hablando cada vez más de una nueva fuente de riqueza, parecida al oro o al petróleo. Son los datos.

Debido a la revolución tecnológica-digital, los datos —muchos datos— corren a raudales a través de Internet y otros medios. Casi todo se está convirtiendo en un generador de datos: los móviles, los sensores y cámaras, los puntos de venta, etc.

La realidad actual es que se manejan masas enormes de datos, y se habla de minería (extraer información útil). Normalmente los datos requieren interpretación, y pueden esconder tesoros para ciertos intereses científicos, económicos, políticos, etc.

Queremos en este capítulo hablar de dos grandes aspectos del tema que interesan a la inteligencia artificial: las técnicas de análisis y el manejo de grandes caudales de datos. Todo ello está directamente relacionado con el *big data*.

Es sabido que una actividad científica fundamental es el análisis, lo cual se refiere a dividir, distinguir partes o causas, etc. Con frecuencia esta actividad tiene que ver con la clasificación, como el caso de bacterias y microbios, minerales, plantas, etc. También en nuestra vida corriente es habitual que clasifiquemos asuntos y cosas.

En fin, nos parece conveniente comenzar este capítulo atendiendo a la clasificación, ya que es una herramienta de gran alcance en el contexto de la inteligencia artificial y los datos.

Pongamos un ejemplo algo dramático. Vamos con gente inexperta por el campo, y alguien ve setas como las que muestra la figura 5.1.

Te preguntan: «¿Son venenosas?».

Aquí aparece netamente un problema de clasificación... que debe ser correcto.

Figura 5.1. ¿Son venenosas?

El diagnóstico en medicina, el estudio de casos en derecho, la evaluación de mercancías, etc., son situaciones de responsabilidad relacionadas con la clasificación. Es un tema importante.

Parte de los algoritmos que la inteligencia artificial emplea a la hora de clasificar siguen ideas más tradicionales, y parte se apoyan en enfoques más novedosos. Queremos en este capítulo mostrar cómo son, en qué consisten, varias de estas técnicas de clasificación.

Algunas veces, la inteligencia artificial debe clasificar bien y deprisa. En el caso de un vehículo sin conductor, autónomo, lo que está viendo ahora en su camino ¿es un perro o es una piedra?

A lo largo del texto, respetamos el inglés en algunas expresiones, porque así son más reconocibles en un contexto de Internet.

Pueden encontrarse más detalles de lo que vamos a tratar, junto con bastantes referencias bibliográficas y varios programas de ordenador, en el volumen II, capítulo 7, del libro[150] que he publicado a nivel internacional sobre procesamiento digital de datos y señales.

5.1. Discriminar datos

Supongamos un conjunto de datos que pertenecen a diversas clases. Queremos discriminar a qué clase pertenece cada dato.

Para concretar podemos considerar un ejemplo. Se trata de un territorio de varios kilómetros cuadrados. Tenemos dos tipos de tierra, una más acida y arenosa y otra más alcalina y compacta. Hay que tomar muestras de tierra en distintos sitios y analizar las muestras para poder clasificarlas según su tipo de tierra. La figura 5.2 muestra un conjunto (imaginario) de datos, en el que los datos corresponden a las muestras. A simple vista pueden reconocerse dos grupos (clases):

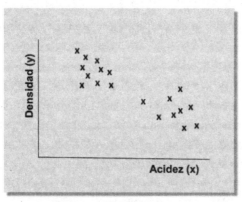

Figura 5.2. Datos respecto a acidez y densidad de varias muestras de tierra

Ahora podríamos dibujar una recta que permita separar (discriminar) una clase de la otra, lo cual ponemos por obra en la figura 5.3.

---

150 https://link.springer.com/book/10.1007/978-981-10-2537-2

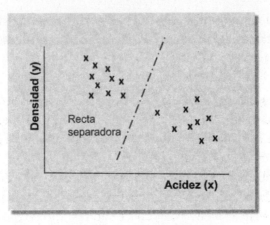

Figura 5.3. Separamos dos clases mediante una recta

A la vista de los datos existentes, se podrían dibujar muchas otras rectas separadoras. Habría que ver cuál es la mejor.

Por cierto, el motivo que se perseguiría en este ejemplo sería poder dibujar un mapa del territorio a dos colores para propósitos agrícolas.

En relación con el ejemplo, hemos buscado en Internet un mapa de suelos de España, que, como cabía esperar, es bastante más complejo que un mapa a dos colores. Para verlo con mayor tamaño, y así poder leer los textos del mapa, es oportuno acudir al enlace [151].

Figura 5.4. Mapa de suelos de España

---

151 http://atlasnacional.ign.es/wane/Suelos#/media/File:Espana_Mapa-de-sue-los_2001_mapa_15220_spa.jpg

Pasemos a considerar una de las técnicas de discriminación que han alcanzado mayor popularidad bajo el acrónimo SVM.

5.1.1. DISCRIMINAR MEDIANTE SVM

La máquina de vectores soporte (*support vector machine*, SVM) fue propuesta en 1995 por Cortes y Vapnik[152], y ha suscitado gran aceptación. El problema que resolver es encontrar una buena línea de separación entre dos clases.

Para explicar esta técnica, vamos a considerar el ejemplo representado en la figura 5.5. En ella, además de los datos (las x), hemos pintado unas líneas de contorno de cada grupo de datos. Son dos grupos (clases).

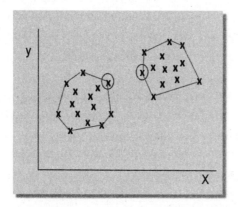

Figura 5.5. Dos grupos de datos y sus líneas de contorno

Hemos destacado, mediante círculos, los dos puntos más cercanos entre las dos clases. Es lógico pensar que la mejor recta separadora debe pasar a mitad de distancia entre esos puntos.

Se llama «plano soporte» de una clase a cualquier plano que deje la clase a uno de los lados. Lo que hacemos ahora es pintar dos planos soporte paralelos, a la derecha de una clase y a la izquierda de la otra clase, de tal manera que su distancia mutua sea lo más grande posible. En el ejemplo que consideramos, serían las dos rectas que pintamos en la figura 5.6.

---

152 https://link.springer.com/article/10.1007/BF00994018

Tenemos tres puntos por los que pasan los planos soporte (los hemos marcado con círculos). Estos puntos se denominan «puntos soporte», o bien «vectores soporte». Esta última denominación es la que da lugar al nombre SVM.

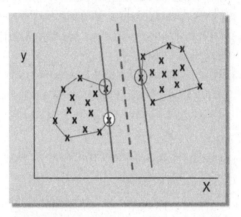

Figura 5.6. Planos (rectas) soporte y recta separadora

La recta separadora (la solución del problema), que hemos pintado a trazos, pasa paralela a los planos soporte y a mitad de distancia entre ellos.

Desde el punto de vista matemático, encontrar los planos soporte con máxima separación es un problema estándar de optimización, contemplado por diversos programas informáticos[153].

5.1.2. Uso de «kernels»

Existen casos en los que no es posible separar linealmente clases, pero que, sin embargo, admiten una transformación que hace posible la discriminación.

La figura 5.7 muestra un claro ejemplo en el que no es posible separar, por medio de una recta, las dos clases de datos representadas.

---

153 https://www.kdnuggets.com/2022/03/top-data-science-tools-2022.html

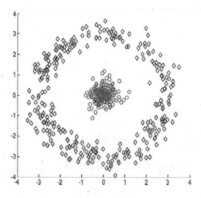

Figura 5.7. Ejemplo de clases no separables mediante recta

Lo que podemos hacer es transformar cada dato de la siguiente forma:

$$(x_i, y_i) \rightarrow (x_i^2, y_i^2, \sqrt{2}\, x_i\, y_i)$$

Es decir, una transformación desde dos dimensiones a tres dimensiones. El resultado es el que aparece en la figura 5.8.

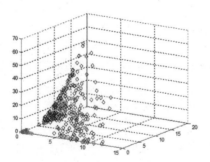

Figura 5.8. Transformación de los datos a tres dimensiones

Ya en esta figura se ve que es posible separar las dos clases de datos mediante un plano. Presentamos, además, en la figura 5.9, una vista en planta (desde arriba) que muestra con mayor claridad la separación que se ha conseguido.

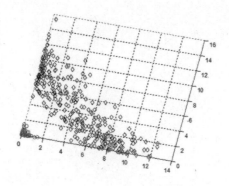

Figura 5.9. Vista en planta del resultado conseguido

La aplicación de este «truco» —pasar a un espacio de más dimensiones— se ha extendido a SVM y a otras técnicas.

Como cabe apreciar, la idea equivale a utilizar curvas en vez de rectas para separar clases.

5.2. Detectar agrupaciones

A veces no se sabe *a priori* si hay agrupaciones (clases) en los datos. Por ejemplo, entre los compradores de un cierto producto alimenticio pueden existir personas que lo compran por una determinada razón, y otras que lo hacen por otro motivo.

Para poder profundizar en la información que nos ofrecen los datos, suele ser conveniente detectar si, en efecto, hay agrupaciones *(clusters)*. Para ello existen varias técnicas (de *clustering*), como las que vamos a comentar.

5.2.1. K-means

En principio suponemos que hay K grupos. Puede suceder que tengamos que probar diversos valores para la K.

Para concretar, podemos suponer el escenario representado en la figura 5.10, en la que un humano es capaz de distinguir fácilmente cuatro grupos de datos.

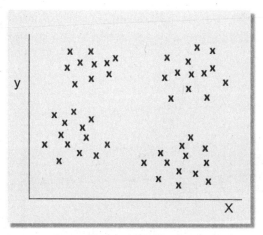

Figura 5.10. Cuatro grupos de datos

Cuando se habla de reconocimiento de patrones, que es uno de los grandes temas de la inteligencia artificial, se puede ver como un problema de *etiquetado*: a eso que está viendo mi cámara de vídeo le pongo la etiqueta «silla», y a eso otro la etiqueta «mesa», y así sucesivamente.

En el caso de la figura podemos considerar evidentemente que K = 4. Es decir, suponemos que hay cuatro grupos, que vamos a *etiquetar* con A, B, C y D.

Lo que vamos a hacer es ir dato a dato, y etiquetarlos como pertenecientes al grupo A, o el B, etc.

Al principio situamos cuatro centroides candidatos en cuatro sitios al azar. Los centroides van a ser m_A, m_B, m_C y m_D.

1. Ahora procedemos a etiquetar los datos. El dato 1 mira cuál es el centroide más cercano y elige su correspondiente etiqueta; y así con todos los datos.
2. Una vez que todos los datos están etiquetados, se calcula dónde deben estar los centroides en función de sus datos asociados (el centroide m_A se calcula con los datos A, el m_B con los datos B, etc.).

Después de 2 se vuelve a 1, y así varias veces hasta que se observa que los centroides ya casi no se mueven.

La figura 5.11 muestra *grosso modo* el resultado, con los centroides y los datos coloreados (de acuerdo con su etiqueta).

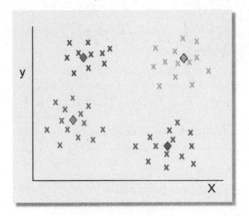

Figura 5.11. Datos ya etiquetados (colores) y centroides de cada grupo

Un ejemplo interesante de aplicación es digitalizar pinturas famosas, analizar sus colores y descubrir cómo fue la paleta del pintor (qué colores tenía). Con esto se puede intentar crear versiones digitales, rejuvenecidas, de esas pinturas[154].

La figura 5.12 muestra el resultado de aplicar K-means para encontrar una paleta correspondiente a *La joven de la perla*, de Johannes Vermeer. Hemos adaptado esta figura de la página [155], que incluye el código de programación que se ha empleado para implementar el algoritmo K-means.

154 https://dev.to/bitproject/extracting-colors-from-images-using-k-means-clustering-3hpe

155 https://towardsdatascience.com/learning-k-means-a-simple-but-really-cool-application-a46805132803

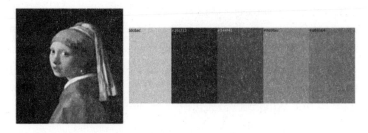

Figura 5.12. Mediante K-means encontramos una
paleta para poder pintar *La joven de la perla*

Por su propia naturaleza, el algoritmo K-means puede requerir prueba y error, tanto en los valores de K como en las posiciones iniciales de los centroides.

Como es un algoritmo fácil e intuitivo, ha encontrado muchas aplicaciones. Por ejemplo, para predicción del tiempo, segmentación de imágenes médicas, segmentación del mercado, etc.

5.2.2. MÉTODOS SECUENCIALES PARA BUSCAR AGRUPAMIENTOS

Nos vamos a referir en concreto al BSAS *(basic sequential algorithmic scheme)*.

Supongamos que tenemos una serie ordenada de datos. Se define una «distancia», $d(p_j,G)$, entre cada dato y un grupo G. El procedimiento secuencial es como sigue:

1. Se coge el primer dato p_1 y se le considera como perteneciente a G_1.
2. Se coge el segundo dato p_2 y se calcula $d(p_2, G_1)$. Entonces, si la distancia es menor que un cierto umbral, μ se considera que pertenece a G_1; si no es así, entonces hay un nuevo grupo G_2.
3. Cuando se coge el tercer dato, puede suceder que pertenezca a uno de los grupos existentes (manteniendo el umbral μ), o bien haya que crear un nuevo grupo. En el primer caso, se decide a qué grupo pertenece viendo con cuál tiene menos distancia.
4. El proceso continúa con los siguientes datos, uno por uno.

El algoritmo BSAS es relativamente rápido; se obtiene al final un conjunto de grupos (clases). Sin embargo, su resultado depende del orden con que se toman los datos.

En cuanto a la distancia, cada grupo podría representarse por su centroide. En tal caso, cuando un nuevo dato entra en un grupo, hay que volver a calcular el centroide.

5.3. Cuando llega un nuevo dato

Una situación que todavía no hemos comentado es qué hacer cuando, una vez clasificados los datos en varios grupos, nos llega un nuevo dato y hay que clasificarlo.

Veamos alguno de los métodos, siendo K-nn el más popular.

5.3.1. K-nearest-neighbour (K-nn)

La idea del K-nn es muy simple[156]. Se pinta el nuevo dato sobre el gráfico de datos. Se le da un valor a K, por ejemplo, 20. Se buscan los 20 vecinos más próximos, y se aplica la etiqueta con más votos. Si, por ejemplo, 3 vecinos son A, 8 son B, 5 son C y 4 son D, entonces al nuevo dato se la da la etiqueta B.

Sobre esta idea básica se han propuesto muchas versiones con diversos motivos. Hay muchas aplicaciones en campos como diagnóstico de cáncer, reconocimiento de voz, marcado de lindes forestales, aprendizaje computacional y visión artificial, clasificación de imágenes[157], predicción del precio de la luz, etc.

5.3.2. Métodos «ensemble»

Podríamos imaginar que alguien ha descubierto un nuevo fósil humano, y que entonces acude un comité de expertos a clasificarlo. Lo que cabe esperar es que cada experto dé su opinión, y que haya en mayor o menor grado un cierto consenso. Esta viene

---

156 https://www.tutorialspoint.com/machine_learning_with_python/machine_learning_with_python_knn_algorithm_finding_nearest_neighbors.htm

157 http://image.ntua.gr/iva/files/BoimanShechtmanIrani_CVPR2008-In Defense of Nearest-Neighbor Based Image Classification.pdf

a ser la idea de los métodos «ensemble», repartir/dispersar entre varios, y después tomar una decisión conjunta.

A la hora de clasificar un nuevo dato, los métodos «ensemble» generan un conjunto de clasificadores y después los combinan. Hay diversas formas de hacer esto, recibiendo denominaciones como «*bagging*», «*boosting*», «*AdaBoost*», etc.

Existe abundante material instructivo acerca de los métodos «ensemble». A nivel introductorio podríamos recomendar la página [158], o bien [159] (más breve). Como artículo científico fundamental, muy citado, tenemos [160]. También es interesante ver el estado actual, según el artículo [161].

5.4. Decidir con árboles

En bastantes ocasiones, la toma de decisiones se corresponde con un mecanismo de clasificación según casos. De ahí que resulte interesante la idea de los árboles aleatorios *(random forests)*, a los que ya nos hemos referido páginas atrás. Se trata de utilizar un conjunto de árboles de decisión[162] [163].

¿Qué es un árbol de decisión? Pongamos un ejemplo. Voy a decidir si salgo a navegar en un bote. Para ello me hago las tres preguntas que aparecen en la figura 5.13.

158 https://towardsdatascience.com/introduction-to-ensemble-methods-in-machine-learning-e72c6b9ff4bc

159 https://analyticsindiamag.com/basics-of-ensemble-learning-in-classification-techniques-explained/

160 https://web.engr.oregonstate.edu/~tgd/publications/mcs-ensembles.pdf

161 https://www.semanticscholar.org/paper/Ensemble-Classification-and-Regression-Recent-and-Ren-Zhang/8aa0c66236bc00ad27a7ad6928bd04f7494401eb

162 https://dimensionless.in/introduction-to-random-forest/

163 https://bookdown.org/content/2031/arboles-de-decision-parte-i.html

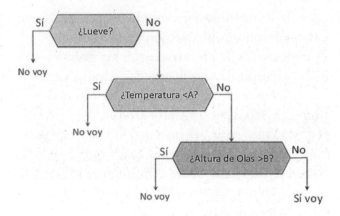

Figura 5.13. Ejemplo sencillo de un árbol de decisión

Esto que se acaba de dibujar se llama «diagrama de flujo», y corresponde en este caso a un árbol de decisiones (varias decisiones encadenadas).

Como se ve en el árbol, tenemos dos parámetros, A y B.

Si de hecho hemos tomado a lo largo del año cuarenta decisiones, sin atenerse a ningún valor concreto de A y B, podríamos utilizar los datos de estas decisiones para deducir valores de A y B que «expliquen» lo que ha pasado y que ayuden a fijar de forma explícita cómo estamos decidiendo. La metodología de los árboles aleatorios permite atacar este tipo de cuestiones mediante un proceso al azar.

Como ejemplo de aplicación que se corresponde con cosas que veremos más adelante, en otro capítulo, queremos referirnos a la clasificación de zonas de interés en imágenes, como se muestra en la figura 5.14. A la izquierda tenemos dos fotografías; y a la derecha —destacadas con diversos pseudocolores— el resultado del reconocimiento automático, mediante *random forests*, de varias zonas. En azul tenemos zonas correspondientes a coches; en fucsia, las aceras; en verde, árboles y vegetación, etc. Las ilustraciones están sacadas del artículo científico [164], que ofrece amplia información metodológica acerca de la clasificación de zonas dentro de imágenes.

164 https://www.semanticscholar.org/paper/Random-Forest-With-Learned-Representations-for-Kang-Nguyen/824245db92a1910a8bc033939b9413ed08263aba

Figura 5.14. Clasificación de zonas de interés en imágenes, mediante random forests

Para más detalles matemáticos de los *random forest* puede acudirse a los tutoriales [165] [166] y la tesis [167].

5.5. ENTRAR EN UN CONTEXTO PROBABILISTA

De forma natural, es lógico decidir/clasificar teniendo en cuenta probabilidades. En realidad, no es frecuente que las (posibles) clases estén netamente separadas; más bien, podemos tener solapamientos e intrusiones.

Vamos a considerar aquí dos ejemplos de metodologías clasificatorias basadas en el enfoque de Bayes, que va ganando cada vez más adeptos.

5.5.1. EXPECTATION-MAXIMIZATION (EM)

Recordemos que en el método K-means cada dato era asignado al centroide más próximo.

De forma similar, podríamos asignar cada dato a la clase a la que tenga más probabilidad de pertenecer. Tenemos así la esencia

165 http://www.it.uu.se/edu/course/homepage/sml/lectures/Lecture6_handout.pdf

166 https://www.stat.cmu.edu/~larry/=sml/forests.pdf.

167 https://arxiv.org/pdf/1407.7502.pdf

del método EM, que puede considerarse como un equivalente al método K-means en un contexto probabilista[168].

De acuerdo con el enfoque de Bayes, cuyo retrato aparece en la figura 5.15, utilizaremos probabilidades condicionadas.

Figura 5.15. Thomas Bayes (1702-1761)

La expresión $p(C_j \,|x_i)$ indica la probabilidad de que el dato x_i pertenezca a la clase C_j.

Lo que sabemos inicialmente es que existe un conjunto de clases. Ahora bien, hemos de determinar las funciones de distribución de probabilidad (FDP) de cada clase, y esto lo hacemos mientras vamos etiquetando los datos.

Por brevedad, vamos a emplear a continuación varias expresiones matemáticas.

Se trata de un algoritmo iterativo en dos pasos:

— *Expectation step* (valores esperados)

$$p(C_j \,|\, \mathbf{x}_i) = \frac{p(\mathbf{x}_i \,|\, C_j)\,p(C_j)}{p(\mathbf{x}_i)} = \frac{p(\mathbf{x}_i \,|\, C_j)\,p(C_j)}{\sum_j p(\mathbf{x}_i \,|\, C_j)\,p(C_j)}$$

---

168 https://www.researchgate.net/publication/3321206_The_expectation-maximiza-tion_algorithm

— *Maximization step* (maximización)

$$\mu_j = \frac{\sum_i p(C_j \mid \mathbf{x}_i)\cdot \mathbf{x}_i}{\sum_i p(C_j \mid \mathbf{x}_i)}$$

$$\Sigma_j = \frac{\sum_i p(C_j \mid \mathbf{x}_i)\cdot (\mathbf{x}_i - \mu_j)(\mathbf{x}_i - \mu_j)^T}{\sum_i p(C_j \mid \mathbf{x}_i)}$$

$$p(C_j) = \frac{\sum_i p(C_j \mid \mathbf{x}_i)}{N}$$

El lector habrá reconocido en el primero de los pasos (valores esperados) el conocido teorema de Bayes.

El algoritmo parte de ciertos valores iniciales de los centroides μ_j, sus covarianzas Σ_j y $p(C_j)$.

Durante la marcha iterativa del algoritmo, se van modificando los valores de las FDP (centroides y covarianzas) y actualizando los valores de las probabilidades de pertenencia $p(C_j|\mathbf{x}_i)$. Así hasta llegar a valores estables.

Aunque las fórmulas que acabamos de escribir asusten un poco, si, por ejemplo, suponemos que las FDP son campanas de Gauss (muy bien conocidas), todos los términos que calcular son fáciles.

Para visualizar cómo son las FDP gaussianas, presentamos en la figura 5.16 un caso típico de FDP de dos variables, que podemos pintar en 3D, como aparece a la izquierda; o bien en 2D tomando su proyección al plano horizontal, según aparece a la derecha de la figura. Esta vista en 2D suele dibujarse con una serie de elipses, lo mismo que hacen los mapas de montaña al dibujar líneas de cota a diversas alturas.

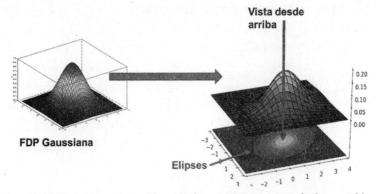

Figura 5.16. Vista 3D y proyección a 2D de una FDP gaussiana de dos variables

Durante la marcha iterativa del algoritmo, se van modificando los valores de las FDP (centroides y covarianzas) y actualizando los valores de las probabilidades de pertenencia $p(Cj|xi)$. Así hasta llegar a valores estables. En términos de campanas de Gauss, lo que hace el algoritmo es irlas moviendo y adaptando, hasta que corresponden bien a la configuración de los datos.

Mostramos en la figura 5.17 varias de las etapas que va recorriendo el algoritmo E-M en un caso sencillo[169], en el que se llegan a clasificar los datos en dos clases. Los cambios en los colores indican cómo se van etiquetando los datos, como pertenecientes a una u otra clase (con un grado de probabilidad).

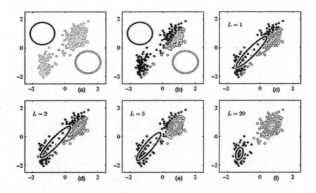

Figura 5.17. Etapas de la marcha del algoritmo E-M

---

169   https://www.sap-techs.com/mixture-models-and-em-algorithm-basics-of-unsu-pervised-learning/

Por cierto, los datos de la figura 5.17 corresponden al comportamiento del géiser Old Faithful.

La figura 5.18 muestra el resultado de aplicar el método E-M a un conjunto de datos pertenecientes a tres clases. Las elipses muestran las curvas de nivel de las FDP alrededor de cada uno de los tres centroides. Cada curva de nivel corresponde a una mayor o menor probabilidad de pertenencia a la clase.

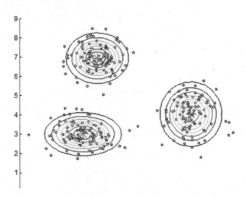

Figura 5.18. Resultado del método E-M al estudiar datos agrupados en tres clases

Para más información sobre el algoritmo, puede consultarse el texto académico [170], que incluye un ejemplo sencillo, y las páginas [171] [172].

5.5.2. Naïve Bayes

Supongamos que tenemos un nuevo dato **y** multidimensional, y queremos clasificarlo. Es decir, queremos encontrar la clase para la que es más probable.

La idea del clasificador Naïve Bayes es estimar, y entonces aplicar la regla de Bayes.

Se supone que, dada Cj, los componentes de **y** son condicionalmente independientes. Por tanto:

170 https://www.colorado.edu/amath/sites/default/files/attached-files/em_algorithm. pdf

171 https://jonathan-hui.medium.com/machine-learning-expectation-maximization-algorithm-em-2e954cb76959

172 https://yangxiaozhou.github.io/data/2020/10/20/EM-algorithm-explained.html

$$p(y|C_j) = \Pi_i p(y_i|C_j)$$

Entonces, la clasificación se hace mediante:

$$C_M = \arg_{CJ} \max \; p(C_j) \; \Pi_i p(y_i|C_j)$$

Consideremos por ejemplo el reconocimiento de números digitalizados. Un caso de esto sería el número 3 que aparece en la figura 5.19.

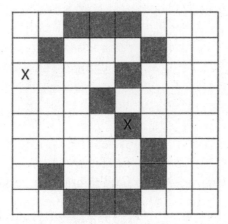

Figura 5.19. Reconocer números digitalizados: un ejemplo

Para indicar cómo vamos a localizar las casillas en la figura, hemos marcado con X dos de ellas, la (3,1) y la (5,5), a guisa de ejemplo.

A continuación, indicamos la probabilidad de que un dígito (0 … 9) pinte de gris la casilla (3,1).

1	2	3	4	5	6	7	8	9	0
0,01	0,05	0,05	0,30	0,80	0,90	0,05	0,60	0,50	0,80

Lo mismo hacemos con la casilla (5,5)

1	2	3	4	5	6	7	8	9	0
0,05	0,01	0,90	0,80	0,90	0,90	0,25	0,85	0,60	0,80

Y así haríamos con todas las casillas.

Una vez terminada esta tarea, estamos en condiciones de aplicar la expresión que nos da C_M. Es decir, estimamos cuál es el dígito correspondiente a cómo el dato multidimensional y ha rellenado de gris las casillas.

A lo largo del libro aparecen bastantes referencias a «Kaggle». Se trata de un sitio en la web que sustenta la actividad de una amplia comunidad de científicos, expertos y aficionados del *machine learning*. Se comparten datos, programas, algoritmos, etc.

Es típico de Kaggle el convocar competiciones internacionales *(challenges)* sobre diversos temas de actualidad.

Hacemos referencia a Kaggle precisamente en este momento, porque, con motivo de una de sus competiciones, tenemos numerosos e interesantes ejemplos de Naïve Bayes disponibles en Internet, y no pocas veces con códigos en diversos lenguajes para implementarlo.

La competición a la que nos referimos tiene un tema ciertamente impresionante. Se trata del Titanic.

Ponemos la figura 5.20 para ambientar el escenario. El hundimiento del Titanic tuvo lugar en el viaje inaugural de Southampton a Nueva York, en 1912, con unas 2224 personas a bordo, de las que murieron más de 1500.

Figura 5.20. El Titanic, motivo reciente de una competición de machine learning

El desafío que propone la competición es predecir qué personas (con su nombre y apellido) sobrevivieron. El acceso por Internet al concurso puede hacerse a través de la página [173]. Desde que se dio el banderazo de arranque hasta ahora, es una competición continuamente abierta. Ya han participado más de 14.500 concursantes, que han presentado casi 57.000 propuestas de solución. Esto ha dado lugar a numerosas publicaciones, como, por ejemplo, la página [174], o bien [175]. Esta última página compara varios métodos de clasificación, incluyendo Naïve Bayes.

Hay que decir que el sitio de la web que convoca el concurso contiene enlaces a los datos necesarios, con nombres, edades, sexo, etc., de todas las personas, indicando también si sobrevivieron o no. Lo que se pide es que la inteligencia artificial acierte este último dato, partiendo de las pistas que dan los otros datos.

Con respecto a la aplicación específica de Naïve Bayes al caso del Titanic, hay páginas de Kaggle, por ejemplo [176] [177], que pueden servir de guías al efecto (incluyen código de programación).

Para más detalles sobre Naïve Bayes ver [178] [179], y también [180]. Entre las aplicaciones más populares están la clasificación de *e-mails* y la detección de *spam*[181] [182] [183].

---

173 Titanic - Machine Learning from Disaster | Kaggle

174 https://www.ahmedbesbes.com/blog/kaggle-titanic-competition

175 https://towardsdatascience.com/predicting-the-survival-of-titanic-passengers-30870ccc7e8

176 https://www.kaggle.com/code/dimitreoliveira/naive-bayes-probabilistic-ml-titanic-survival/notebook

177 https://www.kaggle.com/code/orancanoren/titanic-dataset-gaussian-naive-bayes/notebook

178 https://dataaspirant.com/2017/02/06/naive-bayes-classifier-machine-learning/

179 https://scikit-learn.org/stable/modules/naive_bayes.html

180 https://sebastianraschka.com/Articles/2014_naive_bayes_1.html

181 https://towardsdatascience.com/implementing-a-naive-bayes-classifier-for-text-categorization-in-five-steps-f9192cdd54c3

182 https://www.cs.cmu.edu/~knigam/papers/multinomial-aaaiws98.pdf

183 https://www.inf.ed.ac.uk/teaching/courses/inf2b/learnnotes/inf2b-learn07-notes-nup.pdf

5.6. Análisis de componentes principales (PCA)

A la hora de diagnosticar una enfermedad, hay variables que tienen mayor relevancia que otras. Y esto sucede en otros contextos. Por ejemplo, la relación potencia-peso es clave para que un coche tenga buen *reprise*; y en este sentido importa poco el color del coche.

Existe un método matemático, denominado «análisis de componentes principales» (*principal component analysis*, PCA), que permite detectar cuáles son las variables más relevantes; es decir, las que tienen mayor impacto sobre el comportamiento observable. Se denominan «componentes principales» a tales variables, y pueden ser combinaciones de otras (como es el caso de la relación potencia-peso).

Matemáticamente, se basa en descomponer matrices mediante un método denominado SVD (ver [184] [185]). Como con las otras técnicas que hemos comentado, hay programas informáticos que calculan rápidamente la descomposición SVD[186].

Al analizar mediante PCA un conjunto de datos, una vez que hemos determinado sus componentes principales, tenemos la oportunidad de pintar los datos tomando estos componentes como ejes de coordenadas. Con ello se obtienen representaciones muy útiles para sacar conclusiones.

Por ejemplo, se vienen realizando estudios de poblaciones para detectar si la genética de las personas varía según la localización geográfica. La figura 5.21, que hemos adaptado de [187], representa sobre los dos primeros componentes principales (esto quiere decir que se ha aplicado PCA) las características genéticas de la población europea. Aparecen diferencias apreciables, que probablemente den pistas interesantes sobre migraciones y mezclas desde épocas remotas.

---

184 https://the-learning-machine.com/article/linear-algebra/singular-value-decomposition

185 https://www.cs.cmu.edu/~elaw/papers/pca.pdf

186 https://arxiv.org/abs/1404.1100

187 https://www.nature.com/articles/ejhg2008210/figures/3

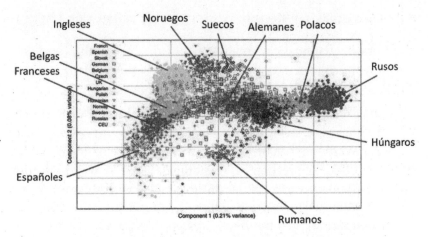

Figura 5.21. Características genéticas de la población europea, según
análisis con PCA y representación sobre componentes principales

Desde la perspectiva clasificatoria que venimos tratando en
el capítulo, la figura 5.21 muestra netamente tanto la potencia e
interés de los métodos de clasificación como las dificultades con
que nos enfrentamos (por ejemplo, datos que se salen de las zonas
esperables).

La metodología PCA tiene antiguas raíces, ya a comienzos de
1900. Es muy popular; de hecho, si se consulta un navegador de
Internet, aparecen unos 170 millones de resultados. Los campos
típicos de aplicación son: análisis económico o social, medicina,
estudio del medioambiente, aprendizaje computacional, robótica,
etc.

Empezamos a abordar un segundo tramo del capítulo en torno
a las grandes masas de datos. Hay en este tema aspectos de *hardware*, pero sobre todo de *software*.

De vez en cuando emplearemos el término «arquitectura»,
pero no nos referimos con ello a construcción de edificios. Lo que
sucede es que cuando se trata de grandes desarrollos de *software*,
se suelen crear los programas de forma modular, de manera que
surgen estructuras de interconexión entre módulos, según sea el
reparto de tareas. Por ejemplo, podríamos tener una disposición
de módulos centralizada, o bien alrededor de un canal de datos y
mensajes compartido, etc. Así pues, de forma metafórica, se habla

asiduamente de arquitectura o términos semejantes con respecto a la estructura del *software*.

5.7. BIG DATA

Sin duda, Internet es uno de los grandes inventos de nuestra época. Con el tiempo hemos visto establecerse grandes empresas dedicadas a la navegación y la búsqueda. La cantidad de datos accesibles fue creciendo, y se presentó el problema de cómo manejar grandes masas de datos. Ahora ya no estamos hablando de un problema, sino de una oportunidad. Los datos son oro. Podríamos decir que las empresas se pelean por acumular más y más datos. Se ha producido un giro copernicano.

¿Por qué hacer acopio de datos? Por lo menos hay dos respuestas. Una de ellas es de carácter estadístico; si por ejemplo estamos estudiando la intención de voto ante unas elecciones, nos interesa conseguir la opinión de mucha gente. Claro está que nos interesa la «calidad» de los datos, que sean útiles en cuanto a reflejar la situación, que luego será efectiva en las urnas. Esto implica también veracidad en la información recabada. Pero hay más. En la sociedad conviven mundos subterráneos, tendencias, corrientes de opinión, ideas, gustos... Son cosas que les conviene a empresas e instituciones detectar y evaluar. Por este motivo han nacido diversas iniciativas que procuran adaptar o crear metodología de análisis para desenterrar la información escondida en las masas de datos. En el contexto de estas iniciativas, han aparecido términos como «minería de datos» *(data mining)*, «ciencia de datos» *(data science)*, «analítica de datos» *(data analytics)*, etc.

De alguna forma, se podría decir que intentamos sacar como radiografías virtuales, sobre masas de datos, con ciertos objetivos o intereses.

Dada la naturaleza del tema, tenemos dos grandes aspectos que tratar: el problema técnico en cuanto a manejo de muchos datos y las metodologías para explotación de los datos.

5.7.1. Manejar muchos datos: el problema técnico

El problema técnico tiene una historia bastante cercana, principalmente ligada al desarrollo de Hadoop, que ha sido como ir creando y juntando las piezas de un rompecabezas.

El caldo de cultivo donde se originó se sitúa en torno a San Francisco. Los programadores están acostumbrados a ver aparecer la palabra «Apache» en bastantes ocasiones, porque es uno de los servidores más utilizados internacionalmente, y que nutre de muchos módulos y entornos preprogramados a los desarrolladores de aplicaciones. Es gratuito. La primera versión de Apache apareció en abril de 1995.

En 1999, Doug Cutting desarrolló la biblioteca de rutinas Lucene, cuyo objetivo es la búsqueda relativa a palabras o textos. Es como buscar una o varias agujas en un pajar. El nombre Lucene es el segundo nombre de su mujer y el primer nombre de su abuela materna. Esta biblioteca pasó a formar parte de la familia de *software* en lenguaje Java, denominada Jakarta, incorporada a Apache en 2001. Desde entonces se han creado diversos subproyectos en Apache dedicados a extender la funcionalidad de Lucene. Uno de esos subproyectos se llama Nutch, y fue iniciado en 2002 por Doug Cutting y Mike Cafarella. La idea es que Nutch busca en la web acerca de contenidos, y luego Lucene crea un índice de palabras adecuado para localizarlos. La figura 5.22 muestra unas fotografías de Cutting (a la izquierda) y Cafarella (a la derecha).

Figura 5.22. De izquierda a derecha, fotografías de D. Cutting y M. Cafarella

En junio del 2003 se hizo con éxito una demostración de Nutch, buscando en 100 millones de páginas. Pero Cutting y Cafarella se dieron cuenta de que, para atacar una masa de 1000 millones de páginas, habría que gastar 500.000 dólares en *hardware*... Demasiado. Como llovido del cielo, apareció en octubre del 2003 una publicación por parte de Google que describía la arquitectura de su sistema distribuido de ficheros en disco duro, denominado GFS. Con GFS Google podía atender a sus grandes necesidades de almacenamiento de ficheros. Basándose en esto, se empezó a trabajar en una versión de código abierto llamada Nutch Distributed File System (NDFS), en 2004.

Figura 5.23. Uno de los centros de datos de Google

La figura 5.23, tomada de la galería de fotos de Google[188], muestra uno de los centros de datos de Google. Son edificios repletos de pasillos de computadores apilados, con grandes necesidades de energía y refrigeración. Los ficheros de datos que almacenar de forma distribuida entre los ordenadores son gestionados por GFS.

Es en diciembre del 2004 cuando aparece una pieza fundamental. Google lanzó una publicación en la que introdujo el método MapReduce.

Se puede encontrar una buena explicación de lo que es MapReduce en la página [189]. La idea de MapReduce es dividir la tarea y simplificar. De modo que reparte las tareas de búsqueda entre varios procesadores y reduce el esfuerzo computacional.

---

188 https://www.google.com/about/datacenters/gallery/
189 https://www.edureka.co/blog/mapreduce-tutorial/

Cutting y Cafarella se pusieron a desarrollar MapReduce dentro del proyecto Nutch. A lo largo del 2005 fueron viendo que el proyecto requería más gente y esfuerzo para poder repartir tareas entre miles de ordenadores. En 2006, Cutting empezó a trabajar en Yahoo!, y comenzó un nuevo proyecto con el nombre Hadoop, aprovechando elementos de Nutch. El nombre «Hadoop» era el nombre de un elefante de juguete amarillo del hijo de Cutting, de ahí que los gráficos y diagramas sobre Hadoop usen como logo el dibujo de un elefante amarillo.

En el 2007, Yahoo! probó con éxito el sistema sobre 1000 ordenadores.

En enero del 2008, Yahoo! dio salida libre a Hadoop como un proyecto de código abierto de Apache. En julio del 2008, Apache probó con éxito Hadoop sobre 4000 ordenadores. Facebook empezó a usar Hadoop.

En 2009, Hadoop fue probado con éxito sobre un petabyte de datos, tardando diecisiete horas. En ese mismo año, Cutting se fue de Yahoo! para formar parte, como arquitecto jefe, de Cloudera, con el fin de difundir y generalizar el uso de Hadoop por diversos tipos de empresas, no solo las del Valle del Silicio.

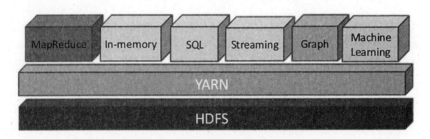

Figura 5.24. Arquitectura de Hadoop tras incorporar YARN

Con el tiempo, se fue detectando que MapReduce tenía demasiadas responsabilidades dentro de la arquitectura de Hadoop, de modo que en el 2012 se decidió incorporar otro módulo, denominado YARN, como intermediario para manejar HDFS (el sistema de ficheros de Hadoop). La figura 5.24 muestra cómo queda la arquitectura.

Una incorporación importante a Hadoop ha sido la de Spark, que permite, entre otras cosas, un aprendizaje máquina más ágil y rápido. El proyecto Spark se inició en las aulas de la Universidad de Berkeley, en 2009. En el 2014 pasó a ser uno de los proyectos *top* de Apache. Para leer más sobre Spark, son recomendables las páginas [190] [191]. Con mayor contenido técnico-informático, tenemos además las páginas [192] [193]. Su utilización detallada viene ampliamente descrita en [194]; y para desarrolladores, puede ser útil [195].

Más detalles de la historia de Hadoop pueden encontrarse en [196] [197].

5.7.2. ACERCA DE LOS DATOS

Como corresponde a la naturaleza del tema, *big data*, también la información accesible desde Internet es *big*. Para saber más, se puede empezar con una breve página[198], que introduce —dando además enlaces apropiados— algunas plataformas para gestión y exploración de datos. El artículo [199] expone ampliamente cómo es la anatomía de un sistema de procesamiento *big data*. Dos panorámicas, bastante extensas, de los diferentes aspectos del tema son [200] [201].

---

190 http://www.datamation.com.ar/big-data-hadoop-y-spark-competencia-o-complemento-7509

191 https://medium.com/@ashish1512/what-is-apache-spark-e41700980615

192 https://medium.com/@achilleus/apache-spark-101-971aaf5d4334

193 https://medium.com/@lavishj77/apache-spark-fundamentals-part-1-918d2a404e86

194 https://sparkbyexamples.com/

195 https://www.adictosaltrabajo.com/2015/11/16/introduccion-a-apache-spark-batch-y-streaming/

196 https://gigaom.com/2013/03/04/the-history-of-hadoop-from-4-nodes-to-the-future-of-data/

197 https://medium.com/@markobonaci/the-history-of-hadoop-68984a11704

198 https://towardsdatascience.com/the-characteristics-of-big-data-platforms-and-their-importance-for-data-exploration-650ec45cec14

199 https://arxiv.org/ftp/arxiv/papers/1509/1509.01331.pdf

200 https://www.hindawi.com/journals/tswj/2014/712826/

201 http://www2.egr.uh.edu/ zhan2/ECE6111/class/BigDataSurvey2014.pdf

Es evidente que las empresas de la información, como Google o Yahoo!, tienen que vérselas con grandes masas de datos. Pero no son las únicas hoy día, sobre todo las que se apoyan, de una manera u otra, en Internet. Queremos referirnos a continuación, brevemente, a este aspecto del origen y utilidad de los datos.

La mayor parte de la gente ya ha enviado o recibido algo mediante una empresa de mensajería, como puede ser DHL, UPS, etc. Son empresas que llegan a fletar aviones y que realizan cientos de millones de envíos al año.

Además, está también el transporte de suministros industriales, productos de consumo, etc. Estamos hablando de logística, la cual se ve soportada por millones de ordenadores, y también contenedores. El ámbito económico tomó conciencia de que la logística era en sí un gran negocio, y que además propiciaba un nuevo escenario: la logística se constituyó como el sistema circulatorio de la aldea global, en cuanto al intercambio de bienes, en paralelo con el intercambio de información vía Internet.

La compañía Amazon fue fundada en 1994. Es el rey del *e-commerce*. Su total de ganancias en 2021 fue de unos 469.800 millones de dólares[202]. Ahora bien, uno de los grandes tesoros de Amazon, si no el más importante, es su base de datos de clientes. Tiene unos 100 millones de subscriptores de Prime.

Otra rama de actividad es el turismo, los viajes, la hostelería, la restauración. De forma natural, esta rama se ve enfrentada con grandes cantidades de datos: no hay más que pensar en las compañías aéreas.

En un principio, una base de datos de clientes puede verse de forma pasiva, como una carga para gestionar. Pero brindan el futuro. ¿Cómo son mis clientes, qué les podría gustar y cuándo? Los datos pueden irse convirtiendo en perfiles de personas, y la inteligencia artificial puede ayudar a predecir. Insistimos: los datos son oro. Ya no es solo mover bienes o personas de un sitio a otro…, es fidelizar y vender.

Hay, además del gran ámbito económico, otros mundos, como el de la medicina, las instituciones, los gobiernos, las publicacio-

---

202 https://www.statista.com/topics/846/amazon/#editorialPicks

nes y los medios, etc., que generan también una enorme cantidad de datos.

Por cierto, en 2013, IBM presentó estadísticas que mostraban que el 90 % de los datos mundiales se habían generado en los dos últimos años. Otras estadísticas[203] indican que del 2013 al 2019 se ha cuadruplicado la cantidad de datos.

Pero pasemos a considerar la explotación de esos datos. Los métodos que nos permiten detectar informaciones valiosas y sacar conclusiones.

5.7.3. Explotación de los datos

Hagamos un poco de historia para aclarar algunos términos. En 1989 tuvo lugar el primer *workshop* sobre *Knowledge Discovery in Databases* (KDD) (descubrimiento de conocimiento en las bases de datos). Por otra parte, en 1993 se reconoció la existencia del *data mining* (minería de datos) como un tema que considerar por la comunidad científica en los congresos sobre bases de datos. Merece la pena leer con calma el artículo [204], de 1996, en el que, además de indicar las referencias clave para esta historia, ya aparecen muchas de las técnicas que vamos a mencionar. El artículo hace ver, en particular, que la minería de datos es una de las etapas dentro del proceso KDD. De modo que mientras la minería de datos se dedica a aplicar algoritmos para extraer de los datos patrones de interés, el KDD se ocupa además de preparar los datos, hacer selección y limpieza de datos, incorporar el conocimiento *a priori* adecuado e interpretar los resultados de la minería. En 1997 se puso en marcha la revista internacional *Data Mining and Knowledge Discovery*, que sigue publicándose cada dos meses con un gran índice de impacto.

En 1996, el término «*data science*» aparece dentro del título de un congreso internacional del IFCS (International Federation of Classification Societies). Son bastantes las universidades de primer rango internacional que ofrecen hoy másteres en *data science*. Si bien en un comienzo se entendió que esta ciencia es fundamental-

---

203 https://www.statista.com/statistics/871513/worldwide-data-created/

204 https://www.kdnuggets.com/gpspubs/aimag-kdd-overview-1996-Fayyad.pdf

mente estadística, con los años ha ido incorporando toda suerte de nuevas metodologías relacionadas con los datos. Puede verse una historia breve, e interesante, de la ciencia de datos en la página [205].

Además, está creciendo actualmente el uso del término «*Analytics*», particularmente en el mundo económico. Este término está viniendo con diversas tonalidades. Por ejemplo, la página [206] menciona «*Analytics in the Cloud*», «*Predictive Analytics*», «*Cognitive Analytics*» y «*Augmented Analytics*». Otras fuentes también añaden «*Web Analytics*». Estos términos, y otras combinaciones, aparecen también en el conjunto de másteres ofrecidos ya por muchas universidades. La página [207] da una lista de veinte de este tipo de másteres en universidades de Estados Unidos, como Carnegie-Mellon, Stanford, Georgia Institute of Technology, etc.

Tras consultar una literatura muy variada (por ejemplo, [208] [209] [210]), podríamos dar, en síntesis, la siguiente lista no exhaustiva de técnicas que se están aplicando en minería o en análisis de datos:

— Detección de patrones (incluyendo patrones secuenciales).
— Detección de anomalías.
— Clasificación.
— Agrupamiento *(clustering)*.
— Correlaciones.
— Análisis de asociación.
— Árboles de decisión.
— Regresión.
— Modelos.
— Predicción.

---

205 https://www.forbes.com/sites/gilpress/2013/05/28/a-very-short-history-of-data-science/#6d3d38e855cf

206 https://www.dataversity.net/brief-history-analytics/

207 https://towardsdatascience.com/20-universities-for-pursuing-master-of-science-in-data-science-on-campus-in-the-usa-2018-9970d5d25bd5

208 https://www.egon.com/blog/666-techniques-data-mining-marketing

209 https://www.researchgate.net/publication/327335449_Data_mining_techniques_and_methodologies

210 https://www.softwaretestinghelp.com/data-mining-techniques/

Para estas funcionalidades se aplican métodos tales como:

— Redes neuronales.
— Análisis de componentes (PCA, ICA, etc.).
— K-means.
— K-nearest neighbor.
— *Vector machines.*
— Reglas de asociación.
— Métodos bayesianos.
— *Random forests.*

Como cabe observar, la mayor parte de técnicas y métodos mencionados ya han sido tratados en páginas anteriores.

No obstante, nos queda por introducir lo relativo al análisis de asociación. La publicación en que se proponen por primera vez las «reglas de asociación» es de 1993, y para el estudio de compras en supermercados (ver las páginas [211] [212] [213]).

Las reglas de asociación tienen un antecedente y un consecuente, separadas por una flecha. He aquí un ejemplo de regla:

$$\{café, leche\} \rightarrow \{azúcar\}$$

Esta regla nos dice que si tenemos café y leche en una transacción, entonces podemos tener azúcar en la misma transacción. La flecha no indica implicación; es simplemente coocurrencia. Tampoco se dice nada sobre la persona que va comprando. En general, las reglas tendrán la forma $X \rightarrow Y$.

Una posible tarea de minería de datos sería: dado un conjunto de transacciones, encontrar reglas de asociación relevantes.

Para ello, en primer lugar, elaboramos una lista de todos los elementos que aparecen, al menos una vez, en las transacciones. Luego podemos generar conjuntos con esos elementos, tales como

---

211 https://towardsdatascience.com/association-rules-2-aa9a77241654
212 https://www.saedsayad.com/association_rules.htm
213 https://www.upgrad.com/blog/association-rule-mining-an-overview-and-its-applications/

{pan, azúcar, lechuga, café}, y a partir de estos conjuntos, generar posibles reglas, como:

$$\{pan, azúcar\} \rightarrow \{lechuga, café\}$$
$$\{pan\} \rightarrow \{azúcar, lechuga, café\}$$
$$\{pan, café\} \rightarrow \{azúcar, lechuga\}$$

Se puede calcular que, con solo diez productos, ¡se podrían generar 57.000 reglas!

Afortunadamente tenemos algoritmos que alivian la tarea de encontrar reglas relevantes, como por ejemplo el algoritmo *a priori* (ver [214] [215] [216]).

Según nos dice la página [217], además de aplicaciones sobre compras, las reglas de asociación se utilizan en diagnóstico médico, datos del censo y secuenciación de proteínas. El artículo [218] da más detalles de estas aplicaciones, incluyendo también estudios de relaciones con base en tarjetas de crédito.

A menudo es muy útil representar gráficamente la información. En el caso de las reglas de asociación, suelen emplearse *Association Rules Networks* (ARN). Por ejemplo, en un informe sobre el futuro de los medios (2005-2006)[219], se presenta el gráfico de la figura 5.25. A veces se aplican colores para distinguir clases o grupos, o incluso tamaños de letra o de nodos para declarar la magnitud de su relevancia.

---

214 https://www.cs.upc.edu/~mmartin/D7-%20Association%20rules.pdf

215 https://www.kdnuggets.com/2016/04/association-rules-apriori-algorithm-tutorial. html

216 https://www.geeksforgeeks.org/apriori-algorithm/

217 https://www.upgrad.com/blog/association-rule-mining-an-overview-and-its-applications/

218 https://www.researchgate.net/publication/238525379_Association_rule_mining-_Applications_in_various_areas

219 https://futureexploration.net/images/Future_of_Media_Report2006.pdf

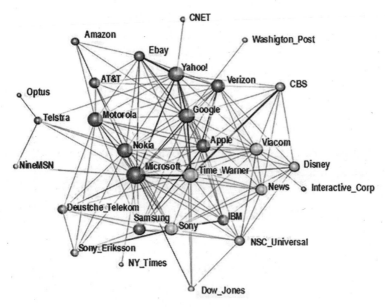

Figura 5.25. Ejemplo de ARN, concerniente al futuro de los medios (2005-2006)

5.7.4. ALGUNAS HERRAMIENTAS Y APLICACIONES

Siendo así que muchos de los métodos para minería en *big data* resultan bastante conocidos para el ámbito científico es, sin embargo, muy conveniente facilitar su uso para un público más amplio. Para ello, se trata de crear una interfaz amigable e intuitiva, con fácil acceso a los datos y a los procesos, y buenas capacidades de visualización. De este modo, se ha podido ofrecer a la industria varios entornos que están teniendo gran aceptación. Un ejemplo representativo es RapidMiner. Tiene varias versiones, de menor a mayor potencia. La de menor potencia, introductoria, es gratis durante 30 días y puede manejar 10.000 filas de datos; la de potencia media puede manejar un millón de filas de datos. Incluye más de 500 funciones para el procesamiento y análisis de datos. Ofrece una amplia documentación disponible por Internet. Además, hay bastantes tutoriales e introducciones en la web; de entre ellas, como una rápida introducción de manos a la obra, podríamos recomendar la página [220].

---

220 https://medium.com/@vshshv3/a-walk-through-the-rapid-miner-921dfaf53722

La figura 5.26 muestra una pantalla de RapidMiner. En el panel central se observa cómo podemos construir el proceso que nos interesa a base de conectar bloques. Cada bloque representa una función o etapa de procesamiento. A la izquierda hay un menú para poder seleccionar métodos que aplicar: árboles, redes neuronales, reglas, etc.

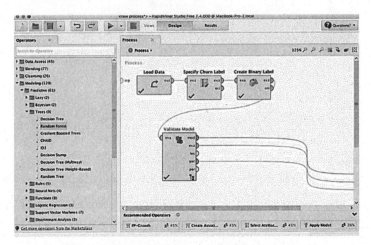

Figura 5.26. Una pantalla de RapidMiner, empleada
para definir el procesamiento deseado

Hay bastantes más entornos para minería de datos. Unos son gratuitos, otros son comerciales. Para poder calibrar el interés de una u otra alternativa, en el caso de los entornos comerciales, puede servir de guía el cuadrante mágico *(magic quadrant)* publicado por Gartner, relativo a plataformas de ciencia de datos y *machine learning*[221]. La figura 5.27 presenta el cuadrante correspondiente a enero de 2019[222].

221 https://www.kdnuggets.com/2019/02/gartner-2019-mq-data-science-machine-learning-changes.html

222 https://www.enterpriseitworld.com/sas-is-a-leader-in-2019-gartner-magic-quadrant-for-data-science-machine-learning-platforms/

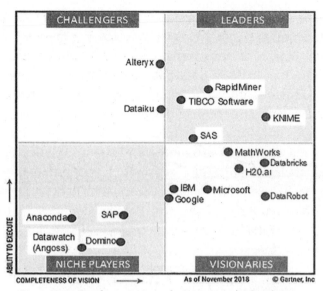

*Figura 5.27. Cuadrante mágico de Gartner para plataformas
de ciencia de datos y* machine learning, *enero de 2019*

De entre los entornos de dominio público, debemos citar Weka, ELKI, Orange, Datamelt, KEEL y Rattle. A esto se deben añadir varias bibliotecas de rutinas, como son Apache Mahout, MOA, SAMOA, etc. Ver las páginas [223] [224] para más detalles de cada entorno o biblioteca.

Son muchos los ejemplos de aplicación de minería de datos. La siguiente tabla indica en qué campos principales se dan las aplicaciones.

Mundo económico	Ciencia e ingeniería
Medicina	Vigilancia
Datos espaciales	Datos temporales
Datos de sensores	Datos visuales

Sería ahora bastante largo comentar, con algo de detalle, cada uno de los campos que figuran en la tabla. No obstante, es interesante indicar algunas referencias que completan el panorama. Por

223 https://opensourceforu.com/2017/03/top-10-open-source-data-mining-tools/
224 https://machinelearningmastery.com/java-machine-learning/

ejemplo, la ponencia [225] expone muchas aplicaciones en las organizaciones públicas, en cuanto a finanzas y economía, atención sanitaria, justicia, defensa, trabajo y educación. El artículo [226] hace una predicción de hacia dónde va la minería de datos, y resume investigaciones sobre *big data* en Twitter, o en información gráfica, o en sistemas de recomendación. Por último, la página [227] es una compilación con más de un centenar de enlaces a ejemplos.

Hay una enorme y creciente cantidad de fuentes de datos: móviles, tabletas, portátiles, sensores... Los pronósticos señalan que en el 2025 estaremos generando 44 zetabytes (el zetabyte equivale a un millón de petabytes). Para hacerse idea, un enfermo de cáncer hospitalizado genera 1 terabyte diario; los datos que toma Walmart de sus clientes aumentan 2,5 petabytes cada hora; el tráfico de datos a través de móviles ha sido, en el 2021, del orden de 67.000 petabytes[228] al mes.

Es interesante dar cuenta de algunos aspectos de la realidad actual. Por ejemplo, mediante triangulación y otras técnicas, nuestro procesador (móvil, portátil, nodo de IoT...) puede servir para que se sepa dónde estamos y cuáles son nuestros movimientos. Invitamos al lector a visitar la página [229] para ver la localización de la gente en varios sitios de Estados Unidos. Por su lado, la página [230] ofrece todo un elenco de técnicas y recursos para el análisis de datos de movilidad para ciudades *smart*.

Tanto la localización como la personalización marcan el futuro del *marketing*[231].

Para aquellos interesados en las reglas de asociación y su expresión visual como redes (ARN), es muy recomendable infor-

---

225 https://bib.irb.hr/datoteka/162184.Data_Mining_-_ITI2003_-_M.Pejic-Bach.pdf

226 https://www.kdd.org/exploration_files/V14-02-01-Fan.pdf

227 http://www.sc.ehu.es/ccwbayes/members/inaki/DM-applications.htm

228 https://www.ericsson.com/en/reports-and-papers/mobility-report/dataforecasts/mobile-traffic-forecast

229 https://www.nytimes.com/interactive/2019/12/19/opinion/location-tracking-cellphone.html

230 https://kdd.isti.cnr.it/research/mobility-data-mining-science-cities

231 https://www.contentstack.com/blog/all-about-headless/localization-and-personalization

marse acerca de Cytoescape[232] [233]. Para analizar una ARN, cabe usar DeepWalk[234], que permite detectar estructuras de relación locales. Otra aplicación interesante es Affinio, que realiza agrupamientos *(clustering)* dentro de los clientes o la audiencia a la que atendemos[235]. Finalmente, como página que compara con brevedad los métodos clasificatorios ya comentados, podríamos recomendar [236].

232 https://cytoscape.org/

233 http://cytoscape.sourceforge.net/what_is_cytoscape.html

234 https://medium.com/analytics-vidhya/an-intuitive-explanation-of-deepwalk-84177f7f2b72

235 https://www.affinio.com/

236 https://favtutor.com/blogs/machine-learning-algorithms-for-beginners

Capítulo 6

Aprendizaje profundo

La llegada del aprendizaje profundo ha supuesto un nuevo gran impulso para la inteligencia artificial, permitiendo abordar difíciles y a la par importantes funcionalidades y aplicaciones.

Como veremos en este capítulo, han ido confluyendo dos corrientes en la concepción de las redes neuronales. Una de ellas caracterizada por el empleo de redes «convolucionales», especialmente adecuadas para el tratamiento de imágenes. La otra adapta las redes neuronales para operar con secuencias de datos, de modo que permitan capturar cosas en movimiento, dinámicas: vídeos, conversaciones, música, etc.

Comenzamos introduciendo algunos aspectos de cómo es nuestro cerebro, fuente de inspiración para las nuevas redes neuronales.

6.1. Raíces y motivaciones

Gracias al procedimiento de propagación hacia atrás *(backpropagation)*, se dio un gran impulso a las redes neuronales a partir de 1986. Normalmente eran redes de tres capas. El aprendizaje profundo *(Deep Learning)* suele emplear más capas.

La raíz motivadora del aprendizaje profundo viene de algunos descubrimientos de la neurociencia. A partir de 1959, D. Hubel y T. Wiesel fueron publicando una serie de artículos, con resultados de su investigación experimental, en la Universidad de Harvard, acerca de cómo se procesa la información visual al llegar al córtex visual primario. Consiguieron con ello el Premio Nobel. Intentamos a continuación recoger los aspectos que más nos van a interesar.

La figura 6.1, [237], muestra (desde arriba) cómo viaja la información captada por los ojos, a través del nervio óptico hacia el núcleo geniculado lateral (NGL) del tálamo (derecho e izquierdo). Después prosigue hasta el córtex visual primario (V1), situado en el lóbulo occipital. La información del ojo izquierdo va al córtex derecho, y viceversa.

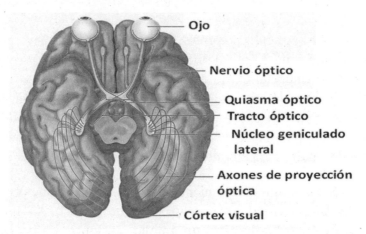

Figura 6.1. Trayecto de la información visual hacia el córtex visual

La figura 6.2, [238], nos da más detalles de cómo está organizado el córtex visual. Se pueden distinguir varias áreas, V1, V2, etc.[239]. Para una descripción más sencilla, pero abarcando más áreas, ver [240].

237 https://healthjade.net/human-eye/

238 http://www.psy.ritsumei.ac.jp/akitaoka/barberpole-e.html

239 https://eprints.ucm.es/58426/1/Tema 15. Procesamiento retinocortical.pdf

240 https://procesamientodelainformacionvisual.wordpress.com/page/3/

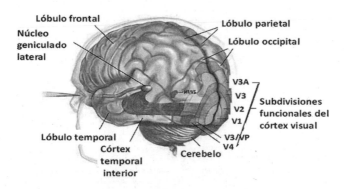

Figura 6.2. Áreas del córtex visual

Según se expone en[241], el área primaria V1 está organizada en 6 capas superpuestas. La capa 6 es la más profunda, y la capa 1 está en la superficie cerebral. Dentro de la capa 4 se distinguen 4A, 4B y 4C. La información procedente del NGL conecta con V1 en su capa 4C, menos una parte, procedente de células konio del NGL, que conecta en las capas 2 y 3.

Dentro de V1 hay células simples, complejas e hipercomplejas. Hay unos 140 millones de neuronas en V1. Toda la información del campo visual captada por la retina es recogida en V1 por células simples según la misma distribución espacial (bidimensional) de la retina.

Las células simples responden a zonas específicas, muy pequeñas, del campo visual. Estas células son más sensibles a líneas (barras de luz o bordes) con un ángulo específico. Cada célula responde a un ángulo diferente. Detectan límites entre distintos colores, pero no aportan información sobre colores. Las células complejas responden como las simples a líneas con un ángulo específico, pero el estímulo (la línea) puede estar en cualquier posición del campo visual: se dice que la respuesta de la neurona es espacialmente invariante. Las células hipercomplejas tienen sensibilidad crítica a la longitud del estímulo (es máxima para una cierta longitud).

---

241 https://eprints.ucm.es/58426/1/Tema 15. Procesamiento retinocortical.pdf

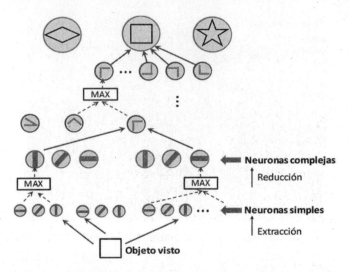

Figura 6.3. Operación intercalada de extracciones y reducciones en V1

En la figura 6.3, basada en [242], se representa esquemáticamente el procesado neuronal, empezando (abajo en la figura) con el ingreso de la información visual (procedente de los ojos) a una capa de neuronas simples de V1. A través de un procedimiento de reducción, indicado con el bloque MAX, se transmiten las características más fuertes encontradas por las neuronas simples a un conjunto de neuronas complejas. El trayecto de la información prosigue hacia otras neuronas que combinan las características detectadas por las neuronas complejas, y a esto sigue una nueva reducción. Se trata de ir intercalando extracciones y reducciones.

Una de las hipótesis que se están investigando es la posibilidad de que, además de las neuronas mencionadas, existan «neuronas-abuela». Se trataría de una neurona que detectara la cara de tu abuela, o bien de algún otro personaje, [243].

La figura 6.4 muestra una fotografía de Hubel y Wiesel, [244].

242 https://www.intechopen.com/chapters/39302

243 Iacoboni, M. (2009). «Las neuronas espejo: empatía, neuropolítica, autismo...». Katz Conocimiento.

244 https://braintour.harvard.edu/archives/portfolio-items/hubel-and-wiesel

Figura 6.4. De izquierda a derecha, D. Hubel y T. Wiesel

En 1980, el profesor japonés K. Fukushima, a la sazón investigador en unos laboratorios de ciencia y tecnología en Tokio, propuso una nueva red neuronal artificial de varias capas, a la que llamó «neocognitrón». Los detalles de la propuesta fueron publicados en un artículo científico, en la revista *Biological Cybernetics*, [245]. Muchos lo consideran como el trabajo seminal del aprendizaje profundo. En el artículo comenta expresamente que el neocognitrón se inspira en el modelo jerárquico propuesto por Hubel y Wiesel (figura 6.3).

Según describe Fukushima, el neocognitrón es una cascada de tres etapas de procesamiento. Cada etapa tiene dos capas, de modo que la segunda utiliza y reduce la información extraída por la primera. La figura 6.5 muestra esquemáticamente el concepto. De forma genérica, se llaman células S (por «simple») a las células de la primera capa, y células C (por «compleja») a las de la segunda capa. Concretamente, la capa S1 son neuronas simples y la capa C1 son neuronas complejas; en la etapa 2 se utilizan neuronas hipercomplejas, de bajo nivel, S2, y de alto nivel, C2. En la etapa 3 no se concreta la correspondencia neuronal (como hipótesis, se puede suponer que las C3 son neuronas-abuela). Obsérvese que el tamaño de las capas se va reduciendo según viaja la información hacia la salida de la red.

---

245 https://www.rctn.org/bruno/public/papers/Fukushima1980.pdf

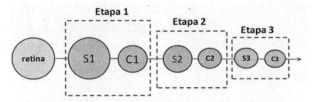

Figura 6.5. Estructura conceptual del neocognitrón

Uno de los problemas de las redes neuronales artificiales es la escalada de complejidad. Supongamos una capa con un número L de neuronas, y la siguiente capa con M neuronas. Si conectamos todas las neuronas de la primera capa con todas las de la segunda, tenemos L x M conexiones. Cada conexión con su peso (que hay que ajustar mediante aprendizaje). Por ejemplo, si L = 10, y M = 15, tenemos 150 conexiones. Si el número de capas crece, podríamos decir que explosiona la cantidad de conexiones y, por tanto, los cálculos que hacer.

Una de las ideas de Fukushima es ir reduciendo la complejidad de la red neuronal, de izquierda a derecha, mediante las capas C. Es usual interpretar que las capas C ejercen tareas de abstracción.

La principal aplicación a la que se refirió Fukushima fue el reconocimiento de letras. La red neuronal tenía tantas neuronas en la última capa como letras que distinguir.

Para abreviar «propagación hacia atrás», utilizaremos una abreviatura muy común en la literatura científica: *backprop*.

El neocognitrón no utilizó *backprop*, porque nació años antes de que se conociera públicamente el *backprop* para poder entrenar las redes neuronales.

Precisamente, animados por el éxito del *backprop*, se pensó que ciertas tareas de clasificación del correo pudieran automatizarse. Así, a finales de 1980 se publicaron diversas investigaciones sobre el reconocimiento automático de los códigos postales escritos a mano. Fue de especial utilidad para esto el que el U.S. Postal hiciera accesible una serie de 7291 imágenes escaneadas con estos códigos a mano, [246]. Son imágenes en escala de grises, con 16 x 16 píxeles cada una.

---

246 https://web.stanford.edu/ hastie/StatLearnSparsity_files/DATA/zipcode.html

El objetivo primordial en este tema de investigación, al que nos referimos en la próxima sección, es conseguir un pequeñísimo porcentaje de error. De hecho, cada error supone un esfuerzo especial de subsanación por parte del correo.

6.2. LLEGAN LAS REDES CONVOLUCIONALES (1989)

Un equipo de investigación de los Laboratorios Bell, liderado por Y. LeCun, publicó una serie de artículos, a partir de 1989, en los que se presentaron las redes neuronales LeNet-1, LeNet-4, LeNet-5 y algunas variantes[247]. Estas redes figuran entre los primeros ejemplos de las «redes convolucionales». Las sucesivas generaciones de estas redes consiguieron llegar a un 0,7 % de error. Para poder comparar, el artículo [248] dedica una sección a afrontar el mismo problema con una gran red neuronal convencional, con tres capas y 123.300 pesos que entrenar, consiguiendo un error del 1,6 %. El resultado de la comparación es que, con mucha menos complejidad, las redes convolucionales obtienen mejores resultados.

Tanto lo que hemos llamado redes convencionales como las convolucionales emplean *backprop*.

Puesto que hemos empleado el término «redes convolucionales», y dado que se han hecho tan populares, conviene indicar qué es la convolución. Se trata de una operación que aplica sucesivamente una máscara a los datos, con el fin de destacar variaciones, o bien de suavizar. Por ejemplo, dada una secuencia de datos S(1), S(2), S(3)…, podemos realizar la siguiente convolución:

$$Y(3) = (0,7 \text{ x } S(1) + 0,8 \text{ x } S(2) + 0,9 \text{ x } S(3))/(2,4)$$

En donde hemos aplicado la máscara W = (0,7, 0,8, 0,9). En el siguiente tic del reloj, calcularíamos Y(4) aplicando la misma máscara a S(2), S(3), S(4), y así sucesivamente.

---

247 https://www.ics.uci.edu/ welling/teaching/273ASpring09/lecun-89e.pdf

248 https://www.eecis.udel.edu/ shatkay/Course/papers/NetworksAndCNNClasifiersIntroVapnik95.pdf

Según sea la máscara conseguimos filtrar los datos destacando frecuencias bajas (suavizar) o frecuencias altas (destacar variaciones). En resumen, las redes convolucionales aplican filtros.

La misma idea se aplica a las imágenes digitales con máscaras bidimensionales[249].

La figura 6.6 muestra cuál podría ser el resultado de la convolución, sobre la foto de un gato, en el caso de que la máscara correspondiera a un filtro diseñado para favorecer las frecuencias altas. En las imágenes las frecuencias altas están en los bordes o las líneas.

Figura 6.6. Efecto de la convolución correspondiente
a un filtro pasa-altas sobre una imagen

Volvamos a la figura 6.3 fijándonos en la primera capa (formada por neuronas simples). En el caso de las redes convolucionales, cada neurona simple lo que hace es aplicar su propia máscara (distinta en cada neurona) a la imagen vista. Después, se reduce la información y el resultado se pasa a la segunda capa (formada por neuronas complejas).

¿Cómo reducir la información entre una capa y la siguiente? Hay varias posibilidades; quizá la más popular sea mediante *max-*

249 https://www.simplilearn.com/tutorials/deep-learning-tutorial/convolutional-neu-ral-network

pooling. Supongamos que el objeto visto por 30 neuronas simples es una imagen de 4 x 4 píxeles. Cada neurona nos entrega una imagen filtrada de 4 x 4 píxeles. La figura 6.7 muestra cómo se aplica un *max-pooling* de 2 x 2 a cada imagen filtrada. Se divide la imagen en cuatro subimágenes 2 x 2, y nos quedamos en cada subimagen con el valor más grande; obtenemos así una imagen reducida de 2 x 2. El resultado total de este proceso de reducción es 30 imágenes de 2 x 2 que van a la siguiente capa.

5	1	3	0
3	2	1	7
4	3	1	6
1	3	2	3

5	7
4	6

Figura 6.7. Ejemplo de max-pooling *aplicado a una de las imágenes filtradas*

Tras haber introducido con cierto detalle los aspectos clave de las redes convolucionales, podemos presentar en la figura 6.8 cómo está estructurada la red LeNet-5. Las últimas tres capas corresponden a una subred neuronal convencional.

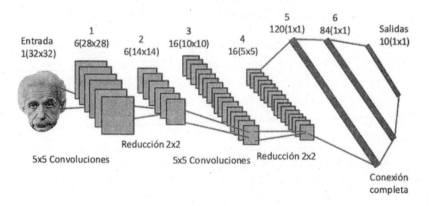

Figura 6.8. Estructura de la red convolucional LeNet-5

Existe bastante información sobre redes convolucionales en Internet. Una concisa revisión histórica es [250]. La página [251] introduce de forma sencilla detalles matemáticos para aplicarlas.

Es conveniente hacer una rápida observación por vía de ejemplo. Se han producido muchos intentos del hombre para poder volar; en este sentido se puede imitar a los pájaros, pero hasta cierto punto. De forma parecida, los investigadores de las redes neuronales artificiales pueden encontrar inspiración en los sistemas neuronales de los seres vivos, pero no siempre se dedican a copiar tal cual, mediante circuitos o programas, lo que sucede en biología.

Dicho esto, ahora que en esta sección estamos acercándonos a los noventa, resulta especialmente interesante mencionar un paso importante de la neurociencia en aquella época.

En 1992, M. A. Goodale y A. D. Milner sugirieron en un artículo[252] que la información visual, tras atravesar V1, viaja según dos rutas hacia otras zonas del cerebro. La figura 6.9, [253], indica estas rutas. La ruta dorsal está orientada a la acción, interesándose en dónde está el objeto que se ve. La ruta ventral está orientada a la percepción, y trata de identificar de qué objeto se trata. Dicho de otro modo, la ruta dorsal pregunta «¿dónde?», y la ruta ventral pregunta «¿qué es?».

---

250 https://medium.com/@sh.tsang/paper-brief-review-of-lenet-1-lenet-4-lenet-5-boosted-lenet-4-image-classification-1f5f809dbf17

251 https://www.skyradar.com/blog/anatomy-of-the-lenet-1-convolutional-network-and-how-it-can-be-used-in-order-to-classify-radar-data

252 http://www.cnbc.cmu.edu/braingroup/papers/goodale_milner_1992.pdf

253 https://tel.archives-ouvertes.fr/tel-00850287/document

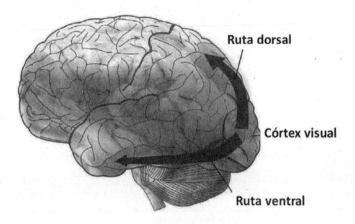

Ruta dorsal

Córtex visual

Ruta ventral

Figura 6.9. Dos rutas de la información visual tras atravesar el córtex

Este esquema de rutas en el cerebro permite entender algunas patologías, en qué falla una u otra de las rutas, [254] [255]. Actualmente se piensa que el panorama es más complicado, con más rutas y ramificaciones en el cerebro.

La figura 6.10 (basada en [256]) nos ofrece una representación esquemática del flujo de información a lo largo de la ruta ventral. La abreviatura NGL corresponde al núcleo geniculado lateral, mientras que IT corresponde al córtex inferior temporal. Conviene advertir que hay aspectos hipotéticos en el diagrama, y bastante simplificación.

254 https://www.nature.com/articles/6700344

255 https://www.uwo.ca/bmi/goodalelab/pdf/hollow_face.pdf

256 https://figshare.com/articles/Ventral_visual_stream/106794/2

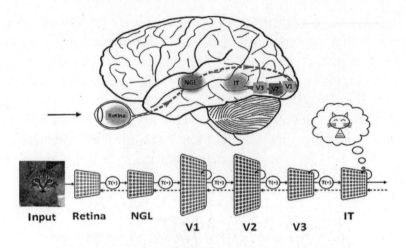

Figura 6.10. Flujo de información visual en la ruta ventral

6.3. LOS PADRES DEL *DEEP LEARNING*

Al repasar los trabajos científicos sobre redes neuronales artificiales, en torno a los noventa, aparecen con insistencia algunos nombres de especial relieve. La contribución decisiva sobre la propagación hacia atrás, el *backprop*, en 1986, se debió a D. E. Rumelhart, G. E. Hinton y R. J. Williams. Se recuerda con cariño a D. E. Rumelhart, profesor de Psicología en la Universidad de California, San Diego, y después en Stanford; murió de enfermedad degenerativa en el 2011.

En cuanto a G. E. Hinton, estudiante en Cambridge, doctor en Inteligencia Artificial por la Universidad de Edimburgo, aparece muy frecuentemente en los principales avances del tema. En 1986 era profesor en la Universidad Carnegie-Mellon, y fue allí donde Rumelhart le comentó la idea básica del *backprop*. Después fue profesor en el University College de Londres, y actualmente ejerce en la Universidad de Toronto, donde comparte actividades con Google Brain.

Según nos dice [257], un libro técnico y fundamental sobre *Deep Learning*, a partir de 1986 crecieron las expectativas económicas

---

257 https://www.deeplearningbook.org/

sobre las redes neuronales, hasta mediados de los noventa; después decayó. Se pasó por un «invierno» que duró hasta el 2006. Una de las iniciativas que mantuvo en marcha la investigación, en ese invierno, fue el programa Neural Computation and Adaptive Perception (NCAP), bajo los auspicios del Instituto Canadiense para Investigación Avanzada (su sigla en inglés es CIFAR). El director del programa fue G. Hinton, y se contó con las aportaciones de Y. Bengio, Universidad de Montreal, y de Y. LeCun, New York University.

Figura 6.11. Los padres del Deep Learning

La figura 6.11 presenta un tríptico de fotos, muy difundido en Internet, sobre los llamados «padres del *Deep Learning*», con ocasión de haber recibido el Premio Turing (el Nobel de la Ciencia de Computadores) en el 2018. Junto con D. Hassabis, son también Premio Príncipe de Asturias, año 2022.

6.4. SALIMOS DEL PRIMER INVIERNO

El acontecimiento del 2006, que significó el fin del invierno y reavivar el interés por las redes neuronales, fue la aparición de la red *Deep Belief* (que podríamos traducir por «creencia profunda»), [258]. De nuevo tenemos aquí a G. Hinton, con sus colaboradores del momento. Uno de los aspectos principales de la nueva red

---

258 https://www.mitpressjournals.org/doi/pdfplus/10.1162/neco.2006.18.7.1527

era facilitar con un nuevo algoritmo el entrenamiento de redes profundas.

Además, la red *Deep Belief* incluye un método de preentrenamiento (inicialización de los pesos) de la red, capa tras capa[259].

Conviene que hagamos ahora un breve *excursus* para introducir un tipo especial de red neuronal.

Este tipo especial se caracteriza por lo siguiente: se pide que su salida sea lo más parecida posible a su entrada. A este tipo de red se la suele llamar «autocodificador». Normalmente está constituida por un bloque codificador, seguido de un bloque decodificador. Vamos a intentar ilustrar la idea considerando la red neuronal de la figura 6.12.

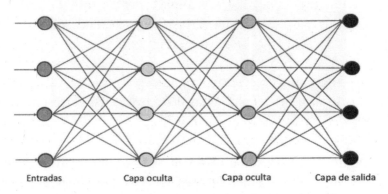

| Entradas | Capa oculta | Capa oculta | Capa de salida |

Figura 6.12. Un ejemplo de red neuronal con dos capas ocultas

Si a la red de la figura 6.12 se le pide que sus salidas sean lo más parecidas posible a las entradas, lo que cabe esperar del entrenamiento es que al final determine cuatro rutas directas (horizontales), con peso 1, y que asigne peso 0 al resto de las conexiones. Las salidas serán idénticas a las entradas. No habríamos ganado nada.

Pero ¿qué sucede si las capas ocultas tuviesen menos neuronas? Por ejemplo, según se representa en la figura 6.13.

259 https://towardsdatascience.com/restricted-boltzmann-machines-simplified-eab1e5878976

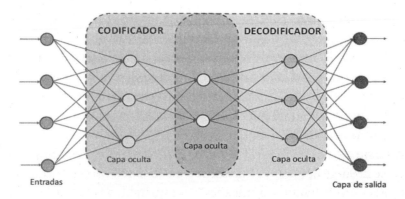

Figura 6.13. Hay menos neuronas en la capa oculta

La red se las tiene que arreglar para conseguir lo que se pide, a pesar de que el flujo se haga más angosto. Ya no vale con solo las rutas directas, hay que mezclar varias. La red debe intentar extraer la información más significativa para transferirla a las capas con menos neuronas, lo cual corresponde a un «codificador». Y más adelante debe intentar reconstruir la información original a partir de lo que le suministren las capas ocultas, lo cual corresponde a un «decodificador». La figura subraya la presencia de los dos bloques, codificador-decodificador, que comparten una zona común.

Un efecto beneficioso de esta arquitectura es que la red suele ir a lo esencial, eliminando cosas accesorias. Por ejemplo, puede eliminar ruido. Reproducimos en la figura 6.14 una de las ilustraciones de la página web [260], en la que se ve (línea superior) un conjunto de entradas con ruido, y en la línea inferior las respuestas correspondientes de un autocodificador.

Figura 6.14. Respuesta de un autocodificador a varias entradas con ruido

260 https://www.alanzucconi.com/2018/03/14/an-introduction-to-autoencoders/

En el año 2006, G. Hinton publicó un celebrado artículo[261], en el que construye un autocodificador, que extrae una información equivalente al análisis de componentes principales (PCA).

Como veremos más adelante, la arquitectura codificador-decodificador resulta ser muy interesante en el ámbito del procesamiento de voz (por ejemplo, para dictar al móvil).

Sigamos adelante.

Entre las cosas importantes que pasaron tras el 2006, hay que destacar la irrupción de un cierto tipo de *hardware*: los procesadores gráficos. Tanto el gusto por ver películas en el ordenador como sobre todo por los videojuegos incitaron a la industria de los chips a crear microprocesadores especializados en la visualización de imágenes en pantalla, de forma muy rápida. Estos procesadores se llaman *graphics processing units* (GPU). Por su propia naturaleza, las imágenes digitales, como son matrices de píxeles, se pueden tratar con muchos procesadores en paralelo, cada uno dedicado a una parte de la imagen total. Esto les viene bien a las redes neuronales, y especialmente a las redes convolucionales que, de concepto, corresponden como anillo al dedo a las imágenes y la visión.

En 2009, R. Raina *et al.*, Universidad de Stanford, hacen público en [262], el empleo de GPU para redes de creencia profunda, consiguiendo acelerar enormemente el preentrenamiento. De hecho, hablan de hacer esto 70 veces más rápido, y de lograr el preentrenamiento de una red con 100 millones de parámetros que calcular, en un solo día, en vez de varias semanas con el *hardware* convencional. No hace mucho, Google ha llegado a utilizar 16.000 GPU en paralelo para una red con alrededor de mil millones de parámetros.

6.5. ¡Llega la red neuronal AlexNet!

Entre los años 2009-2010, un equipo de investigación de la Universidad de Princeton, liderado por Fei-Fei Li, compiló una

---

261 https://www.cs.toronto.edu/ hinton/science.pdf

262 http://machinelearning.org/archive/icml2009/papers/218.pdf

gran base de datos con 14 millones de imágenes digitales. A esta base se le dio el nombre de ImageNet. Utilizando la plataforma Mechanical Turk de Amazon, las imágenes fueron manualmente clasificadas según mil clases diferentes. En el año 2010 se lanzó una competición abierta al mundo de los investigadores de visión artificial, proponiendo diversas tareas, tales como clasificación, localización, detección, etc., contando con ImageNet. La competición se denomina ImageNet Large Scale Visual Recognition Challenge (ILSVRC), y se repite anualmente, habiendo cobrado gran importancia[263][264].

La figura 6.15, tomada de [265], muestra algunas de las imágenes de ImageNet.

Figura 6.15. Algunas imágenes de ImageNet

263 https://ml4a.github.io/ml4a/convnets/

264 https://hackernoon.com/a-brief-history-of-computer-vision-and-convolutional-neural-networks-8fe8aacc79f3

265 https://machinelearningmastery.com/use-pre-trained-vgg-model-classify-objects-photographs/

En los dos primeros años, concursaron propuestas tradicionales de visión por computador, consiguiendo tasas de error entre el 25 % y el 28 % (acertar la clase correcta en las mejores cinco predicciones).

En el año 2012, el equipo de la Universidad de Toronto, liderado por G. Hinton, se presentó con una red convolucional, llamada AlexNet, y ganó. La tasa de error fue del 15,3 %, una mejora del 40 % con respecto al ganador del 2011. Hay autores que dicen que esto representó un verdadero «tsunami» entre los investigadores del área.

La red AlexNet tiene 8 capas. Las primeras cinco son convolucionales, el resto tradicionales. La imagen de entrada tiene 3 planos, para R-G-B (color), con 224 x 224 píxeles en cada plano. La primera capa tiene 96 unidades, con máscaras de 11 x 11 x 3. Se aplica *max-pooling* 2 x 2 para ir a la segunda capa, de 256 unidades, con máscaras de 5 x 5 x 48. Más detalles en [266] [267].

Los cálculos de la red AlexNet se realizaron mediante dos GPU (cada uno con mil pequeños *cores*) a largo de unos seis días. Hoy se hace mucho más rápido.

No deja de ser significativo que Hinton optara por las redes convolucionales, dado que en el ILSVRC se trataba de imágenes.

En los años siguientes, se presentaron nuevas redes convolucionales al ILSVRC, tales como ZFNet (2013), GoogLeNet (2014), VGGNet (2014), ResNet (2015), DenseNet (2016), etc., [268] [269]. En el 2017, la tasa de error en el ILSVRC se acercó al 2 %. Hoy día se puede ya hablar de un comportamiento que supera al hombre, en cuanto a clasificación de imágenes.

En el año 2016, AlphaGo, un programa informático de Google DeepMind, ganó la primera partida de su enfrentamiento con

---

266 http://papers.nips.cc/paper/4824-imagenet-classification-with-deep-convolutional-neural-networks.pdf

267 https://arxiv.org/pdf/1601.06615.pdf

268 https://heartbeat.fritz.ai/the-5-computer-vision-techniques-that-will-change-how-you-see-the-world-1ee19334354b

269 https://medium.com/analytics-vidhya/cnns-architectures-lenet-alexnet-vgg-googlenet-resnet-and-more-666091488df5.

uno de los mejores jugadores de Go, el surcoreano Lee Sedol. La figura 6.16, tomada de Internet, [270], muestra una foto de la partida.

Figura 6.16. Un momento de la partida entre AlphaGo y Lee Sedol

Actualmente, hay un nuevo programa, AlphaZero, que no es solo superior a AlphaGo, sino que además compite favorablemente en ajedrez y en Shogi, alcanzando un nivel mejor que el del hombre[271].

El lector habrá podido comprobar que bastantes de los avances que estamos comentando tuvieron su acto de presentación como contribuciones al NIPS, es decir, al Congreso de Sistemas de Procesamiento de Información Mediante Neuronas (Conference on Neural Information Processing Systems), que se celebra cada diciembre. Siguiendo la tradición, fue en el NIPS, en 2014, cuando I. J. Goodfellow *et al.* (incluyendo a Y. Bengio), de la Universidad de Montreal, presentaron las *Generative Adversarial Nets* (GAN) (que se pueden traducir por «Redes Generativas Antagónicas»), [272].

El GAN consiste en dos redes neuronales compitiendo entre ellas, en línea con los juegos de suma cero (y el equilibrio de Nash). Como su nombre indica, son modelos generativos. Una red genera candidatos, y la otra los critica. Una de las aplicaciones más impresionantes es la generación de fotografías que parecen auténticas.

270 https://www.newscientist.com/article/2079871-im-in-shock-how-an-ai-beat-the-worlds-best-human-at-go/.

271 https://www.biostat.wisc.edu/ craven/cs760/lectures/AlphaZero.pdf

272 http://papers.nips.cc/paper/5423-generative-adversarial-nets.pdf

En la figura 6.17 presentamos algunas de las caras falsas, generadas con GAN, por el autor de la página web[273]. Son caras correspondientes a celebridades. Es una página también interesante por su introducción a cómo funcionan las redes GAN. La generación de caras falsas (como también las *fake news*) crea bastantes reparos éticos y puede abrir una problemática caja de Pandora.

Figura 6.17. Caras falsas generadas con GAN

Hablemos finalmente de lo que parece ser una importante novedad. Se trata de las *Capsule Networks* (redes de cápsulas). Fueron introducidas en el NIPS del 2017. Los autores del trabajo son S. Sabour, N. Frosst y G. Hinton, [274]. La hipótesis que manejan, sugerida por ideas de la neurociencia, es que el cerebro está organizado según cápsulas (obsérvese que no solo se trata del córtex visual, sino más allá). Consideran además lo que sucede cuando reconocemos un objeto, aunque varíe su pose. Las cápsulas son

273 https://medium.com/datadriveninvestor/artificial-intelligence-gans-can-create-fake-celebrity-faces-44fe80d419f7

274 http://papers.nips.cc/paper/6975-dynamic-routing-between-capsules.pdf

buenas para manejar poses, deformaciones, textura, etc. Y, además, el cerebro debe tener mecanismos para trasladar información de bajo nivel a las cápsulas más apropiadas.

La propuesta de las redes de cápsulas incluye un procedimiento para encontrar rutas a las cápsulas adecuadas, basándose en acuerdo. Las cápsulas, a su vez, son redes neuronales. Es decir, *la red de cápsulas es una red de redes.*

Alrededor de lo que hemos comentado hay todo un bosque de contribuciones. Si el lector quiere explorar alrededor, podríamos recomendar algunos artículos de tipo panorámico, que no por ello dejan de exponer los detalles. Son [275] [276] [277]; y además [278] [279].

6.6. Algunas herramientas y aplicaciones

Quizá el lector desee ponerse manos a la obra y empezar a trabajar en *machine learning*. Esto es posible hoy día por la disponibilidad de ciertos entornos informáticos. Existen *bibliotecas* de rutinas preprogramadas.

La gran fuente de información acerca del *software* disponible es el sitio Deep Learning[280], que ofrece enlaces a 46 productos de interés.

La biblioteca más popular en *machine learning* es TensorFlow[281]. En 2011, Google Brain desarrolló su producto propietario DistBelief, y a partir de ahí promovió una versión mejorada en forma de la biblioteca TensorFlow, siendo ya de código abierto y disponible desde 2015. El nombre TensorFlow alude a que una red neuronal con varias capas de neuronas puede tratarse matemáticamente como un tensor (una matriz multidimensional).

275 https://www.mdpi.com/2079-9292/8/3/292

276 https://bura.brunel.ac.uk/bitstream/2438/14221/1/FullText.pdf

277 https://core.ac.uk/download/pdf/81196509.pdf

278 http://sibgrapi.sid.inpe.br/col/sid.inpe.br/sibgrapi/2017/09.05.22.09/doc/_2017_
     sibgrapi__Tutorial_Deep_Learning_for_CV___Survey_Paper_CRP.pdf

279 https://www.ncbi.nlm.nih.gov/pmc/articles/PMC5552749/

280 http://deeplearning.net/software_links/

281 https://www.tensorflow.org/

Un serio competidor de TensorFlow, sobre todo en el ámbito académico, es PyTorch. Está directamente emparentado, como es obvio, con Torch. Se trata de una biblioteca basada en tensores y orientada a GPU, y además tiene un lenguaje *script* que simplifica la programación. PyTorch es una versión para lenguaje Python. Es una iniciativa promovida por el grupo de investigación en inteligencia artificial de Facebook. Las páginas web [282] [283] permiten introducirse rápidamente en su uso.

Hay bastantes más bibliotecas de las que hemos mencionado. La página web [284] suministra una lista de dieciocho plataformas a disposición de los desarrolladores.

Para los no programadores ha aparecido una interesante alternativa. Son compañías que ofrecen servicios de *machine learning*. Usted pone el problema, y ellos se lo resuelven; más o menos. Ya hay bastante oferta de estas compañías, vía Internet, como, por ejemplo, [285] [286] [287].

Comentemos algunas aplicaciones, aunque sea de forma genérica.

Un campo de especial interés humanitario, además de económico, es el descubrimiento de medicinas, que se inscribe dentro de la química computacional. Una de las utilidades del aprendizaje de modelos es que ayuda a predecir efectos de un compuesto sobre el hombre. En el momento actual hay un fuerte interés por aplicar aprendizaje profundo. De hecho, hay una página en Internet que se dedica a recopilar *start-ups* (empresas incipientes) para la aplicación de inteligencia artificial en este tema, [288]. Son

---

282 https://towardsdatascience.com/introduction-to-py-torch-13189fb30cb3

283 https://towardsdatascience.com/pytorch-for-deep-learning-a-quick-guide-for-starters-5b60d2dbb564

284 https://dzone.com/articles/18-machine-learning-platforms-for-developers

285 https://jaxenter.com/top-5-machine-learning-service-providers-141275.html

286 https://thebrainfiles.wearebrain.com/machine-learning-as-a-service-what-is-it-and-how-can-it-help-your-business-3310ac4f0b25

287 https://customerthink.com/top-10-machine-learning-as-a-service-providers-2020/

288 https://blog.benchsci.com/startups-using-artificial-intelligence-in-drug-discovery

más de doscientas las empresas que figuran en esa lista, en pleno crecimiento. Para saber más puede consultarse [289] [290] [291].

El aprendizaje profundo puede aplicarse para el análisis de las redes sociales, según diversos aspectos. Por ejemplo, para poner al descubierto cómo es la estructura real de una compañía, [292], o para conocer mejor cómo es el comportamiento humano en la vida real, quizá fijándose en ciertos entornos regionales o de barriada, o bien de tipo de trabajo, o de asistir a un evento[293]. También está la cuestión de detectar comunidades (grupos unidos por alguna temática), [294].

Desde hace tiempo se viene investigando en sistemas que leen la prensa, de forma masiva, y extraen conclusiones. Esto le puede interesar a un partido político, o una gran empresa, o a gabinetes de sociología, etc. También le conviene a Facebook, etc., para intentar mantener la veracidad. Si se busca en Google acerca de «*Deep Learning news classification*», se obtienen 64 millones de resultados, así que parece que el tema interesa. Para introducirse en la cuestión, son útiles las páginas web [295] [296]. Como cabría esperar, la figura 6.18, tomada de [297], alude sin ambages a las famosas *fake news*.

289 https://addepto.com/artificial-intelligence-in-drug-discovery-with-machine-lear-ning/

290 https://www.bioinf.jku.at/publications/2014/NIPS2014e.pdf

291 https://onlinelibrary.wiley.com/doi/pdf/10.1002/minf.201700123

292 https://arxiv.org/abs/1906.09576

293 https://link.springer.com/article/10.1007/s41109-019-0134-3

294 https://link.springer.com/chapter/10.1007/978-3-030-36987-3_15

295 https://medium.com/@jihan_yin/fake-news-classification-using-deep-learning-589e400344b6

296 https://medium.com/@ODSC/deep-learning-finds-fake-news-with-97-accuracy-d774ca977b0d

297 https://medium.com/@jihan_yin/fake-news-classification-using-deep-learning-589e400344b6

Figura 6.18. ¿Podemos evitar las noticias falsas?

Otra aplicación importante en el tiempo que vivimos es la detección de fraudes (sobre todo en tarjetas). La idea básica para descubrir fraudes es detectar anomalías en las transacciones, cosas que se salen de lo común. Se trata de un problema con graves efectos económicos. La página [298] nos dice que, según el Banco Central Europeo, el fraude de tarjeta no presente alcanzó la cifra de 1300 millones de euros entre los años 2017-2018. Este fraude representa el 73 % del fraude total en tarjetas. Existe otro fraude, basado en crear identificaciones sintéticas (personas falsas), que está creciendo rápidamente. La página [299] puede servir como introducción al tema.

Según nos recuerda la página [300], en mayo del 2017 hubo un ciberataque que afectó a 200.000 ordenadores en 150 países. Solo en el 2018 se produjeron 10.500 millones de ciberataques. Las grandes compañías han ido confiando al *machine learning* la defensa ante

298 https://www.infopulse.com/blog/hitting-scammers-hard-with-ml-based-fraud-detection-systems/

299 https://medium.com/@palashshinde6/credit-card-fraud-detection-using-deep-learning-models-a8a918e29d4e

300 https://builtin.com/artificial-intelligence/machine-learning-cybersecurity

estos ataques. La página [301] nos cuenta brevemente cómo Gmail está empleando aprendizaje profundo para defenderse, basándose en TFX (una versión extendida de TensorFlow). Al respecto, hay todo un informe académico[302], amplio y con mucha información interesante.

Existen ya empresas especializadas en la defensa ante ciberataques. Por ejemplo, Blue Hexagon, lanzada en 2019, o bien Deep Instinct, anunciada en el 2020.

Pasemos ahora a considerar, inaugurando un segundo tramo del capítulo, las redes neuronales recurrentes.

6.7. REDES NEURONALES RECURRENTES: CUANDO EL TIEMPO IMPORTA

Las redes recurrentes son especialmente aptas para el procesamiento de información a lo largo del tiempo. Con tal motivo, son apropiadas para música, el habla, los vídeos y las cosas en movimiento o en evolución.

El gran beneficiario del fuerte desarrollo alcanzado en la potencialidad de las redes recurrentes es el móvil. Muchas de sus funcionalidades, como el reconocimiento de voz o la traducción automática entre lenguas, se apoyan en tal desarrollo. No hay que decir la importancia económica de esto, lo cual motiva una febril y expansiva investigación, con nuevos logros cada poco tiempo.

6.7.1. RED NEURONAL DE HOPFIELD

Los humanos vivimos en el espacio y en el tiempo. Una imagen, por ejemplo, es un conjunto de datos de carácter espacial, y la vemos instantáneamente. En cambio, una melodía es un conjunto de datos a lo largo del tiempo. Las redes neuronales que hemos comentado hasta ahora, y que se denominan genéricamente como *«feedforward networks»*, son aptas para los datos espaciales, pero

---

301 https://analyticsindiamag.com/how-gmails-deep-learning-ai-tech-helps-thwart-cyberattacks/

302 https://arxiv.org/pdf/2001.06309.pdf

no para monitorizar un proceso a lo largo del tiempo: para ello necesitamos otro tipo de redes neuronales.

¿Qué ejemplos podemos dar de datos a lo largo del tiempo? Pues la música, las conversaciones, el electrocardiograma de un enfermo en una UCI, la evolución de la temperatura en la calle, la velocidad cambiante de un coche, etc.

Buena parte de la información que nos llega con los datos temporales viene dada por su evolución, sus cambios. Para extraer esa información necesitamos memoria.

Por lo demás, es un hecho bien conocido en teoría de sistemas que la realimentación positiva (refuerzo positivo) puede ser utilizada para inducir estados estables. Estados que podemos emplear para retener bits de información.

La idea de aplicar realimentación positiva se puede llevar a las redes neuronales, para que *tengan memoria*.

En 1982, John Hopfield introdujo un tipo de red neuronal artificial capaz de tener memoria, como sucede con las neuronas biológicas. Es un ejemplo paradigmático de «red recurrente».

La figura 6.19 muestra un ejemplo de red neuronal de Hopfield. Hemos puesto tres neuronas, pero en general se suelen utilizar muchas más. Lo importante es observar la existencia de «lazos de realimentación positiva», es decir: rutas que van desde las salidas a las entradas. Cada neurona tiene su propio umbral, y sus salidas son -1 o 1. Hay nueve pesos (w11, w12, etc.) que ajustar durante el entrenamiento de la red.

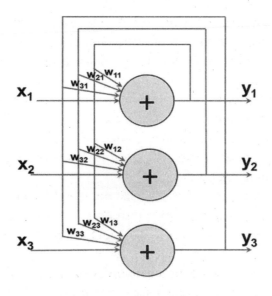

Figura 6.19. Ejemplo de red neuronal de Hopfield

La red neuronal de la figura 6.19 puede almacenar 3 bits.

6.7.2. REDES NEURONALES PARA TRATAR SECUENCIAS

Cuando tomamos datos de una variable con ordenador, lo hacemos de vez en cuando, con la frecuencia que sea apropiada. Cada hora, o cada minuto, o cada segundo, etc., según la rapidez de los cambios que tiene la variable (p. ej., el nivel de un embalse). De esta manera, lo que vamos obteniendo es una secuencia de medidas, de datos. En acuerdo con esta realidad, hay redes neuronales planteadas para tratar con secuencias, y se denominan redes secuenciales.

Por otro lado, a una red que contiene realimentaciones (señales que viajan hacia atrás) se la denomina red recurrente. Ya hemos indicado que la red de Hopfield es un ejemplo de este tipo de red.

En los ochenta se propusieron diversas redes neuronales con realimentación. Nos interesa destacar la propuesta por J. Elman, que cabe representar esquemáticamente con la figura 6.20. Los círculos representan las capas de la red neuronal (hemos metido la capa oculta junto a circuitos auxiliares en el círculo H). La capa

X es la primera capa, que recibe las entradas *(inputs)*. La capa Y es la tercera capa, que entrega las salidas *(outputs)*.

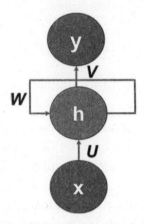

Figura 6.20. Representación esquemática de la red de Elman

La realización de redes neuronales artificiales se suele encomendar a programas informáticos. Por lo cual, hay que traducir a algoritmos y procedimientos de cálculo lo que hemos descrito de forma abstracta. Concretamente, la figura 6.21 presenta cómo se tratarían los datos en una red de Elman a lo largo de instantes consecutivos:

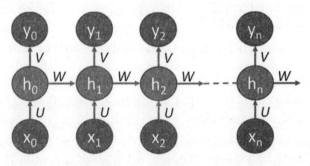

Figura 6.21. Despliegue procedimental para la red de Elman

Como se ve en la figura 6.21, cuando se pasa de un instante a otro, se transfieren los datos W de una capa oculta a la siguiente.

La red de Elman pertenece a la categoría de redes recurrentes simples (*simple recurrent networks,* SRN). La página [303] amplía detalles sobre la propuesta de Elman y estudios posteriores de otros investigadores.

6.8. LLEGA LA RED LSTM

Llegamos así a otro momento importante, que es la propuesta, en 1997, de la red LSTM. Los autores de la propuesta fueron S. Hochreiter y J. Schmidhuber, en un artículo titulado «Long Short-Term Memory» (las iniciales del título dan lugar a las siglas LSTM). La idea es sustituir las neuronas de la capa oculta por células LSTM.

La figura 6.22 muestra esquemáticamente el despliegue procedimental de una red LSTM. Destacamos la presencia de dos flujos paralelos, que denotamos con las variables c_i y h_i.

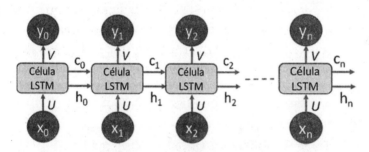

Figura 6.22. Despliegue procedimental de una red LSTM

Cada célula LSTM contiene una unidad de memoria que mantiene un valor entre 0 y 1 (por ejemplo, 0, o bien 0'36, o 1). A este valor se le llama el «estado» de la célula, y lo representamos con la variable c_i. Además, hay compuertas que controlan el flujo de información. La versión original del LSTM proponía dos compuertas, pero más tarde (en el año 2000) otros autores sugirieron añadir una tercera compuerta, de «olvido», que ha sido comúnmente aceptada.

---

303 https://web.stanford.edu/group/pdplab/pdphandbook/handbookch8.html

El uso de compuertas se parece a lo que sucede en el canal de Panamá, para conseguir que los barcos suban y bajen, a través de compartimentos que actúan como ascensores. En el caso de la red LSTM, se usan las compuertas para controlar el flujo de información a lo largo de tiempos sucesivos.

La figura 6.23, adaptada de [304], muestra un ejemplo de cómo puede ser el flujo de información en la red, a lo largo de instantes sucesivos, en función del estado (abierto o cerrado) de las compuertas (en rojo cuando están cerradas). La última etapa, al final a la derecha, tiene la puerta de olvido cerrada.

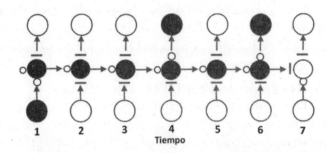

Figura 6.23. Ejemplo de tráfico de información a lo largo de sucesivos instantes

Además de bastantes variantes de la red LSTM, han aparecido otras propuestas diferentes que tienen en común con la LSTM el uso de compuertas. Una contribución importante en este sentido es la de Cho *et al.*, en el año 2014, denominada *Gated Recurrent Network* (GRU) (red recurrente con compuertas)[305] [306].

Las redes LSTM han tenido buenos resultados con aplicaciones (habituales ya en los móviles) en reconocimiento de escritura manual, generación de música o de voz, traducción entre lenguas en tiempo real, etc.

304 https://pathmind.com/wiki/lstm
305 https://arxiv.org/pdf/1406.1078.pdf
306 https://arxiv.org/pdf/1412.3555.pdf

6.9. Combinar convolucionales y recurrentes

Atraídos por el éxito de las redes convolucionales —el tsunami del año 2012—, los investigadores comenzaron a explorar posibles combinaciones de redes convolucionales y redes recurrentes.

Por una parte, las redes convolucionales son adecuadas para imágenes o problemas espaciales. Por otra parte, las redes recurrentes son apropiadas para secuencias y problemas temporales. No es extraño por tanto que las primeras publicaciones que combinaban ambos tipos de redes comenzaran tratando problemas espacio-temporales. Como, por ejemplo, [307], año 2015, acerca de la predicción de lluvia, mediante una red que utiliza células LSTM según una estructura convolucional. Los autores de este tipo de red neuronal la denominaron ConvLSTM. La predicción de lluvia debía informar de posibles peligros (p. ej., tormentas fuertes), indicando en qué zonas geográficas.

Tiene notable interés todo lo que aporte al desarrollo de vehículos autónomos, sin conductor. Son muchas las propuestas en este contexto, y entre ellas, es oportuno citar [308], que aplica ConvLSTM a la planificación del movimiento; y [309], también con ConvLSTM, pero para conducción basada en informaciones o indicios espaciales y temporales *(Deep Steering)*. Por supuesto, parte de esas pistas son las señales de tráfico, las marcas blancas o amarillas en el suelo y los semáforos.

Además de la idea seguida por ConvLSTM, existen otras formas de combinar las redes. Una de ellas, denominada CNN-LSTM, simplemente utiliza una red convolucional en las primeras capas, para seguir a continuación con una red LSTM recurrente en las últimas capas. Un ejemplo de esto es [310], que hace con CNN-LSTM una predicción del consumo de energía eléctrica en áreas residenciales. Este artículo, del año 2019, es interesante además

---

307 https://papers.nips.cc/paper/5955-convolutional-lstm-network-a-machine-lear-ning-approach-for-precipitation -nowcasting.pdf

308 https://arxiv.org/pdf/1903.01712.pdf

309 https://arxiv.org/pdf/1708.03798.pdf

310 http://sclab.yonsei.ac.kr/publications/Papers/IJ/2019_Energy TYK.pdf

por las referencias bibliográficas a otras investigaciones anteriores, con diversas aplicaciones de CNN-LSTM para detectar arritmias, predecir fatiga de herramientas, reconocer la acción humana en vídeos, etc. Otras investigaciones que resulta interesante mencionar son: [311] [312], en predicción de glucosa o detección de diabetes; [313], en análisis de sentimiento; [314], en detección de texto molesto en redes sociales; [315], en predicción de cosecha de soja.

También es posible la estructura LSTM-CNN, como en [316], para predicción de valores en bolsa[317], para generación de electrocardiogramas sintéticos (incluye redes GAN), [318], y en detección de *fake news* en Twitter.

6.9.1. CONSIDERAR GRAFOS Y ESQUELETOS

En bastantes escenarios de planificación y optimización de operaciones, se suelen emplear los «grafos». Son diagramas con círculos y líneas o arcos entre los círculos.

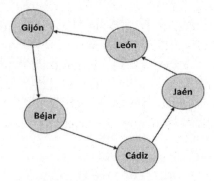

Figura 6.24. Un grafo que representa la planificación de un viaje

311 https://arxiv.org/pdf/1807.03043.pdf

312 https://www.sciencedirect.com/science/article/pii/S1877050918307737

313 https://www.aclweb.org/anthology/P16-2037.pdf

314 http://irep.ntu.ac.uk/id/eprint/34022/1/11440_Tepper.pdf

315 https://www.mdpi.com/1424-8220/19/20/4363/htm

316 https://journals.plos.org/plosone/article/file?type=printable&id=10.1371/journal.pone.0212320

317 https://www.nature.com/articles/s41598-019-42516-z.pdf?proof=true

318 https://dl.acm.org/doi/pdf/10.1145/3217804.3217917

La figura 6.24 muestra un grafo que hemos pintado para representar la planificación de un viaje que empieza y termina en Gijón. Podríamos ir completando el grafo con detalles, como el coste económico asociado a cada flecha, o los días de estancia en cada parada, etc. También podríamos añadir atajos u otras paradas.

No hace mucho, se han pensado formas de adaptar las redes convolucionales-recurrentes a casos representables mediante grafos. Un ejemplo importante se centra en el esqueleto humano, que puede ser representado como un grafo. Los movimientos posibles de un esqueleto ayudan a detectar la acción humana en sistemas de vigilancia, análisis deportivo y estudio de vídeos. Propuestas recientes, que emplean esqueletos y *Graph-convolutional networks*, son [319][320].

Cuando se habla de esqueleto, se entiende una visión esquemática simplificada, según indica la figura 6.25, que reproduce una de las ilustraciones del artículo [321].

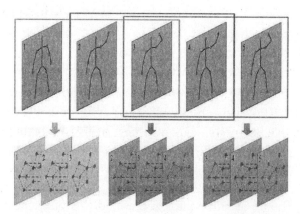

Figura 6.25. Uso de esqueletos en una red espacio-temporal orientada a grafos

Los grafos pueden ir cambiando con el tiempo; como sería el caso de ver cómo se comporta la red de contactos de una persona, o la clientela de una entidad, o los movimientos bancarios. Una

319 https://arxiv.org/pdf/2003.03007.pdf

320 https://www.aaai.org/ocs/index.php/AAAI/AAAI18/paper/viewFile/17135/16343

321 https://arxiv.org/pdf/1811.12013.pdf

propuesta que amplía las redes orientadas a grafos, para situaciones dinámicas, es [322]. La orientación a grafos ha motivado bastantes publicaciones, según cabe apreciar en un artículo de revisión sobre el tema[323], que reúne 136 citas bibliográficas.

En cuanto al movimiento humano, desde hace tiempo se viene trabajando en vestimenta dotada de sensores, que permite tomar datos de cómo nos movemos. Uno de los objetivos es ortopedia robotizada que imite nuestro movimiento normal. En este sentido, es interesante citar la red DeepConvLSTM, [324].

6.10. Redes con atención

En 2014 apareció un nuevo e importante ingrediente. Cuando vemos un cuadro solemos recorrerlo con la mirada y centrarnos rápidamente en cosas que nos llaman la atención, como puede ser una cara o un objeto llamativo. Empleamos la atención, y eso simplifica y acelera nuestro procesamiento mental.

La ponencia [325], presentada por un equipo de investigación de Google, marca el momento en que el mundo de las redes recurrentes empezó a considerar la atención.

Una de las contribuciones clave tuvo lugar en el 2015, con la ponencia [326]. La propuesta era utilizar atención visual para crear una red neuronal que ve imágenes, y automáticamente elabora descripciones textuales del contenido de esas imágenes (es decir, escribe automáticamente los pies de figura). Los autores de este trabajo eran de universidades canadienses, siendo uno de los autores Y. Bengio.

Como fuente de información acerca de las publicaciones científicas basadas en mecanismos de atención, es muy útil la revi-

---

322 https://www.arxiv-vanity.com/papers/1902.10191/

323 https://link.springer.com/article/10.1186/s40649-019-0069-y

324 https://core.ac.uk/download/pdf/30615046.pdf

325 https://papers.nips.cc/paper/5542-recurrent-models-of-visual-attention.pdf

326 http://proceedings.mlr.press/v37/xuc15.pdf

sión [327], realizada en el año 2019, que contiene y comenta más de cuarenta referencias bibliográficas.

Líneas arriba, hemos aludido al reconocimiento de acción humana con diversos propósitos. Esta cuestión es muy apta para aplicar redes que incluyen atención. Un ejemplo es el artículo [328], del año 2019, que investiga este problema en el contexto de los vídeos. La figura 6.26 es una captura de pantalla de [329], un vídeo de YouTube en el que se muestra un sistema de vigilancia de un aparcamiento que va detectando personas y etiquetando su actividad: correr, andar, acarrear algo, etc. Al avanzar en este vídeo se ve el momento en que el sistema de vigilancia reconoce que alguien está abriendo el maletero de un coche.

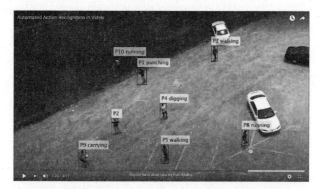

Figura 6.26. Reconocimiento de acción humana en vídeos

Por supuesto, la atención puede ser añadida (y de hecho así ha sido) a redes basadas en grafos, y/o las posibles combinaciones de redes convolucionales y recurrentes.

Para situarse eficazmente en el tema de la atención visual, es recomendable el panorama trazado por [330], que incluye la iniciativa de Google DeepMind en favor del aprendizaje por refuerzo.

327 https://arxiv.org/pdf/1904.02874.pdf

328 https://link.springer.com/article/10.1007/s11042-019-7404-z

329 https://www.youtube.com/watch?v=aZTZBMmGaog

330 https://medium.com/@shairozsohail/a-survey-of-visual-attention-mechanisms-in-deep-learning-1043eb25f343

6.10.1. Comunicarse mediante gestos

Las predicciones económicas anuncian un gran mercado para todo lo referente a la comunicación mediante gestos. Es parte del futuro que ya es presente. Hay niños pequeños que pasan los dedos por la pantalla de televisión para intentar cambiar lo que se ve, acostumbrados a las tabletas o los móviles. Pero no es solo el uso de pantallas táctiles: hay que incorporar las cámaras. Que el aparato digital nos mire y entienda lo que queremos que haga. Es decir, no solo usar las manos para pasar páginas, también las expresiones de la cara o movimientos del cuerpo.

6.10.2. Reconocer actividad humana

Hablábamos antes del reconocimiento de actividad humana, que puede servir para supervisión o vigilancia. La guía que nos ofrece [331] pone ejemplos, como ver si un operario actúa correctamente, si una persona que atiende al público obedece a protocolos de sanidad, etc. Esta guía se centra en cómo desarrollar una aplicación en *software* para etiquetar imágenes que contengan personas, de modo que las etiquetas indiquen tipos de actividad de esas personas: corren, nadan, van a caballo, etc.

Figura 6.27. Actividades humanas

---

331 https://medium.com/datadriveninvestor/a-guide-to-human-activity-recognition-f11e4637dc4e

Para los aficionados a programar, [332] indica cómo desarrollar una aplicación con CNN y LSTM para reconocer seis actividades estándar en una base de datos con más de 10.000 imágenes de personas realizando alguna de esas actividades. Reproducimos en la figura 6.27 una de las ilustraciones de esta página, que da idea del sustrato esquemático en el que se apoya el reconocimiento de actividad humana.

Se intuyen bastantes posibilidades para el futuro, como puede ser en robots humanoides, ortopedia, deporte y monitorización. Además de cámaras, se puede obtener información de trajes sensorizados, o bien de sensores en las paredes, etc.

6.11. DIRECTAMENTE CON LA VOZ

Vamos ahora a visitar otro de los grandes escenarios de la investigación: la comunicación humana a través de la voz. La figura 6.28 sirve para inaugurar esta sección.

Figura 6.28. Redes neuronales y comunicación humana

La batalla para conseguir que hombres y máquinas podamos conversar mediante voz comenzó hace décadas. Tiene bastantes piezas que encajar[333]. Como acontecimiento relativamente cercano se puede destacar el lanzamiento en 1990, por parte de la empresa Dragon, de Dictate, el primer producto de reconoci-

332 https://medium.com/datadriveninvestor/human-activity-recognition-using-cnn-lstm-104eea952daf

333 https://dl.acm.org/doi/pdf/10.1145/2500887

miento del habla a disposición del público. En 2002, Microsoft incluyó reconocimiento de voz en Office, de modo que, por ejemplo, era posible dictar cartas a Word. Las cosas se dispararon en cuanto, en 2008, Google introdujo Voice Search como *app* para el iPhone. En el 2011, Apple introdujo el asistente digital **Siri**, que no solo reconoce las palabras, sino que de alguna manera «entiende». En el 2014, apareció el asistente Cortana de Microsoft, y Amazon introdujo Echo para Alexa.

Es fácil darse cuenta de que, además de un interés científico, hay también un potente empuje económico para impulsar la investigación en redes neuronales.

Con el advenimiento de las redes recurrentes LSTM, en 1997, la investigación dio un giro importante que llevó, por ejemplo, a mejoras sustanciales en Google Voice en torno al año 2015. Estas mejoras se debieron al empleo de red recurrente LSTM, entrenada con un método denominado *Connectionist Temporal Classification* (CTC). El CTC fue introducido en la ponencia [334], año 2006, y es un método que tiene en cuenta la elasticidad temporal en el habla, o espacial en la escritura a mano (a veces estiramos, a veces comprimimos, y también hay roturas).

Mientras parte de la investigación se dedicó a emplear redes recurrentes, otra parte se centró en el uso de aprendizaje profundo con redes *feedforward*. Esto último es lo que comenzó a hacer G. Hinton en torno al 2009, atacando el tema del modelado acústico. En el 2012, se publicó un comentario del trabajo [335], seguido de una breve revisión en el 2013, [336]. Se consiguió bajar el porcentaje de error, en reconocimiento de palabras, a un 30 %.

Desde hace muchos años, es habitual en los congresos internacionales sobre temas de inteligencia artificial ver a muchos asistentes con rasgos orientales. Un dato significativo es que, en el 2015, el 42 % de las mejores publicaciones científicas sobre inteli-

334 https://mediatum.ub.tum.de/doc/1292048/file.pdf

335 https://www.microsoft.com/en-us/research/wp-content/uploads/2016/02/Hinton-DengYuEtAl-SPM2012.pdf

336 http://citeseerx.ist.psu.edu/viewdoc/download?doi=10.1.1.368.1123&rep=rep1&type=pdf

gencia artificial tenían entre sus autores algún investigador chino. Esto se hace de notar particularmente en reconocimiento y síntesis de voz. Como homenaje a este empuje tan importante, queremos traer aquí la imagen de tres notables investigadores en representación de tantos otros. La figura 6.29 presenta, de izquierda a derecha, fotografías de Li Deng, Xuedong Huang y Dong Yu.

Figura 6.29. Investigadores chinos de primera línea:
Li Deng, Xuedong Huang y Dong Yu

En el 2012, Alex Graves, por entonces en la Universidad de Toronto, presentó una ponencia[337] en la que su punto de vista era que la red neuronal actuaba de *transductor*: entraba una secuencia (por ejemplo, hablada) y salía otra secuencia (texto, correspondiente a lo oído por la red). Lo que sugería era entrenar la red con secuencias de entrada y sus correspondientes secuencias de salida correctas. Se trata de un enfoque que se denomina «*end-to-end*», sin intermediarios. Al decir intermediarios nos referimos, por ejemplo, a intentar desarrollar modelos acústicos.

Algo después, en el 2014, Graves pertenecía a Google DeepMind, y junto con N. Jaitly, de la Universidad de Toronto, publicó la ponencia titulada: «Towards End-to-End Speech Recognition with Recurrent Neural Networks»[338].

El grupo de investigación de la empresa Baidu, en el Valle del Silicio, ha seguido el enfoque *end-to-end* con dos sucesivas ver-

337 https://arxiv.org/pdf/1211.3711.pdf

338 http://proceedings.mlr.press/v32/graves14.pdf

siones de Deep Speech[339] [340]. Para poner a punto estas herramientas, Baidu ha empleado grandes bases de datos. La versión Deep Speech 2 se ha probado en inglés y en mandarín.

Puede ser una buena noticia para los sordos que también se haya investigado leer los labios. Esto lo ha hecho la Universidad de Oxford, con la presentación de LipNet en el año 2016. Se emplea una red espacio-temporal convolucional con red recurrente, entrenada con CTC, [341]. En el 2018, Google DeepMind ha presentado una red CNN-RNN-CTC que es seis veces mejor que el hombre en cuanto a leer los labios[342]. En vez de CTC, cabe usar mecanismos de atención. Esta fue la propuesta de la ponencia [343], del año 2016, titulada «Listen, Attend and Spell» (escucha, atiende, deletrea). Los autores pertenecían a la Universidad de Carnegie-Mellon y a Google Brain. Las soluciones basadas en atención han mostrado ser superiores. Además, se han propuesto mejoras y cambios, como es la descomposición de secuencias latentes (*latent sequence decomposition,* LSD)[344], que consigue un porcentaje de error del 12,9 %. En la ponencia [345], en el año 2018, de un equipo de Google, se llega a un 5,6 %.

6.11.1. QUE EL ROBOT ME HABLE

En cuanto a comunicación humana, la otra parte de la cuestión es que el ordenador, o el robot, me hable.

La figura 6.30 intenta dar una idea utilizando una fotografía del robot Sophia mientras daba una conferencia[346]. Actualmente,

339 https://arxiv.org/pdf/1412.5567.pdf

340 https://arxiv.org/pdf/1512.02595.pdf

341 https://arxiv.org/pdf/1611.01599.pdf

342 https://arxiv.org/pdf/1807.05162.pdf

343 https://storage.googleapis.com/pub-tools-public-publication-data/pdf/44926.pdf

344 https://arxiv.org/pdf/1610.03035.pdf

345 https://static.googleusercontent.com/media/research.google.com/es//pubs/archive/46687.pdf

346 https://www.un.org/ar/desa/un-robot-sophia-joins-meeting-artificial-intelligence-and-sustainable-development

la síntesis de voz ha llegado a tal grado de realismo que ha suscitado asombro e incluso algunas quejas.

Figura 6.30. El robot nos habla

Tenemos aquí también un tema de investigación con larga historia. Hay mucho escrito sobre el particular, comprendiendo modelos matemáticos, modulación de señales, lingüística, oratoria, etc. Nos vamos a centrar en las redes neuronales.

Desde los noventa, y antes, la conversión de texto en voz se entendía como un proceso con varias etapas, según aparece esquematizado en la figura 6.31.

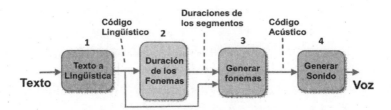

Figura 6.31. Bloques funcionales para pasar de texto a voz

El primero de los bloques debe leer el texto y generar una codificación lingüística, indicando los fonemas, la prosodia y anotaciones sintácticas. Esta tarea viene bastante detallada en [347]. El bloque 2 ha de deducir la duración de cada fonema. El bloque 3, usando la información procedente de los bloques 1 y 2, debe generar códigos

347 http://citeseerx.ist.psu.edu/viewdoc/download?doi=10.1.1.495.9289&rep=rep1&type=pdf

(datos y control) para gobernar la actuación del bloque 4, que es el que genera la voz. La función del bloque 4 puede hacerse con un *vocoder* (codificador de voz), que es también un módulo bastante utilizado para efectos musicales.

Figura 6.32. Fotografía de D. Hassabis (DeepMind) a la izquierda y S. Brin (Google) a la derecha

Dando un gran salto en el tiempo, vemos la aparición, en septiembre del 2016, de WaveNet, propuesta por DeepMind, una empresa comprada por Google en el 2014.

La figura 6.32 presenta una fotografía con D. Hassabis, CEO de DeepMind, a la izquierda, y S. Brin (fundador de Google junto con L. Page) a la derecha.

WaveNet es una red neuronal convolucional profunda, capaz de realizar la función del bloque 4 *(vocoder)*, [348]. Es una red causal, que genera señal de audio y que está basada en PixelCNN. Una explicación bastante accesible de la red PixelCNN es [349]. Es una red probabilística y autorregresiva (esto es típico en las series temporales).

Es recomendable visitar la página [350] de DeepMind acerca de WaveNet, con explicaciones animadas y auditivas.

---

348 https://arxiv.org/pdf/1609.03499.pdf

349 http://bjlkeng.github.io/posts/pixelcnn/

350 https://deepmind.com/blog/article/wavenet-generative-model-raw-audio

A partir del 2017 los sucesos se acumulan. En parte porque aquí están las empresas compitiendo y pisándose los talones; de modo que, a veces, aparecen casi al mismo tiempo productos similares.

En febrero del 2017, un equipo de investigación de la Universidad de Montreal, con Y. Bengio a bordo, presentaron SampleRNN[351], con una funcionalidad similar a la de WaveNet, pero con una estructura que utiliza redes recurrentes. Según dicen los autores, los resultados son mejores en cuanto a la percepción humana del habla generada. Este aspecto —nuestra percepción— aparece alguna vez en los blogs y las redes sociales, en los que la gente comenta si tal o cual *app* suena como un robot o como una persona.

También en febrero del 2017, un equipo de investigación ligado a Y. Bengio presentó Char2Wav, [352], que convierte texto en voz, con una estructura neuronal que cuenta con una extensión de SampleRNN para la parte final. Se trata de un enfoque *end-to-end*. Con este término se quiere expresar que, en vez de emplear los 4 bloques de la figura 6.31, la conversión de texto a voz se hace con un solo bloque.

Interesa ahora hacer la siguiente observación: la *conversión de texto a voz* se puede entender como un caso particular de la *conversión de secuencia a secuencia*. Las secuencias pueden ser escritas o habladas.

6.11.2. TRADUCIR IDIOMAS AL VUELO

Como primera opción útil de la conversión secuencia a secuencia, se consideró la traducción escrita de un idioma a otro. Esto nos lleva a dos contribuciones importantes, del año 2014.

En efecto, en ese año se publicaron aportaciones[353] [354] sobre cómo hacer traductores de *secuencia a secuencia* mediante redes

---

351 https://arxiv.org/pdf/1612.07837.pdf

352 https://openreview.net/pdf?id=B1VWyySKx

353 https://arxiv.org/pdf/1409.3215.pdf

354 https://arxiv.org/pdf/1409.0473)

neuronales. En el caso de [355], se hicieron pruebas de inglés a francés, utilizando aprendizaje profundo con redes LSTM.

Uno de los autores de [356] era Y. Bengio. La propuesta encadena dos etapas, una de codificación, seguida de otra de decodificación. Las dos mediante redes recurrentes.

Por su parte, los autores de [357] pertenecían a Google. El tema prosiguió, dando lugar al entorno seq2seq, de Google, para Tensorflow.

En al año 2016, Google presentó un traductor multilenguaje, [358]. En vez de hacer un traductor distinto para cada par de idiomas, se trata de un mismo sistema para cualquier combinación.

Un año después, en el 2017, apareció una ponencia bastante citada[359] que acuñaba el término «*transformer*», refiriéndose a una estructura neuronal con codificador y decodificador, sin acudir a convolución ni a red recurrente. La ponencia ofrecía buenos resultados en traducción de inglés a alemán, y de inglés a francés, con menor esfuerzo de entrenamiento.

Volvamos ahora a la conversión texto a voz.

En abril del 2017, Google presenta Tacotron[360]. Es el resultado de un gran esfuerzo, con muchos datos para el entrenamiento. Está basado en seq2seq. Emplea mecanismos de atención. Más tarde, en febrero del 2018, se presentó Tacotron 2, [361], incorporando WaveNet: lo que le permitió una voz más agradable.

También en febrero del 2018, Facebook AI Research presentó VoiceLoop, [362], para conversión texto a voz mediante red neuronal. Se simplifica la arquitectura. La idea es imitar la voz de una persona, según se capturan algunas muestras.

355 https://arxiv.org/pdf/1409.3215.pdf

356 https://arxiv.org/pdf/1409.0473)

357 https://arxiv.org/pdf/1409.3215.pdf

358 https://www.mitpressjournals.org/doi/pdfplus/10.1162/tacl_a_00065

359 https://arxiv.org/pdf/1706.03762.pdf

360 https://arxiv.org/pdf/1703.10135.pdf

361 https://arxiv.org/pdf/1712.05884.pdf

362 https://arxiv.org/pdf/1707.06588.pdf

Si bien veremos los chatbots en un próximo capítulo, es interesante hacer notar que, en el 2020, Google lanzó Meena, un chatbot basado en seq2seq, con 2600 millones de parámetros que entrenar basándose en 341 gigabytes de datos.

Figura 6.33. Celebración del Premio Turing a Y. Bengio
(en el centro de la foto), en el año 2019

Durante esta sección ha aparecido frecuentemente la referencia a Y. Bengio. En el año 2019, recibió el Premio Turing, considerado el Nobel de la Computación. La figura 6.33 muestra una fotografía de la celebración del premio en la sede del Laboratorio MILA en la Universidad de Montreal. La página [363] recoge esta celebración con una galería de fotos del evento. Varios de los que aparecen en la foto son coautores de las publicaciones que hemos citado.

6.11.3. Algunas fuentes de información

Añadimos algunas fuentes más de información, tutoriales y demos. Empezaremos con la conversión de voz a texto.

Si se desea acceder a explicaciones académicas, un tratamiento completo sobre el tema es el libro *Automatic Speech Recognition*, de D. Yu y L. Deng (a quienes hemos citado anteriormente). Tenemos además dos amplias revisiones: un capítulo de un libro, [364], cuyos

---

363 https://mila.quebec/en/mila-celebrates-yoshua-bengios-turing-award/

364 https://www.microsoft.com/en-us/research/wp-content/uploads/2016/02/Book-Chap-HuangDeng2010.pdf

autores son X. Huang y L. Deng, y un artículo de revista científica, [365], cuyos autores son L. Deng y X. Li.

Hay una preciosa página web[366] (que recomiendo vivamente) sobre pasado, presente y futuro de la tecnología para reconocimiento del habla.

Mirando específicamente el reconocimiento *end-to-end*, hay una excelente presentación académica en [367], y una reciente revisión[368], del año 2019.

En cuanto a la otra parte, la conversión de **texto a voz**, hay que subrayar un hecho afortunado: y es que, dada la naturaleza del tema, Internet ofrece páginas interactivas, con registros de audio para comprobar por uno mismo la calidad de los resultados.

Respecto a fuentes de información, nos ha servido como guía, en el tema de convertir texto en voz, la página [369]. Es una página con buen contenido tutorial.

Como visiones de conjunto, sobre síntesis neuronal del habla, [370] inaugura una serie de páginas web, bastante intuitivas; el artículo [371] presenta una amplia revisión con los principales avances de la investigación, hasta el año 2019. Para completar de una forma sistemática, es oportuna la tesis doctoral [372].

Y, por favor, animo al lector a que no se pierda la gran revisión sobre aprendizaje profundo[373] publicada en la revista *Nature* en mayo del 2015.

---

365 http://citeseerx.ist.psu.edu/viewdoc/download?doi=10.1.1.337.8867&rep=rep1&type=pdf

366 https://medium.com/swlh/the-past-present-and-future-of-speech-recognition-technology-cf13c179aaf

367 http://iscslp2018.org/images/T4_Towards end-to-end speech recognition.pdf

368 https://iopscience.iop.org/article/10.1088/1742-6596/1187/5/052068/pdf

369 https://heartbeat.fritz.ai/a-2019-guide-to-speech-synthesis-with-deep-learning-630afcafb9dd#70c3

370 https://medium.com/@saxenauts/speech-synthesis-techniques-using-deep-neural-networks-38699e943861

371 https://www.mdpi.com/2076-3417/9/19/4050

372 https://upcommons.upc.edu/bitstream/handle/2117/180792/TSPdP1de1.pdf

373 https://www.nature.com/articles/nature14539.pdf

6.11.4. Algunas aplicaciones

Son bastantes las aplicaciones del procesamiento automático de voz. Muchas de ellas forman ya parte de nuestra vida, y nos son perfectamente familiares, sobre todo a causa del uso generalizado de los móviles. El deseo de la industria informática es perfeccionar tanto el reconocimiento de voz como su generación[374]. En cuanto al reconocimiento, para ir haciendo cada vez más común que hablemos a los móviles, o a los computadores (por ejemplo, para dictar textos o tomar notas habladas [médicos u otras profesiones]), o para mandar mensajes. Respecto a la generación de voz, ya no son solo los mensajes de los postes de gasolina o en los coches, sino también para traducción o aprendizaje de idiomas, para sistemas de atención por teléfono al cliente, puestos de venta, sistemas de seguridad, etc.

Simplemente desearíamos añadir a las aplicaciones generales otras de carácter más específico. Por ejemplo, la ayuda a los ciegos tanto para leer como para su vida diaria (ciudades *smart*, entornos inteligentes en casa, o en la calle, o en las tiendas). También está ayudar al diagnóstico y análisis de trastornos, que se traducen en dificultades con el habla[375]. En otro orden de cosas, programas para subtitular (con traducción automática) películas o vídeos.

El reconocer tu propia voz puede llegar a ser usado como clave de acceso (móvil, ordenador, cajero, banco a distancia, compras). Y esto también puede servir para resolver crímenes o para tareas de vigilancia. Se trata de aplicaciones de biometría[376]. Sin embargo, hay que tener en cuenta que hay programas que hacen clonado de voz (quizá tu voz).

Como indicador del interés profesional del tema, hacemos notar que la página web [377], dedicada a recopilar resúmenes y enlaces a compañías de *software*, contiene 74 entradas —muy variadas— en la categoría de *software* para reconocimiento de voz.

---

374 https://krazytech.com/technical-papers/speech-recognition

375 https://www.compriseh2020.eu/voice-based-applications-for-e-health/

376 https://www.globalme.net/blog/new-technology-in-speech-recognition

377 https://www.capterra.com/speech-recognition-software/

Volviendo a la traducción entre lenguas, tan conveniente en varias circunstancias, nos parece oportuno incluir la figura 6.34, que muestra un ejemplo, recogido de Internet, de traducción útil para viajeros.

Figura 6.34. Ejemplo de traducción sobre el terreno

Se observa en la figura que la traducción parte de una imagen, vista por la cámara del móvil, y devuelve otra imagen. Hay alguna *app* que, en principio, permite hacer cosas similares a lo mostrado en la figura. También puede hacerse con Google Translate (la página [378] describe cómo hacerlo).

Por cierto, es notable el interés que despierta Google Translate. Si se pregunta a Internet por este programa, se obtienen unos 2900 millones de respuestas.

Por otra parte, existen otros programas traductores. La página [379] ofrece una lista, con breves descripciones, de los mejores programas de este tipo en el año 2022.

Todos hemos notado que hay entornos profesionales con su propia terminología, o quizá jerga. Ya hay programas de traducción especializados en medicina, negocios, etc. La página [380] presenta una panorámica al respecto.

Es característico de la conversación humana que esté modulada de forma emocional: alegría, asombro, interrogación, enfado, etc. Se está investigando en reconocer el contenido emocional de

378 https://www.howtogeek.com/773930/how-to-scan-and-translate-a-picture-in-google-translate/

379 https://weglot.com/blog/machine-translation-software/

380 https://www.tomedes.com/translator-hub/translation-industry-trends-2022

la voz (ver el artículo [381]), y también en la generación de voz con emotividad, según anuncia la página [382].

Lejos de lo que venimos tratando, nos parece interesante referirnos muy brevemente a las aplicaciones médicas. Por ejemplo, las redes recurrentes pueden emplearse para analizar el electrocardiograma y localizar automáticamente arritmias (ver el artículo de revisión [383]). Nos ha parecido muy sugerente, por otra parte, que, según nos dice el artículo científico [384], el electroencefalograma humano y la red neuronal recurrente tienen similar comportamiento dinámico en tareas de reconocimiento de voz.

6.12. El ChatGPT. Creatividad y colaboración

Desde hace tiempo se viene investigando la aplicación de la AI en creatividad literaria, musical, visual, etc. Hay una proyección artística, y la hay también práctica.

Desde el punto de vista artístico podemos hablar ya de generación inteligente de relatos, de retratos y pinturas, de guiones de cine o teatro, de canciones con sus letras, o incluso completar sinfonías inacabadas, etc. En muchos casos se plantea una cierta colaboración hombre-máquina, como por ejemplo dar pistas a la máquina sobre temática y enfoque (por ejemplo, hazme un guion para una película de suspense, con ambiente "vintage" y dentro de un barco).

Existen ya generadores de noticias para periódicos, o de textos a poner junto a los cuadros en museos de pintura (estos textos pueden incluir análisis artísticos —hechos por AI— de cada cuadro).

En cuanto a la vertiente práctica, estaríamos hablando de generación automática de contenidos, en respuesta a nuestros deseos, expresados como «inputs» a un ente de AI con el que podemos

---

381 https://www.sciencedirect.com/science/article/abs/pii/S095741742100124X

382 https://www.sonantic.io/

383 https://www.sciencedirect.com/science/article/pii/S2214785321038402

384 https://www.frontiersin.org/articles/10.3389/fnsys.2021.617605/full

colaborar. Dichos «inputs» serían textos, voz, imágenes, gestos, etc.

Hace poco se ha anunciado a bombo y platillo la llegada del ChatGPT. Es todo un acontecimiento. Significa, entre otras cosas un hito importante del concepto GPT, que ha surgido en pocos años. Se trata de una iniciativa del Laboratorio de Investigación llamado Open AI, con sede en San Francisco y que inició su andadura en el 2015. Uno de sus fundadores fue Elon Munsk. Su objetivo es promover Inteligencia Artificial amigable. Actualmente está respaldado por Microsoft.

La abreviatura GPT corresponde a *Generative Pre-trained Transformer*. Ya hemos hablado de estructuras neuronales llamadas transformer.

La plataforma GPT genera contenidos (expresados mediante texto, u otros medios), basándose en entrenamiento con trozos de textos u otros elementos. Tras una primera versión exploratoria, se presentó en febrero del 2019 el GPT-2 demostrando algunas capacidades. En mayo del 2020 apareció el GPT-3, verdaderamente impresionante. Tiene internamente 170.000 millones de parámetros sujetos a pre-entrenamiento. Dicho pre-entrenamiento supone un inmenso esfuerzo computacional y de adquisición de información de todo tipo. Se han hecho demostraciones de GPT-3 como traductor entre idiomas, pero es también capaz de crear poesía, música y programas.

Concretamente, como ejemplo, GPT-3 le ha permitido a Open AI crear en el 2019 MuseNet, una red neuronal profunda que puede generar canciones con diez instrumentos y quince estilos distintos. Después, ya en el 2020, Open AI presentó Jukebox, que genera canciones con sus letras. Las páginas web de estos programas permiten escuchar sus creaciones y hacerse una idea de su calidad.

Después de GPT-3 vino GPT-3.5, año 2022. Incluye aprendizaje por refuerzo con inter-mediación humana. Se esfuerza en entender emociones y sentimientos.

La aplicación ChatGPT fue lanzada en noviembre del 2022. Se trata de un interfaz a la plataforma GPT vigente, con las características interactivas —conversacionales— propias de los Chat.

La última versión, GPT-4, fue lanzada del 14 de marzo del 2023. Es mucho más creativo y colaborativo. En sus creaciones aprende de ti, de tu estilo como escritor o creativo, de tus preferencias. Emplea internamente 540.000 millones de parámetros objeto de pre-entrenamiento. Se puede interactuar con GPT-4 en 25 idiomas. Entre otros «inputs» pueden emplearse imágenes. Como respuesta a peticiones del usuario, puede generar textos de hasta 50 páginas (por ejemplo, informes, revisiones del estado del arte o la técnica, resúmenes, etc.).

GPT-4 puede ajustar su tono, estilo y comportamiento al modo humano, según el contexto.

Como experiencia personal, desearía comentar la buena experiencia que se ha tenido en nuestro Departamento de la UCM en la docencia sobre cálculo numérico y programación científica. Mediante GPT-4 podemos generar automáticamente programas informáticos completos, en lenguajes como C, Python, Matlab, etc, que sirven como ejemplos de buena programación a los alumnos. Porque, en efecto, GPT-4 escribe (con rapidez) programas bien estructurados y claros.

Ciertamente, el uso más simple del ChatGPT o del mismo GPT-4 puede ser la de pregunta–respuesta, al modo de Pasapalabra y con un tesoro sin fondo de información. Pero hay mucho más, tanto por parte de la «pregunta», como de la «respuesta». Ya nos vamos acostumbrando a que los navegadores «adivinen» lo que queremos, y nos ofrezcan un abanico de respuestas textuales y visuales. También que a la hora de escribir mensajes el ordenador nos ayude, corrigiendo o pre-escribiendo a futuro. Con GPT-4 cabe esperar una todavía mayor colaboración hombre-máquina, como el guante a la mano, quizá sin que nos acabemos de dar cuenta.

Los planes de Microsoft son ir metiendo GPT-4 en las aplicaciones de Office y, por supuesto, en su navegador Bing. E integrar el chat inteligente en estas herramientas.

Por supuesto, la competencia empresarial está en la batalla y cabe esperar más avances y propuestas, quizá no tanto como super-plataformas capaces de todo, como en aplicaciones inteligentes más focalizadas. El mercado es muy amplio y variado.

CAPÍTULO 7

VISIÓN ARTIFICIAL INTELIGENTE

Dedicamos este capítulo a la visión artificial, la cual forma parte de nuestra vida cotidiana a través del móvil (que, por ejemplo, reconoce nuestra cara), y también a través de cámaras en nuestro entorno.

Como tema que tratar a continuación, la visión artificial es muy intuitiva y agradecida. Es fácil para las personas captar lo que hace y lo que permite realizar.

La visión artificial es importante en los vehículos autónomos para poder moverse bien y sin causar peligros. Es, además, por supuesto, muy conveniente en tareas de supervisión y vigilancia.

En la historia reciente de los avances que se han dado, ocupan un papel clave las redes neuronales, sobre todo a partir del 2012, con el aprendizaje profundo.

Entre los desafíos para la intensa investigación en curso están las aplicaciones para tiempo real, capaces de reconocer (personas, objetos, etc.) y tomar decisiones rápidamente.

Es un capítulo breve, en compensación por el largo capítulo anterior.

7.1. VER Y RECONOCER OBJETOS

En los laboratorios de robótica, normalmente dentro de un contexto académico, se suele estudiar cómo un robot móvil (por ejemplo, un pequeño vehículo con orugas o ruedas) puede moverse sin chocar con obstáculos. Además de sensores de ultrasonidos o por infrarrojos, el robot puede llevar una pequeña cámara. En este caso, el objetivo de la visión es detectar los obstáculos, y probablemente informar de aspectos útiles para evitarlos: tamaño, bordes, etc. Hay cámaras que llevan incorporado un procesador digital; si no es así, hay que llevar las señales captadas por la cámara a un procesador digital externo (quizá a bordo del robot).

Las cosas son bastante más complicadas si hablamos de un vehículo autónomo para circular por una carretera. El vehículo llevará un sistema de visión por ordenador. Mientras sigue la carretera, manteniéndose en su carril, el vehículo «ve» diversos tipos de objetos, móviles o inmóviles. Debe detectar y reconocer peatones, ciclistas, motos, etc.; y ha de predecir sus posibles movimientos futuros (por ejemplo, caída de un ciclista, atravesar un paso de peatones, etc.). Hay que contar con distancias y tiempos de frenada. También se tiene que prestar atención a las señales de tráfico y saber lo que significan. Y todo debe funcionar de día o de noche, con lluvia o con niebla.

Como cabe suponer, la visión por computador tiene que cubrir muchos aspectos. Ya que utilizamos con toda soltura nuestra visión, no somos conscientes de la gran complejidad de lo que estamos haciendo. Esta complejidad se va descubriendo gradualmente, a medida que vamos exigiendo cada vez más a la visión por ordenador.

A continuación, vamos a ir desmenuzando las tareas asociadas al reconocimiento de objetos para ir sabiendo con más pormenores las dimensiones del problema. Después trazaremos los principales avances de la investigación en los años recientes.

Como es natural, en este capítulo vamos a acudir frecuentemente a imágenes. Para la introducción de la visión artificial nos vamos a apoyar en las páginas [385, 386].

Entre las primeras tareas que cumplir por la visión, están la clasificación, la localización y la detección de objetos. La figura 7.1 muestra el resultado de la clasificación, tarea que ha conseguido

---

385 http://cs231n.stanford.edu/slides/2017/cs231n_2017_lecture11.pdf

386 https://heartbeat.fritz.ai/the-5-computer-vision-techniques-that-will-change-how-you-see-the-world -1ee19334354b

aplicar acertadamente la etiqueta «camello» a lo que se ve en la imagen.

"Camello"

Figura 7.1. Clasificación

En la siguiente imagen (figura 7.2), mostramos el resultado de clasificar + localizar. La visión artificial ha reconocido el camello y lo ha enmarcado, tomando nota del tamaño y posición del marco.

Figura 7.2. Clasificación + localización

Es normal que en una imagen aparezcan simultáneamente varios objetos, quizá tapándose parcialmente unos a otros. La figura 7.3 muestra el resultado de detectar objetos: perro, bicicleta, coche.

Figura 7.3. Detección de objetos

Si nos propusieran cambiar el fondo en la figura 7.1, de modo que el camello estuviera en un oasis, deberíamos recortar el camello. Sobre papel sería una tediosa tarea de tijera, con cierta dificultad porque el color del camello se parece al fondo de arena. Este caso sería un ejemplo de segmentación.

La segmentación de imágenes es toda un área de investigación, con variados objetivos. Típicamente trata de establecer el contorno de los objetos, aunque también puede fijarse en otros aspectos.

En la investigación especializada se distingue segmentación semántica de segmentación de instancias. La figura 7.4, tomada de la lección [387] (Universidad de Stanford), muestra a la derecha la segmentación semántica de la imagen a la izquierda. Solo son píxeles, áreas con pseudocolores, no hay objetos. Después, se puede añadir etiquetas a las áreas: gato, cielo, árboles, hierba.

Figura 7.4. Ejemplo de segmentación semántica

---

387 http://cs231n.stanford.edu/slides/2017/cs231n_2017_lecture11.pdf

En cuanto a la segmentación de instancias, permite distinguir cada una de las entidades, aunque la segmentación semántica no las distinga.

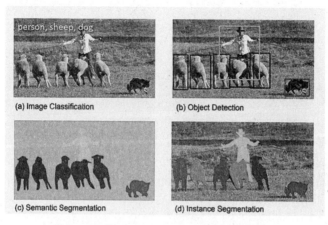

Figura 7.5. Diversos tipos de procesamiento en torno al reconocimiento de objetos

En la figura 7.5, tomada de la publicación [388] (una reciente panorámica del tema), se compara en las dos imágenes inferiores el efecto de la segmentación semántica, a la izquierda, y el de la segmentación de instancias, a la derecha. Nótese que todas las ovejas en la segmentación semántica tienen el mismo pseudocolor, y en la segmentación de instancias, cada oveja tiene un pseudocolor distinto.

7.2. MÉTODOS TRADICIONALES PARA RECONOCIMIENTO

Si dirigimos la mirada a los últimos veinte años de la investigación sobre reconocer objetos, y de acuerdo con [389], se pueden distinguir dos grandes etapas. La primera constituida por métodos tradicionales, hasta el 2012. La segunda, basada en redes neuronales.

---

388 https://arxiv.org/pdf/1905.12683.pdf
389 https://arxiv.org/pdf/1905.05055.pdf

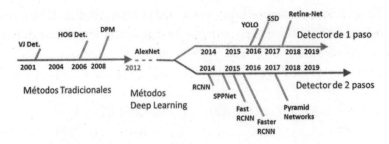

Figura 7.6. Cronología de los avances

La figura 7.6 muestra la evolución cronológica de los avances en el tema. Nos va a servir para llevar un orden al describir, a continuación, las cosas que han sucedido.

En el 2001, P. Viola y M. Jones presentaron en un congreso internacional un método rápido para detección de objetos[390]. Esta ponencia ha sido citada por más de veinte mil publicaciones de otros investigadores. Se suele referir al algoritmo como «Detector de Viola-Jones (DVJ)». El algoritmo emplea una ventana que se desliza sobre la imagen analizada, probando diversos tamaños de la ventana para ver si en algún momento la ventana contiene una cara. El procesamiento sigue una secuencia de etapas simples, de modo que el detector resultó ser mucho más rápido que cualquiera de la época. La figura 7.7, tomada de [391], muestra un ejemplo de detección de caras mediante DVJ.

Figura 7.7. Ejemplo de detección de caras mediante Viola-Jones

390 https://members.loria.fr/MOBerger/Enseignement/Master2/Documents/viola-cvpr-01.pdf

391 https://iq.opengenus.org/face-detection-using-viola-jones-algorithm/

En el año 2005 tuvo lugar la primera convocatoria de la competición PASCAL Visual Object Classes, usualmente abreviada como VOC[392]. La competición se refería al reconocimiento de objetos y aportaba un conjunto de imágenes (una base de datos visuales). Se ha llevado a cabo anualmente hasta el 2012, siendo un evento de referencia para los investigadores.

El método Deformable Part-Based Model (DPM) (modelo basado en componentes deformables) ganó varias convocatorias del VOC. Fue propuesto por P. Felzenswalb en 2008, [393]. La idea es dividir y conquistar. Por ejemplo, como indica [394], el problema de la detección de un coche puede atacarse como la detección de sus ventanas, ruedas, volante, etc. Los investigadores han ido ampliando esta idea bajo la forma de *mixture models* (modelos mezcla). Es obligado citar el trabajo de R. Girshick[395], refinando y extendiendo la metodología, y logrando versiones rápidas y precisas.

Todos los detalles de la versión de DPM que se llevó a VOC-2010, incluido código en MATLAB y C++, están en la página [396]. La figura 7.8 está tomada de esta página, y en ella aparecen los componentes detectados.

Figura 7.8. Ejemplo de aplicación de DPM

392 http://host.robots.ox.ac.uk/pascal/VOC/#history

393 https://vision.ics.uci.edu/papers/FelzenszwalbMR_CVPR_2008/Felzenszwal-bMR_CVPR_2008.pdf

394 https://arxiv.org/pdf/1905.05055.pdf

395 https://papers.nips.cc/paper/4307-object-detection-with-grammar-models.pdf

396 http://www.rossgirshick.info/latent/

Pedro Felzenszwalb y Ross Girshick recibieron en el año 2010 el premio Lifetime Achievement del PASCAL VOC. La página web de R. Girshick[397], que está presente como autor en muchos de los avances que vamos a citar, es muy informativa de los pasos más recientes de la investigación. Girshick forma parte como investigador del grupo Facebook AI Research (FAIR). La figura 7.9 muestra fotografías de Felzenszwalb, a la izquierda, y Girshick, a la derecha.

Figura 7.9. De izquierda a derecha, fotografías de P. Felzenszwalb y R. Girshick

7.3. Aparecen las redes neuronales

En el 2012 llegaron las redes neuronales convolucionales, consiguiendo un gran éxito en la clasificación de imágenes. La investigación centrada en la detección de objetos se preguntó si acaso esta nueva propuesta podría ser provechosa en su campo.

7.3.1. Primeros métodos neuronales

En 2014, R. Girshick *et al.*, de la Universidad de Berkeley, presentaron en un congreso internacional el método Region with CNN (abreviado como RCNN), [398]. Es también una aportación muy referenciada por los investigadores, con más de doce mil citas. Según resume la página [399], el método RCNN es un proceso en

397 https://www.rossgirshick.info/

398 http://openaccess.thecvf.com/content_cvpr_2014/papers/Girshick_Rich_Feature_Hierarchies_2014_CVPR_paper.pdf

399 https://mc.ai/demystifying-r-cnn/

tres etapas. En la primera se proponen unas dos mil propuestas de región. En la segunda se aplica una red neuronal convolucional para extraer características de las regiones. En la tercera, se aplica SVM *(support vector machine)* para clasificar las regiones.

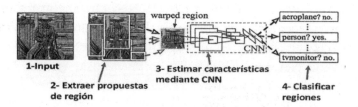

Figura 7.10. Etapas del método RCNN

La figura 7.10, adaptada de [400], muestra las etapas del método RCNN. La página [401] provee de bastantes detalles acerca de los pasos que dar. Para completar, incluyendo aspectos matemáticos, puede verse la página [402].

Aunque RCNN mejoró notablemente los resultados anteriores del VOC, también mostró ser bastante lento. De modo que los investigadores se pusieron a modificar el método para conseguir más velocidad. Para no cansar al lector, no daremos detalles técnicos, aunque sí al menos citaremos los principales avances ulteriores:

— En el verano del 2014, K. He *et al.* propusieron el método Spatial Pyramid Pooling Networks (SPPNet), [403]. Resultó ser veinte veces más veloz que RCNN. Una ágil introducción a SPPNet es [404].

— En el 2015, R. Girshick propuso el método Fast-RCNN, que como su nombre indica es rápido, más de doscientas veces

400 http://openaccess.thecvf.com/content_cvpr_2014/papers/Girshick_Rich_Feature_
     Hierarchies_2014_CVPR_paper.pdf

401 https://medium.com/coinmonks/review-r-cnn-object-detection-b476aba290d1

402 https://medium.com/@prvnk10/object-detection-rcnn-4d9d7ad55067

403 https://arxiv.org/abs/1406.4729

404 https://gwansiu.com/2017/05/27/SPP/

más raudo que RCNN, [405]. Y es además más preciso. Se puede encontrar una breve descripción de Fast-RCNN en [406].

— También en el 2015, S. Ren *et al.* introdujeron el método Faster RCNN, [407]. La primera etapa, dedicada a la propuesta de regiones, se confía a una red neuronal. El método resulta ser diez veces más rápido que Fast-RCNN. Puede consultarse [408] para una introducción con cierto detalle del método.

— En el año 2017, T. Y Lin *et al.* propusieron el método Feature Pyramid Networks (FPN), [409]. Se puede usar en una Faster-RCNN. Por su estructura, es mejor para el reconocimiento de objetos a cualquier escala. La página [410] ofrece una breve e intuitiva descripción de FPN.

Como se ve en la figura 7.6, después del 2012 tenemos una bifurcación en dos ramas. Acabamos de describir una de las ramas, la de los detectores en dos pasos. Pasemos ahora a considerar la rama de los detectores con un solo paso.

7.3.2. Detectores más rápidos

J. Redmon *et al.* (incluyendo a R. Girshick) presentaron en 2015, en un congreso internacional, un nuevo método llamado, de forma abreviada, YOLO. El título —un tanto rebelde— de la publicación que describía el método fue «You Only Look Once: Unified, Real-Time Object Detection», [411]. La abreviatura YOLO está tomada de las cuatro palabras iniciales.

En vez de seguir un procesamiento encadenando etapas, a la manera de RCNN y sucesores, lo que hace YOLO es aplicar una

405 https://arxiv.org/pdf/1504.08083.pdf

406 https://towardsdatascience.com/part-2-fast-r-cnn-object-detection-7303e1988464

407 https://arxiv.org/pdf/1506.01497.pdf

408 https://towardsdatascience.com/review-faster-r-cnn-object-detection-f5685cb30202

409 https://arxiv.org/pdf/1612.03144.pdf

410 https://medium.com/@jonathan_hui/understanding-feature-pyramid-networks-for-object-detection -fpn-45b227b9106c

411 https://arxiv.org/pdf/1506.02640.pdf

sola red de neuronas a toda la imagen. La red divide la imagen en regiones, y predice al mismo tiempo recuadros y probabilidades. El resultado es que YOLO es extremadamente rápido. En términos de fotogramas de una película (vídeo), mientras que Faster-RCNN puede llegar a unos 17 por segundo, YOLO puede llegar a 91; es decir, puede aplicarse en tiempo real a la toma de vídeos, [412]. Tiene el problema de no ser tan preciso en la localización. Se han desarrollado tres generaciones de YOLO.

También en 2015, W. Liu *et al.* introdujeron en un congreso internacional el método llamado Single Shot Multibox Detector (SSD), [413]. Mientras que en las otras redes neuronales solo las últimas capas detectan objetos, en el caso de SSD se detectan objetos de diferentes escalas en diferentes capas de la red. Es más rápida y más precisa que YOLO. ¿Qué quiere decir lo de detectar objetos a diferentes escalas?

Figura 7.11. Ejemplo de detección de objetos a diferentes escalas

---

412 https://mc.ai/object-detection-speed-and-accuracy-comparison-faster-r-cnn-r-fcn-ssd-and-yolo/

413 http://static.googleusercontent.com/media/research.google.com/es//pubs/archive/44872.pdf.

La figura 7.11, tomada de [414], ayuda a ver este aspecto. Por cierto, la página [415] ofrece una atractiva descripción de SSD. Para completar la información, es recomendable visitar la página [416].

Por último, RetinaNet fue introducida en 2017 por T. Y. Lin *et al.* (incluyendo también a R. Girshick) en un artículo de revista científica[417]. La clave de esta aportación es haber descubierto el motivo de que los detectores de un solo paso tuvieran menor precisión (problemas de equilibrio del primer plano con respecto al fondo en el entrenamiento). Se introduce un mecanismo para corregir el problema. El resultado es que RetinaNet es comparable en precisión con los detectores de dos pasos, y es mucho más rápida. La intuición detrás de RetinaNet está bien descrita en la página [418]. En cuanto a detalles técnicos, funcionales y de arquitectura, es oportuno consultar las páginas [419] [420].

La página [420] antes citada contiene un vídeo de demostración de cómo RetinaNet actúa en tiempo real. También YouTube ofrece vídeos mostrando este aspecto en diversos escenarios, como, por ejemplo, el mostrado en la figura 7.12 (tomada de [421]).

414 https://www.youtube.com/watch?v=77wu9_B03Sg

415 https://medium.com/@jonathan_hui/ssd-object-detection-single-shot-multibox-detector-for-real-time -processing-9bd8deac0e06

416 https://towardsdatascience.com/review-ssd-single-shot-detector-object-detection-851a94607d11

417 https://arxiv.org/pdf/1708.02002.pdf

418 https://medium.com/@14prakash/the-intuition-behind-retinanet-eb636755607d

419 https://towardsdatascience.com/retinanet-how-focal-loss-fixes-single-shot-detection-cb320e3bb0de

420 https://towardsdatascience.com/review-retinanet-focal-loss-object-detection-38fba6afabe4

421 https://www.youtube.com/watch?v=77wu9_B03Sg

Figura 7.12. RetinaNet en acción, tiempo real

Tocante al *software* disponible para probar la segmentación semántica, es destacable la aportación de Google con su DeepLab. La primera versión es del 2015. La tercera versión, DeepLab-v3+, es del 2018. Se trata de código abierto, realizado en TensorFlow. Se basa en una estructura codificador-decodificador, empleando un tipo novedoso de convolución en profundidad[422]. Hay gran facilidad para descargar este *software*, y para captar sus características principales, mediante su página web.

Para los interesados en desarrollar algún ejemplo, la página [423] ofrece una guía concisa. Y en cuanto a comparaciones con otras alternativas, tenemos la página [424], que considera ocho alternativas.

Reproducimos en la figura 7.13 un ejemplo tratado en [425], (Universidad de Oxford), en la que se muestra a la derecha la segmentación correspondiente a la fotografía de la izquierda.

---

422 https://ai.googleblog.com/2018/03/semantic-image-segmentation-with.html

423 https://www.freecodecamp.org/news/how-to-use-deeplab-in-tensorflow-for-object-segmentation -using-deep-learning-a5777290ab6b/

424 http://blog.qure.ai/notes/semantic-segmentation-deep-learning-review

425 https://innovation.ox.ac.uk/licence-details/semantic-image-segmentation/

Figura 7.13. Ejemplo de segmentación semántica

7.4. EXTENSIONES Y APLICACIONES

Sigamos nuestro recorrido, considerando ahora, más brevemente, varias extensiones y aplicaciones en torno a la detección de objetos.

7.4.1. DRONES QUE TE ACOMPAÑAN

Algunos drones tienen la capacidad de seguir a su dueño, aunque este vaya en bici, o esté esquiando, o escalando una pared. La publicidad los denomina *«follow-me drones»*. Nos puede interesar que el dron vaya tomando vídeo. La figura 7.14 ilustra esta aplicación.

Figura 7.14. Dron siguiendo a su amo

Para que el dron me siga, es necesario que haga *object tracking* (seguimiento de objetos). ¿Qué debe hacer para conseguirlo? Señalemos por puntos algunos aspectos:

— El objetivo es seguir un objeto o persona concreto. Se le asigna un ID (un código de identificación).
— Como el objetivo se mueve, su tamaño y pose puede ir cambiando. Pero hay que conseguir mantenerlo identificado. En el caso de una persona corriendo, su imagen va cambiando (movimiento de piernas y brazos).
— Durante el movimiento del objetivo, puede desaparecer total o parcialmente en algunos momentos, por ejemplo, si algo lo tapa o si la cámara pierde apuntamiento. Puede haber desenfoques.
— Para mantener el seguimiento, si se pierde la vista del objetivo durante un tiempo, puede aplicarse predicción (basada en modelo físico del movimiento o en red neuronal) para estimar dónde puede estar.

Las páginas web [426] [427] permiten introducirse en el tema y además incluyen algunos vídeos de seguimiento de personas. Ni qué decir tiene que el problema se complica si se trata de seguir personas en grupo o inmersas en una multitud. La figura 7.15, tomada de [428], muestra uno de los fotogramas de un estudio sobre seguimiento de peatones con varias cámaras coordinadas.

426 https://towardsdatascience.com/people-tracking-using-deep-learning-5c90d43774be

427 https://medium.com/@cindy.trinh.sridykhan/a-tour-of-video-object-tracking-part-i-presentation-8a8aa9da9394

428 https://www.washington.edu/news/2014/11/12/moving-cameras-talk-to-each-other-to-identify-track-pedestrians/

Figura 7.15. Seguimiento de peatones en una zona ciudadana

Uno de los aspectos de interés en el seguimiento de peatones es observar las corrientes de su movimiento —a veces son como ríos— en estaciones de tren, aeropuertos, estadios, etc. Como material para quien desee una exploración personal del tema, se podría empezar con [429], y después atender a una presentación docente (Universidad de Stanford), [430]. Para los programadores, puede ser útil [431]. En cuanto al caso de las multitudes, puede verse [432].

7.4.2. RECONOCER CARAS

Vayamos brevemente a otro tema. Entre los humanos siempre ha sido importante ver (y, en su caso, reconocer) las caras.

Ya hace años, diversas instancias han pedido a la investigación que consiga el reconocimiento facial automático. Esto se deseaba para los cajeros automáticos, vigilancia y seguridad, detección de clientes habituales, etc.

Ha habido una complicada secuencia de sucesivos avances, basados en variadas metodologías matemáticas. En cuanto a lo más reciente, contamos con la ayuda del artículo [433], que aporta

429 https://medium.com/@manivannan_data/multiple-object-tracking-algorithms-a01973272e52

430 http://vision.stanford.edu/teaching/cs231b_spring1415/slides/lectureTracking.pdf

431 https://cv-tricks.com/object-tracking/quick-guide-mdnet-goturn-rolo/

432 http://mmlab.ie.cuhk.edu.hk/projects/dynamicagent/presentation_ppt.pdf

433 https://arxiv.org/pdf/1804.06655.pdf

una extensa revisión del reconocimiento de caras mediante aprendizaje profundo.

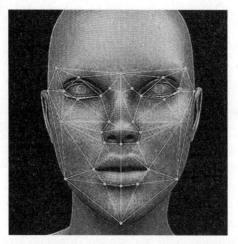

Figura 7.16. Ejemplo de toma de datos de una cara

La figura 7.16, tomada de [434], visualiza una toma biométrica de datos (puntos de referencia y distancias) respecto a una cara.

En el año 2014, se presentó en un congreso internacional una contribución[435] que introducía el programa DeepFace. Es la creación de un grupo de investigación de Facebook. Emplea una red neuronal con nueve capas y más de 120 millones de parámetros que entrenar. Para el aprendizaje se empleó una base de 4 millones de imágenes, pertenecientes a 4000 personas. La precisión del reconocimiento de caras es del 97,35 %, siendo así que el humano alcanza un 97,53 %.

En el artículo ya mencionado[49], se incluye una tabla que recorre sucesivos programas, hasta un total de 21, que van mejorando mes tras mes la marca señalada por DeepFace. El último de la tabla es el programa Ring loss, del año 2018, basado en la red neuronal ResNet-64, llegando a alcanzar un 99,50 % de precisión.

434 https://www.ifsecglobal.com/global/facial-recognition-infringe-privacy-cctv-commissioner-fears/

435 https://research.fb.com/wp-content/uploads/2016/11/deepface-closing-the-gap-to-human-level-performance -in-face-verification.pdf?

Una vez que se tiene reconocimiento facial, se abre la posibilidad de un variado repertorio de aplicaciones. Apple ha comprado recientemente la *start-up* llamada Emotient, para detección de emociones y análisis de sentimiento, viendo la cara de la gente. Más sobre este aspecto en [436]. Otra de las compras de Apple ha sido Faceshift, otra *start-up* que hace animación de caras, [437].

7.4.3. APLICACIONES EN VIGILANCIA

De acuerdo con la página [438], podríamos hablar de la detección de objetos como una función genérica que puede concretarse en detectar ciertas personas, o bien textos, o también cosas (por ejemplo, un paquete sospechoso abandonado en un aeropuerto). En todo caso, son temas en los que se está aplicando inteligencia artificial.

Concentrando los términos, aparece ya la expresión *deep surveillance* en las publicaciones, como, por ejemplo, en el artículo [439], que emplea drones para la vigilancia.

Ocupa un lugar especial la detección automática de conductas sospechosas. El artículo [440] hace una revisión de aportaciones al respecto. Siendo un tema muy serio, también pueden considerarse escenarios de menor dramatismo, como el de copiar en un examen (caso tratado en [441]).

Como aplicación asociada a la pandemia, se ha desarrollado un sistema para ver si la gente toma las distancias adecuadas en la calle (página [442]).

---

436 https://www.ticbeat.com/tecnologias/el-reconocimiento-facial-pasa-de-la-psicologia-la-automatizacion/

437 https://techcrunch.com/2015/11/24/apple-faceshift/

438 https://viso.ai/deep-learning/object-detection/

439 https://www.researchgate.net/publication/355895501_Object_Detection_in_Deep_Surveillance

440 https://link.springer.com/article/10.1007/s10462-017-9545-7

441 https://link.springer.com/article/10.1007/s43538-022-00069-2

442 https://medium.com/analytics-vidhya/social-distancing-detector-using-deep-learning-and-depth-perception -b8d94fc7b02

En fin, hay variedad de conductas humanas que puede interesar detectar. El artículo de revisión [443] delinea una clasificación básica de tipos de conductas.

Dentro de GitHub, el sitio [444] alberga 232 repositorios de *software* acerca del reconocimiento de diversas conductas humanas.

---

443 https://www.frontiersin.org/articles/10.3389/frobt.2015.00028/full

444 https://github.com/topics/human-activity-recognition

Capítulo 8

Móviles multiinteligentes

En este capítulo vamos a tratar acerca de los móviles y sus *apps*. Damos por supuesto que son teléfonos móviles actuales, con acceso a Internet.

Sucede que los móviles son una maravilla tecnológica que ofrece un *humus* apropiado para la IA. Esta realidad ha propiciado la aparición de un número creciente de funcionalidades y *apps* dotadas de inteligencia.

Podríamos decir que, a través de los móviles, se palpa cómo la IA va ocupando un espacio en nuestra vida. De hecho, los móviles son un escaparate de lo que la IA es capaz de hacer.

Una rápida advertencia: a lo largo de este capítulo vamos a hablar necesariamente de productos comerciales, pero no tenemos interés económico en ellos, y sentimos no poder mencionarlos todos.

8.1. El móvil y los asistentes virtuales

Los móviles, con sus *apps* y su conexión a Internet, son un invento de amplias y profundas implicaciones.

Curiosamente, el número de líneas de telefonía móvil en España, en el año 2020, era de 116 por cada 100 habitantes[445].

Desde el año 2015, se venden anualmente unos 1400-1550 millones de *smartphones* en el mundo (ver datos hasta el 2021 en [446]).

En cierta medida los móviles pueden tener sus riesgos, incluyendo aspectos de privacidad o de adicción. De hecho, algunos han sentido la tentación de tildar al móvil como un «caballo de Troya». Pero esto lleva excesivamente a connotaciones negativas, y no hace justicia a la evidente utilidad de estos dispositivos digitales, los cuales nos sumergen en una nueva atmósfera en la que el oxígeno que se respira es la información.

Muy probablemente el tipo de *app* más relacionado con la inteligencia artificial es el de los asistentes virtuales, tales como Siri, Alexa, Cortana, etc.

Podríamos decir que gran parte de los antiguos sueños de la inteligencia artificial se están cumpliendo ya, y de forma masiva. Cuando hablamos con un asistente virtual, este «entiende» lo que le decimos, y responde a nuestras preguntas de viva voz. Hay aquí reconocimiento de voz (quizá también de nuestra cara), manejo de lenguaje natural, acceso rápido y contextualizado a fuentes de información y síntesis de voz. Se procura además que esta voz no suene a robot, sino a alguien como nosotros.

La figura 8.1, tomada de Internet, muestra metafóricamente los múltiples usos de un asistente virtual.

---

445 https://es.statista.com/estadisticas/477127/tasa-penetracion-telefonia-movil-mensual-espana/

446 https://www.statista.com/statistics/263437/global-smartphone-sales-to-end-users-since-2007/

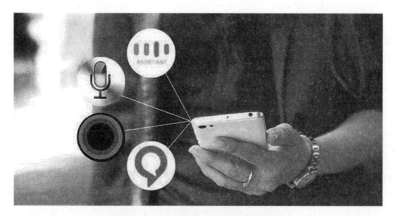

Figura 8.1. Utilizando un asistente virtual

Nos gustaría echar una ojeada a cómo se ha conseguido todo esto. Para ello hacemos de momento un poco de historia.

En 1997, apareció en el mercado el programa Naturally Speaking, de Dragon, que puede reconocer y transcribir a texto unas cien palabras por minuto. En aquella década de los noventa, apareció el primer *smartphone*, el IBM Simon.

8.1.1. UN HITO HISTÓRICO: ELIZA

Ya hemos comentado algo sobre ELIZA, un programa creado en los sesenta que es capaz de mantener contigo una conversación. Como anécdota significativa, el creador del programa cuenta que su secretaria le pidió que la dejara sola para poder conversar tranquilamente con ELIZA. Parece ser que inconscientemente podemos atribuir a un ordenador un comportamiento humano.

Tal y como describe su creador[447], ELIZA se basaba en la aplicación de reglas, en línea con las ideas de los sistemas expertos. Al escuchar al interlocutor, el programa intentaba casar las palabras reconocidas contra un conjunto de palabras previstas, y si tenía éxito entonces aplicaba una regla para producir una respuesta, o si no, entonces aplicaba una frase evasiva. En todo caso, procuraba no cerrar la conversación, sino más bien motivar la continuación con nuevas preguntas.

---

447 https://web.stanford.edu/class/linguist238/p36-weizenabaum.pdf

Como imagen de la época, valga la figura 8.2, tomada de [448], en la que aparece la página de bienvenida del programa ELIZA esperando a la iniciativa del usuario.

Figura 8.2. Página de bienvenida de ELIZA

Existen versiones *online* de ELIZA para poder charlar (por texto) con el programa[449].

Para el lector que desee explorar como programador, hay muchos repositorios de GitHub que ofrecen implementaciones de ELIZA en diferentes lenguajes de programación (basta buscar en Google, «github eliza», para encontrar 807.000 resultados).

Antes hemos dicho que ELIZA consulta a un conjunto de palabras previstas. Este conjunto forma parte de una base de datos. Con los años, según se han ido creando nuevos programas que dialogan con personas, se han ido incorporando funciones de aprendizaje, de manera que la base de datos va mejorando y creciendo, también cuando el programa comete errores y el usuario los corrige.

En el caso del asistente virtual Siri, este va analizando y memorizando datos interesantes a partir de lo que el usuario teclea o dice, y de lo que el móvil ve, oye o mide con sus sensores. Parte de esos datos son consecuencia del reconocimiento facial y de voz. Siri viene a almacenar unos 200 megabytes de información sobre ti[450].

448 https://www.masswerk.at/eliza/

449 https://www.eclecticenergies.com/ego/eliza

450 https://www.fastcompany.com/40443055/apple-explains-how-its-making-siri-smart-without-endangering -user-privacy

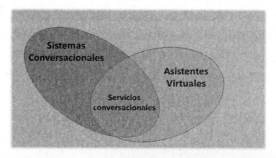

Figura 8.3. Relación entre sistemas conversacionales y asistentes virtuales

Respecto a ELIZA, subrayemos que su capacidad fundamental es poder conversar con una persona (u otro sistema). Por su parte, la característica de los asistentes virtuales es ofrecer una serie de servicios, varios de ellos de carácter informativo o bien de gestión. La figura 8.3 intenta mostrar la relación mutua entre sistemas conversacionales y asistentes virtuales. La zona de intersección entre ambos tipos de sistemas se refiere a que, hoy día, muchos de los servicios de un asistente virtual se efectúan mediante conversación.

8.1.2. AGENTES CONVERSACIONALES

La investigación ha ido formalizando los conceptos con respecto a los entes informáticos que dialogan contigo. Concretamente, se ha acuñado el término «agente conversacional» *(conversational agent)*. Es recomendable mirar la presentación académica [451] (del curso CS124 de la Universidad de Stanford) al respecto. Es una presentación extensa, con detalles de cómo está hecho Siri (por ejemplo, el empleo de ontologías o clasificadores estadísticos), o también ELIZA. Dedica también un amplio espacio a PARRY, creado en 1971 y en cierta forma parecido a ELIZA, pero con mayor riqueza conductual. El programa PARRY mantiene un modelo mental que le hace «sentir» miedo, enfado o desconfianza; el modelo va cambiando según marche la conversación con el

---

451 https://web.stanford.edu/class/cs124/lec/chatbot.pdf

interlocutor. El contenido de esta presentación está además disponible como capítulo de un libro en [452].

Asociado al Congreso Internacional sobre Sistemas Neuronales para Procesamiento de Información, del año 2017 (NIPS 2017), se convocó un Desafío sobre Inteligencia Conversacional.

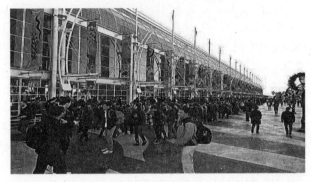

Figura 8.4. Comienzo del Congreso NIPS 2017, adquisición de entradas

La figura 8.4 muestra un aspecto del comienzo del NIPS 2017, con la gente adquiriendo las entradas de última hora, que se agotaron en doce minutos. Más detalles del Congreso en [453]. Tuvo ocho mil asistentes (la mayor parte inscritos con anterioridad).

NIPS es un congreso anual, y sigue vivo. La página [454] ofrece una lista de las contribuciones más influyentes de los NIPS anteriores al 2022.

Que el móvil pueda responder a preguntas nos da pie a introducir ahora una observación que puede haber pasado desapercibida.

El famoso IBM PC fue creado el 12 de agosto de 1981. Es una fecha clave. A partir de ahí, en no muchos años, se popularizaron los ordenadores personales. También se popularizó como necesidad el aprender a programar (por ejemplo, en lenguaje Basic). Me viene a la memoria la cierta desesperación de bastante gente que decía: «¿Por qué no puedo preguntarle directamente al ordenador

452 https://web.stanford.edu/ jurafsky/slp3/24.pdf

453 https://medium.com/element-ai-research-lab/nips17-highlights-and-trends-overview-2eea1018b477

454 https://www.paperdigest.org/2022/02/most-influential-nips-papers-2022-02/

lo que quiero? ¿Por qué tengo que programar?». Esto era, en definitiva, la expresión de un sueño.

La cuestión quedó clavada entre los creadores de lenguajes, de modo que se propusieron lenguajes de un nuevo tipo: los lenguajes declarativos. Los anteriores, Basic, Fortran, etc., eran lenguajes procedurales. Un lenguaje procedural sirve para expresar *el cómo*, para especificar pasito a pasito lo que debe hacer el ordenador. Un lenguaje declarativo sirve para decir *el qué*, lo que quiero que haga el ordenador, sin más detalles. El arquetipo de lenguaje declarativo es Prolog.

Lo que estamos comentando tiene que ver, hoy día, con los *answer set programs* (ASP). Son programas que disponen de conjuntos de respuestas, y que dada una pregunta entonces aplican mecanismos de búsqueda para encontrar la mejor respuesta. Este tipo de programas apareció en escena en 1999 (tras precedentes que se remontan a 1933), y el autor de referencia es V. Lifschitz, [455].

En un reciente artículo[456], se habla de «*Conversational AI*» (inteligencia artificial conversacional), estableciendo nexos entre asistentes virtuales y ASP. Objetivo importante del artículo es que los asistentes puedan justificar sus respuestas. Actualmente se quiere que las respuestas de la inteligencia artificial sean explicables.

8.1.3. LOS ASISTENTES VIRTUALES

Pero volvamos a los asistentes virtuales. Notemos que ahora, en nuestros días, podemos hacer preguntas a nuestro asistente virtual, y él nos responde. Se está cumpliendo aquel deseo: decirle al ordenador lo que quiero, y obtenerlo.

La figura 8.5, basada en[457], muestra en cuántas (porcentaje) de diversas utilizaciones empleamos el móvil.

---

455 https://www.cs.utexas.edu/users/vl/papers/wiasp.pdf

456 https://arxiv.org/pdf/1909.08258.pdf

457 https://blog.kore.ai/4-ways-enterprise-virtual-assistants-will-impact-future-of-work

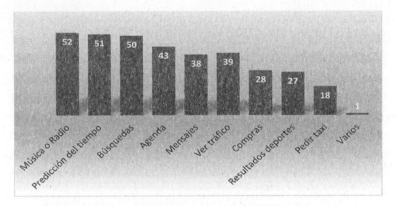

Figura 8.5. En qué medida, porcentaje respecto a total, empleamos
el móvil según tipos de uso

SRI International es un instituto independiente de investigación, cuya fundación está ligada a la Universidad de Stanford, y que está situado en Menlo Park, cerca de dicha universidad. Uno de los proyectos de investigación del SRI fue CALO, cuyo propósito era dotar de un asistente personal a mandos militares con sobrecarga de tareas. A partir de lo aprendido, un conjunto de investigadores del SRI y un emprendedor desarrollaron **Siri** en 2007 (nótese la relación del nombre Siri con SRI).

En abril del 2010, Siri fue adquirido por Apple, de modo que con él aparecieron los asistentes virtuales para el gran público.

Desde entonces han aparecido bastantes más. Según [458], los cinco más inteligentes son Siri, Alexa, Google Assistant, Cortana y Bixby.

La figura 8.6, basada en [459], muestra qué asistentes virtuales son más usados, y cuáles no tanto.

458 https://medium.com/@amberglatz78/top-5-smartest-virtual-assistant-apps-4da4a2947299

459 https://blog.kore.ai/4-ways-enterprise-virtual-assistants-will-impact-future-of-work

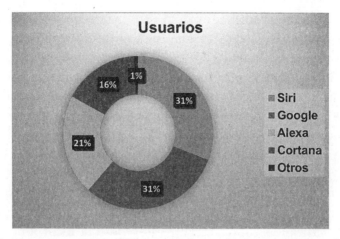

Figura 8.6. Comparación del porcentaje de usuarios de asistentes virtuales

La mayoría de los asistentes actuales hacen uso de redes neuronales para el interfaz con el usuario a través de voz, imagen o acciones.

Para quien esté interesado en la estructura interna, a grandes rasgos, del *software* en un asistente virtual, es recomendable ver el artículo [460], en el que se comentan también los servicios que suelen ofrecer los asistentes virtuales y el tema de «entender» el lenguaje humano.

En el curso de la pugna comercial entre los diversos asistentes virtuales, van añadiéndose nuevas funcionalidades inteligentes, como las aportadas por Google Duplex[461], o la traducción de idiomas por parte de Siri, etc.

Lo nuevo en los sistemas conversacionales está viniendo de la mano de las redes neuronales. En un artículo citado ya más de 1300 veces por los investigadores, [462], se propone una red neuronal recurrente para actuar según un esquema de transformar secuencias en secuencias (recordemos seq2seq de un capítulo anterior),

---

460 https://www.researchgate.net/profile/Paul_Crook/publication/313585526_An_ overview_of_end-to-end_language_understanding_and_dialog_management_for _personal_digital_assistants/links/5a5aef3eaca2727d608618a8/ An-overview-of-end-to-end-language-understanding-and-dialog-management-for-personal-digi-tal-assistants.pdf

461 https://seo-hacker.com/google-assistant-ai-assistant/

462 https://arxiv.org/pdf/1506.05869.pdf)

de modo que la red neuronal, al recibir una o varias frases del interlocutor, pasa a generar una frase en respuesta. Se entrena a la red con 62 millones de frases. El artículo contiene varias conversaciones demostrativas entre una persona y la red neuronal. Alrededor de la fecha de publicación, en el 2015, aparecieron varios artículos —también bastante citados— con un enfoque similar (redes neuronales). Uno de los motivos de que aparecieran tantas publicaciones tiene que ver con la convocatoria del Dialog Systems Technology Challenge (DSTC), una competición sobre tecnología de sistemas dialogantes. El artículo [463], del año 2020, hace un resumen de lo ocurrido en la séptima edición del concurso, indicando como iniciativa novedosa la incorporación de escenas audiovisuales en los diálogos. La página [464] informa de las convocatorias más recientes, indicando cinco temas para el DSTC del 2022.

Como panorámica general sobre la investigación realizada, en cuanto a *Conversational AI* mediante redes neuronales, es recomendable la publicación [465], que en sus 95 páginas recorre sistemáticamente los aspectos de la cuestión, utilizando una muy extensa bibliografía.

Por cierto, una sencilla advertencia: hay problemas de terminología… Están apareciendo en Internet ofertas de trabajo para *virtual assistants*, es decir, para personas de sangre y hueso. Por eso, a la hora de buscar en Internet sobre el asunto que nos ocupa, conviene escribir «*digital assistant*», o bien «*digital virtual assistant*».

Otras innovaciones en la investigación actual hacen referencia a que el asistente tenga una cierta «personalidad». Existe un fenómeno, ya detectado en los setenta por Masahiro Mori, sobre la actitud de las personas ante cosas artificiales que se van pareciendo cada vez más a los humanos. La figura 8.7, que hemos

463 https://www.sciencedirect.com/science/article/pii/S0885230820300012?casa_token=gNmDvtyXnQMAAAAA:GXbdjY9tCTpMDkISDS9RctnqCqWvSJwm9tccU-_-S262wfzssBGHNR1HJUQV_QuRQU3wzh0Ggg

464 https://dstc10.dstc.community/

465 https://arxiv.org/pdf/1809.08267.pdf

adaptado del artículo[466] sobre interacción de autistas y humanoides, muestra cómo varía nuestra afinidad (simpatía) con un robot a medida que se va pareciendo más a un humano. La sorpresa es que hay una zona, dentro de la que el robot se parece, pero no se parece del todo a un humano, que produce en la gente desagrado o desconfianza. Mori le dio el nombre «Uncanny Valley» a esa zona indeseada. En el artículo [467], se considera qué efecto puede tener este fenómeno para el caso de los asistentes virtuales, y qué mejoras deben perseguirse.

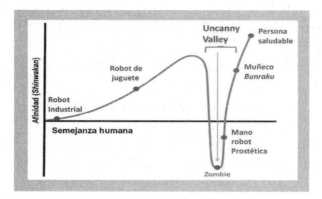

Figura 8.7. Afinidad de las personas hacia los robots, «Uncanny Valley»

Con el propósito de buscar un mayor parecido con el humano, se está incluyendo tecnología de «avatares» en el contexto de los asistentes virtuales. Un impresionante ejemplo de esta idea son los «hombres artificiales» propuestos por Samsung en sus productos Neon, [468, 469]. La figura 8.8 muestra algunos de los humanos artificiales que puede manejar el asistente virtual, [470].

---

466 https://pdfs.semanticscholar.org/9f53/557e0ec2a4aec0bb05d1ef0a87fa3bfbad16.pdf?_ga=2.43574509.910871174. 1598179612-1372630322.1584449583

467 https://aura.telefonica.com/public/papers/explorando-la-teoria-del-valle-inquietante-en-la-personalidad-de-unasistente-virtual-en.pdf

468 https://www.neon.life/

469 https://towardsdatascience.com/neon-life-your-real-virtual-assistant-for-real-this-time-6de4a52e66c4

470 https://www.designboom.com/technology/neon-artificial-human-ces-01-08-2020/

Figura 8.8. Algunos de los humanos artificiales que puede manejar Neon

El cliché con respecto a los robots que hablan es que lo hacen de forma aséptica, nasal, con entonación monótona, con cierta frialdad. Casi seguro que, si el lector pide a un chaval que imite a un robot hablando, su respuesta seguirá las coordenadas que hemos descrito, lejos de la musicalidad expresiva típica de nuestras conversaciones.

Ya hemos comentado páginas atrás sobre los esfuerzos de la investigación reciente para crear voz sintética que nos suene natural, como propia de una persona. En general, la idea es imitar digitalmente con alta fidelidad la voz de personas elegidas. Los resultados que se están consiguiendo son estupendos. Incluso, como hemos mencionado, se han levantado quejas porque son excesivamente realistas.

Hay varias empresas que ofrecen productos para la generación realista de voz. Por ejemplo, Google Cloud ofrece una API para convertir texto en voz; se puede seleccionar una de entre 180 voces distintas para más de 30 idiomas. La página web [471] permite probar la aplicación. La página [472] presenta una voz sintética muy realista, con entonación dinámica y con una textura humana; también permite probar *online*. La empresa Sonantic (ya citada) introduce, a través de su página[473] (que ofrece algunas demos), un generador hiperrealista de voz que se basa en voces de acto-

471 https://cloud.google.com/text-to-speech

472 https://play.ht/blog/speech-synthesis-technology/

473 https://www.sonantic.io/

res humanos experimentados, y que admite cierta emocionalidad. Por su parte, la página [474] nos habla de un ingenio para contar historias, llamado Charisma.ai, que, a su vez, hace uso del generador de voz Resemble, [475], el cual genera voz a partir de las muestras que uno elija. Esto puede ser utilizado, por ejemplo, para clonar tu propia voz. Incluye un editor de emociones a seguir durante la generación de frases.

Es de suponer que el lector habrá detectado algún peligro en que se pueda clonar su voz. Por ejemplo, si el propio coche arranca por reconocimiento de voz, o si nuestras personas de confianza nos reconocen la voz al teléfono.

Recientemente van apareciendo páginas en Internet que nos informan de que tal o cual asistente virtual se da cuenta de que estamos de buen o de mal humor, y entonces modifica su conversación, [476]. Evidentemente, entramos aquí en contacto con la investigación sobre emociones, o «inteligencia emocional». Algunos abogan por que el asistente pueda modificar su conducta de forma emocional, [477]. Lo que pasa es que estaríamos hablando ya de un «acompañante» en vez de un asistente. Hay debate sobre ventajas, inconvenientes, formas adecuadas de uso, e incluso aspectos éticos, [478].

Conviene tener en cuenta los avisos procedentes de la investigación presentada en [479]. Para que haya empatía hombre-máquina es clave manejar bien el lenguaje natural. Pero, además, *el contenido* (el significado) de lo que se dice es para el humano más importante que el tono de voz o la gesticulación para percibir la inteligencia emocional de la máquina. Cuando el humano apre-

---

474 https://www.resemble.ai/2020/04/24/how-to-tell-powerful-stories-using-synthe-tic-voices-featuring-charisma-ai/. 42 https://www.resemble.ai/

475 https://www.resemble.ai/

476 https://www.voicesummit.ai/blog/virtual-assistants-can-detect-your-bad-mood-and-do-something-about -it#: :text=By incorporating emotion, virtual assistants, noticeable exhaustion in your voice

477 https://haptik.ai/blog/virtual-assistants-empathy/

478 https://youthedata.com/2018/04/24/the-problem-with-next-generation-virtual-assistants/

479 https://hrilab.tufts.edu/publications/fanetal17iva.pdf

cia inteligencia emocional, entonces le es más fácil confiar en la máquina.

Recordemos al robot C-3PO de *La guerra de las galaxias*. Se trata de un androide de protocolo, con dominio fluido en 6 millones de formas de comunicación. El lector se habrá dado cuenta de que es un robot humanoide con cierta personalidad, con emociones discretas (un cierto enfado, un cierto interés, algo de amor propio, actitud proactiva...), y que puede interactuar con otros robots y máquinas. El cine nos sugiere, en ciertas facetas, el camino que pueden tomar los asistentes virtuales.

Además de los asistentes de propósito general para *smartphones*, existen otros asistentes más potentes, o también más específicos, que operan sobre otras plataformas (ordenadores, o bien redes). Como ejemplo de asistentes más específicos están los dedicados a salud, con diversas variantes.

8.2. OTRAS *APPS* CON INTELIGENCIA

Según la página [480], Google tiene en marcha doce proyectos para inyectar inteligencia en sus productos. Sobre la base del sistema original de búsqueda de su navegador, basado en reglas, ha incorporado aprendizaje profundo. En cuanto a Google Photos, puede ahora sugerir cuáles compartir con los amigos. Gmail Smart Reply propone respuestas que casan con tu estilo y con el del *e-mail* al que respondes. Google Drive Smart Scheduling ofrece fechas de reunión basándose en fechas ya comprometidas y en tus hábitos. Google Calendar Quick Access predice qué ficheros van a ser empleados. Nest Cam Outdoor aplica *machine learning* en cámaras de seguridad automatizadas. Safe Content emplea *machine learning* para asegurarse de no presentar en YouTube contenido ofensivo. Y nos queda decir algo (bastante) sobre Google Maps, pero esto requiere un espacio *ad hoc*, acto seguido.

---

480 https://research.aimultiple.com/ai-is-already-at-the-heart-of-google/

8.2.1. MAPAS Y RUTAS PARA TI

Si bien la función básica de las primeras versiones de Google Maps, en el 2005, era presentar mapas (como si fuera un atlas digital), con los años ha ido enriqueciendo su funcionalidad, prestando cada vez más servicios. Servicios que están encontrando buena acogida, y no solo por los usuarios, también por tiendas y restaurantes.

Entre los servicios más utilizados está la búsqueda de rutas, a las que Google Maps añade información relevante.

En la patente[481] de Google, se señala el método para determinar rutas alternativas, mencionando el famoso algoritmo de Dijkstra. Se trata de un algoritmo perteneciente a la teoría de grafos, [482] [483]. La figura 8.9 presenta una fotografía del profesor Edsger W. Dijkstra, nacido en Holanda (Rotterdam), y cuya carrera académica le llevó por diversas instituciones, hasta dedicar los años 1984-1999 a su trabajo en la Universidad de Tejas, en Austin. Obtuvo numerosos premios, incluido el Premio Turing. En la foto (tomada de [484]) Dijkstra aparece con su habitual barba; no sé quién es la persona que, fumando en pipa, le acompaña en la imagen.

Otra de las patentes de Google es [485], que se refiere a la planificación de rutas, teniendo en cuenta datos de tráfico en tiempo real y otros factores variantes en el tiempo.

Para saber (mucho) más sobre rutas óptimas, es recomendable el artículo [486]. También es útil la página [487], que añade detalles para la aplicación práctica.

---

481 https://patents.google.com/patent/US8583363B2/en

482 https://magazine.impactscool.com/en/speciali/google-maps-e-la-teoria-dei-grafi/

483 https://www.vice.com/en_us/article/4x3pp9/the-simple-elegant-algorithm-that-makes-google-maps-possible

484 https://e-bergi.com/y/edsger-dijkstra/

485 https://patents.google.com/patent/US20140200807A1/en

486 https://www.microsoft.com/en-us/research/wp-content/uploads/2014/01/MSR-TR-2014-4.pdf

487 https://algorithmyou.com/2020/02/15/artificial-intelligence/how-google-maps-work-fast-route-planning/

Figura 8.9. A la derecha, Edsger W. Dijkstra

Según nos informan las páginas [488] [489], Google Maps tiene mapas de 220 países, e información de superficie sobre unos 200 millones de sitios y de negocios.

Una cosa es visualizar mapas y otra pintar edificios y añadir información contextual. Google está poniendo especial empeño en el realismo de los edificios, y como esto implicaría un esfuerzo humano inabarcable, lo que ha hecho es aplicar *machine learning* para completar automáticamente edificios a partir de las imágenes disponibles. También Google está aplicando *machine learning* para leer números de edificios, manzanas y calles escritos a mano. Esto ha permitido, por ejemplo, añadir 20.000 nombres de calles, 50.000 direcciones y 100.000 negocios a los mapas de Lagos, Nigeria, [490]. Por supuesto, la visualización de edificios implica que Google detecte y actualice los cambios adecuadamente, para lo cual emplea *machine learning*, [491] [492].

---

488 https://thenextweb.com/neural/2020/02/06/how-google-used-ai-to-supercharge-maps-in-2019/

489 https://analyticsindiamag.com/google-maps-15-years-machine-learning-algorithms/

490 https://github.com/ryanwc/GraphSearch

491 https://in.springboard.com/blog/implementing-machine-learning-algorithms-in-google-maps/

492 https://www.popsci.com/google-maps-artificial-intelligence-self-healing/

En cuanto a la información contextual, Google está aplicando *machine learning* para informar en los autobuses de forma predictiva sobre posibles retrasos, utilizando actualización en tiempo real de los problemas de tráfico. Además, [493, 494], se están introduciendo modelos predictivos para informar a los conductores, mientras van de camino usando GPS, acerca del tipo de carretera o del número de carriles que van a encontrar. Este servicio se apoya en una red neuronal convolucional y otra red basada en grafos; usa imágenes de satélite, y puede predecir a pesar de posibles obstáculos visuales. Se piensa añadir más funciones, como avisar de lugares disponibles para aparcamiento o la presencia de vías de ciclistas.

Cuando recorremos una ciudad, nos vamos fijando en cosas que nos son familiares: este edificio, aquella fuente, un monumento, etc. Lo que quiere hacer Google, mediante inteligencia artificial, es ayudarnos a navegar por sitios desconocidos, reconociendo edificios, vistas, letreros, mediante la cámara del móvil. Se denomina esta función como «*ambient navigation*», [495]. Por supuesto, mientras navegamos, Google Maps puede irnos informando sobre tiendas y bares cercanos, indicando cosas que nos podrían gustar y a qué precio están.

8.2.2. OTROS SERVICIOS ESPECÍFICOS

Desde no hace mucho, las compañías e instituciones dedicadas a estudios de mercado vienen avisando de que lo próximo grande que está a las puertas es el *software* con inteligencia artificial, [496]. Coincidiendo con esto, un reciente *e-book* de Microsoft, [497], aconseja añadir a los nuevos productos *software*, como característica atrayente y diferenciadora, el que posean inteligencia artificial.

---

493 https://news.mit.edu/2020/artificial-intelligence-digital-maps-0123

494 https://www.traffictechnologytoday.com/news/incident-detection/researchers-using-ai-and-satellite-images-to -improve-gps-navigation.html

495 https://www.wired.com/story/sundar-pichai-on-google-maps-at-15/

496 https://primefeed.in/news/489876/intelligent-apps-market-next-big-thing-major-giants-google-microsoft-operasoftware-cognizant/

497 https://www.cbronline.com/wp-content/uploads/dlm_uploads/2018/07/EN-GB-CNTNT-eBook-ISV-DifferentiateYour-Apps-with-Intelligent-Technology.pdf

Como manifestación de esta gran tendencia, contamos con un número creciente de *apps* inteligentes para prestar diversos tipos de servicios, [498, 499]. Pueden encontrarse más detalles sobre un amplio conjunto de *apps* en [500], además de las páginas web específicas correspondientes a cada *app* por separado.

Para concluir esta parte, queremos llamar la atención acerca de las 33 empresas incipientes *(start-ups)* sobre asistentes virtuales con inteligencia artificial, indicadas en la página [501], que incluye enlaces y breves descripciones.

8.3. LOS MÓVILES SON SENSORES

Los móviles poseen un conjunto de sensores, de los que cabe extraer una rica funcionalidad. Pero, además, el mero hecho de transmitir señales al exterior les convierte en localizables en muchas circunstancias. Todo ello brinda grandes oportunidades a las *apps* para poder ofrecer variados servicios.

8.3.1. SABEN DÓNDE ESTÁS

Vamos con algunas noticias un tanto sensacionalistas.

A comienzos del año 2018, traía la prensa internacional una curiosa noticia que tiene que ver con los móviles, [502]. Se trataba de una base militar en la provincia de Helmand, en Afganistán. Lo que pasó también podría pasar en otras instalaciones más o menos secretas. Para hacer ejercicio, algunos soldados corrían alrededor de la base. El problema es que llevaban el móvil. De modo que con una *app* como Strava, era posible tomar datos de la posición de los soldados y pintar su recorrido. Este recorrido venía a desvelar datos de la base y su configuración. Reproducimos en

---

498 https://www.devteam.space/blog/10-best-ai-apps/

499 https://medium.com/@fugenxmobileappdevelopment/top-15-ai-enabled-apps-for-android-and-ios -6252a8327d24

500 https://www.appventurez.com/blog/best-artificial-intelligence-android-apps/

501 https://www.ai-startups.org/top/virtualassistants/

502 https://www.theguardian.com/world/2018/jan/28/fitness-tracking-app-gives-away-location-of-secret-us -army-bases

la figura 8.10, adaptada de [503], esta información, obtenida a partir de móviles.

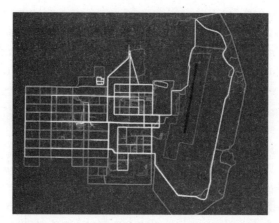

Figura 8.10. Información sobre una base militar a partir de datos de los móviles

También con un tono bastante sensacionalista, hubo una página web del *New York Times*, titulada How to Track President Trump (Cómo Seguir al Presidente Trump)[504]. Es una página impresionante, en la que se ve cómo el presidente va de un lugar a otro en Palm Beach, consiguiendo esta información en tiempo real a través de su móvil. Este mismo periódico muestra algo parecido en la página [505], mirando ahora a todos nosotros, a cómo se puede monitorizar tu localización usando tu móvil.

Pero sigamos. Aprovechemos esta oportunidad para dar la vuelta al tema de la localización y ver su cara positiva.

Hemos mencionado Strava. Si vamos a su página web[506], muy interesante, vemos que es una *app* para corredores y ciclistas, y que es sumamente popular (Strava afirma que se añaden un millón de usuarios más cada 45 días). Apoyadas en el éxito conseguido,

503 https://www.geospatialworld.net/blogs/post-strava-scandal-pentagon-bans-per-sonnel-from-using-gps/

504 https://www.nytimes.com/interactive/2019/12/20/opinion/location-data-national-security.html

505 https://www.nytimes.com/interactive/2019/12/19/opinion/location-tracking-cell-phone.html

506 https://www.strava.com/

han surgido diversas *apps* para análisis de rendimiento deportivo, utilizando datos obtenidos por Strava, [507]. Varias de estas *apps* emplean inteligencia artificial.

Ciertamente hay un género de *apps* que vienen a satisfacer un viejo problema de las familias, saber dónde está cada cual. La denominación estándar en inglés es *«family tracking apps»*. Por curiosidad hemos preguntado a Google acerca de este tipo de *apps*. Se obtienen ¡372 millones de resultados! Sí, es verdad, el tema interesa. Para una primera panorámica de las *apps* disponibles, podríamos recomendar [508] [509].

La *app* Spyic, basada en *machine learning*, va más allá. Como ya indica su nombre, permite saber bastantes cosas de los móviles a los que accede, incluyendo sus intercambios de mensajes y ficheros, además de su geolocalización[510, 511] y [512]. La página [513], orientada a educadores, describe con brevedad tres localizadores: Spyic, Minspy y Spyine; nótese cómo los tres nombres incluyen *spy*.

8.3.2. RECOMENDAR E INFORMAR

Hay varias *apps* que unen a la localización, servicios de información útil según dónde estés. Hablemos un poco de este aspecto.

Cuando entras en la faena de buscar hotel en algún sitio, Internet te facilita diversas herramientas, y suele suceder que estas incluyen opiniones de clientes. Básicamente esa es la sustancia de muchos «sistemas de recomendación» *(recommender systems)*: recoger opiniones. Existen versiones de este tipo de sistemas, típicamente para móviles, que tienen en cuenta tu ubicación en ese

---

507 https://www.strava.com/apps/performance

508 https://www.familyorbit.com/blog/best-family-tracking-apps/

509 https://tech-vise.com/great-tracking-apps/

510 https://spyic.com/

511 https://www.3ptechies.com/spyic-review.html

512 https://www.techiexpert.com/how-to-track-peoples-location-by-phone-number-spyic/

513 https://www.educatorstechnology.com/2020/07/how-to-track-cell-phone-location-for.html

momento para comentar o recomendar cosas de interés; como por ejemplo las sensacionales pizzas vegetales de un restaurante cercano, o las increíbles rebajas de ropa deportiva de la tienda de la esquina, o incluso sugerir un museo, y también recordar que hay cerca una terracita donde se suelen reunir tus amigos a estas horas, etc.

En la página [514], se nos señala que hay dos tipos de sistemas de recomendación: los basados en contenido y los que emplean opiniones de gente. Un sistema basado en contenidos te presenta cosas parecidas a las que antes te han gustado; es decir, emplea memoria y analiza tus elecciones anteriores. El otro tipo de sistemas supone que, si algo es popular, también puede gustarte a ti.

Por supuesto, cabe considerar un enfoque afectivo y además tener en cuenta lo que dicen las redes sociales. Esta es la propuesta de [515]. La figura 8.11, que hemos adaptado de esta publicación, permite sintetizar la idea.

Figura 8.11. Concepto de un sistema de recomendación contextual afectivo

En este contexto, tiene su interés la patente de Google sobre «*location-based recommendation system*», [516].

---

514 https://medium.com/towards-artificial-intelligence/building-a-recommender-system-with-pandas -1ca0bb03fdce

515 https://hcsi.cs.tsinghua.edu.cn/Paper/Paper16/MM16-wu.pdf

516 https://patents.google.com/patent/US20060266830A1/en

Toquemos rápidamente un punto delicado.

Es posible que algunos gobiernos hayan traspasado ciertas líneas rojas al llevar a la práctica el seguimiento mediante móvil, con motivo del COVID. La página [517], del Observatorio de Derechos Humanos, pone sobre la mesa algunas cuestiones al efecto. Otras páginas, como [518, 519], muestran preocupación por lo siguiente: cuando el COVID pase, ¿habrá marcha atrás, o seguiremos vigilados por otros motivos? Algunos autores dicen que la tecnología ensayada es *pegajosa*.

Obviamente, al citar de pasada un cierto grado de «espionaje», surgen cuestiones sobre privacidad. Es un tema complejo, sujeto a una difícil normativa. Para hacerse una idea, sería recomendable mirar el artículo [520]. Son también interesantes las páginas [521] [522] sobre accesos inadvertidos a nuestros *smartphones* y cómo prevenirlos o controlarlos.

Vayamos a otros temas más agradables. Por ejemplo, algunos usos interesantes de los sensores del móvil, tales como la cámara o los acelerómetros.

8.3.3. LOS MÓVILES Y EL DEPORTE

Ya que hemos mencionado el ciclismo, correr, etc., podríamos abrir la puerta al mundo del ejercicio, mantenerse en forma, ir al gimnasio, cuidar la alimentación… También aquí ha entrado con fuerza la inteligencia artificial.

Hay una gran afición a andar, correr, trotar… Todo tipo de modalidades en cuanto a nuestra forma básica de ir de un sitio a otro. Ahora bien, casi seguro que lo podemos hacer mejor. Existen *apps* con inteligencia artificial que pueden ayudarnos

517 https://www.hrw.org/news/2020/05/13/mobile-location-data-and-covid-19-qa

518 https://www.forbes.com/sites/zakdoffman/2020/03/27/covid-19-phone-location-tracking-its-moving-fast-this-iswhats-happening-now/#111184a611d3

519 https://journals.sagepub.com/doi/full/10.1177/2056305120948257

520 https://eprints.networks.imdea.org/1744/1/trackers.pdf

521 https://medium.com/bugbountywriteup/smartphone-surveillance-techniques-f9e206c5c456

522 https://www.entrepreneur.com/article/324598

como lo haría un entrenador; esta es la idea de Vi, considerada una de las mejores *apps* para corredores[523], que, entre otras cosas, nos propone metas o desafíos para cada día, y que ayuda a pasarlo bien mientras corremos. Pueden verse las opiniones de un usuario en [524]. Para corredores más profesionales, que a lo mejor están pensando en algún maratón, puede recomendarse TrainAsONE, que genera tu plan de entrenamiento personal (de momento hay que esperar a su versión para móvil), [525].

En algún momento de las páginas anteriores, hemos mencionado el *Internet of Things* (IoT). Pues bien, la empresa Sensoria nos ofrece calcetines, sudaderas y otros accesorios dotados de sensores para monitorizar el corazón, el modo de pisar, el ritmo de las piernas, etc. Todo acoplado por Bluetooth a una *app* con inteligencia artificial que nos permite analizar y visualizar cómo va nuestro rendimiento, calorías, etc., [526]. La figura 8.12 ilustra la idea de este equipamiento.

Figura 8.12. Utilización de material de Sensoria para nuestras salidas a correr

Mediante cámaras y un procesamiento inteligente de las imágenes, se puede sacar información sobre nuestras posturas al correr.

523 https://vitrainer.com/

524 https://www.self.com/story/i-tried-an-ai-running-coach-for-1-month-and-it-helped-me-run-faster

525 https://www.trainasone.com/

526 https://www.sensoriafitness.com/

La página web [527] plantea la creación de una *app* que nos ayude a mejorar la postura y así conseguir buenas marcas. De hecho, el autor de la página recluta también a su hija, para estudios comparativos, y concluye con una foto de padre e hija ganando una carrera. La figura 8.13 muestra esta foto, que incluye la visión inteligente (esqueletos móviles) que utiliza la *app*.

Figura 8.13. Mejorar la forma de correr mediante una
app *con visión inteligente de la postura*

Examinando las *apps* para ciclistas, se ve que hay mucha gente que emplea la bicicleta con diversidad de usos y que, por tanto, también hay variedad de *apps*. Por ejemplo, para moverse en ciudades, tenemos UrbanCyclers. Para hacer excursiones, de carretera o en senderos de montaña, en bici o a pie, un planificador de rutas inteligente es Komoot, bastante popular.

527 https://www.xyonix.com/blog/using-ai-to-improve-sports-performance-amp-
achieve-better-running-efficiency

La verdad es que no hemos podido resistir la tentación de hacer un *collage*, con material ofrecido por [528] de Komoot, acerca de una posible excursión en bici, probablemente después de entrenarse un poco. Es la figura 8.14.

Figura 8.14. Una posible excursión planificada con una app *inteligente*

Otro escenario es el de las bicicletas estáticas, bien en casa o en un gimnasio. Nos parece recomendable visitar páginas como [529] [530], para disfrutar de la visualización tipo película que ofrece Intelligent Cycling, una *app* con inteligencia artificial.

Ya que hemos mencionado los gimnasios, vamos a entrar ahí, soñando quizá en ponernos en forma con ayuda de la inteligencia artificial.

Normalmente, cuando vamos a los aparatos, necesitamos que alguien nos guíe. No es extraño, por tanto, que hayan aparecido

528 https://www.komoot.com/collection/664/zermatt-mountain-bike-paradise-at-the-foot-of-the-matterhorn

529 https://wattbike.com/es/intelligent-cycling-small-group-training

530 https://body-bike.com/explore/virtual-software/

apps para entrenar/aconsejar. En definitiva, se trata de asistentes virtuales especializados en *fitness*.

Encontramos en la página [531] una breve descripción de ocho entrenadores personales inteligentes, pensados para deporte en casa. Reproducimos en la figura 8.15 una ilustración sobre Kaia Personal Trainer, [532], en la que se aprecia cómo la *app* analiza tu postura (utiliza 16 puntos), mientras te va diciendo comentarios para mejorar tus prestaciones.

Figura 8.15. Ejemplo de entrenador personal en acción

En el caso del levantamiento de pesas, es muy de agradecer que la *app* monitorice nuestra postura, en parte para mejorar marcas, y en parte (¡importante!) para evitar lesiones. Nos parece que la figura 8.16, tomada de [533], es suficientemente ilustrativa de este aspecto.

531 https://roboticsbiz.com/top-8-ai-based-personal-trainers-the-future-of-fitness/

532 https://www.engadget.com/2019-03-21-kaia-personal-trainer-app-iphone-ipad-camera-fitness.html

533 https://mobidev.biz/blog/human-pose-estimation-ai-personal-fitness-coach

Figura 8.16. La app *hace una visión inteligente (tipo esqueleto) de la postura*

Pero si quieres más bien serenidad, paz, tienes el yoga. Hay muchas *apps* para yoga. Recientemente ha aparecido una que es inteligente, Zenia, [534] [535] [536]. Volvemos a encontrar aquí el análisis de posturas a base de «esqueletos». La figura 8.17, tomada de [90], muestra un ejemplo de yoga, que por mi parte tengo difícil imitar, ojalá.

Figura 8.17. Ejercicio de yoga apoyado por Zenia

534 https://beebom.com/zenia-worlds-first-ai-powered-virtual-yoga-assistant/

535 https://venturebeat.com/2019/12/06/zenia-is-using-computer-vision-to-build-an-ai-driven-fitness-trainer/

536 https://analyticsindiamag.com/how-zenia-shapes-the-future-yoga-with-ai/

En cuanto al yoga, lo practican más de 300 millones de personas en el mundo, y en Estados Unidos se gastan unos 16.000 millones de dólares anuales para sesiones o equipamiento. Y, con respecto a Zenia, se han utilizado unas 100.000 imágenes para entrenamiento de red neuronal.

Hay muchas más *apps* inteligentes dedicadas a todo tipo de deportes que podríamos mencionar. Pero, por brevedad, debemos llevar la mirada a otros campos de aplicación.

8.3.4. CUIDAR LAS PLANTAS

Si por fin salimos al campo, no es nada malo cultivar la curiosidad científica respecto al entorno. Y hay muchas preguntas en el aire. Por poner un caso más bien amplio, ¿distingo un árbol de otro?, ¿sé cómo se llaman?, ¿y las otras plantas? Podría ser que, en concreto, nos interesen las setas, o las plantas medicinales...

Entre los temas más propios y clásicos de la inteligencia artificial está el reconocimiento de formas. De manera que cabe esperar la existencia de alguna *app* inteligente, que, utilizando la cámara del móvil, nos ayude a reconocer plantas.

PlantSnap es una *app* inteligente muy popular, [537] [538], que permite reconocer plantas, cactus, flores, setas... Emplea una base de datos de más de 500.000 especies y 150 millones de imágenes. Reproducimos en la figura 8.18 una foto bastante difundida en Internet, que ilustra bien la idea de este tipo de *apps*. Otra *app* inteligente con similar funcionalidad es PictureThis, [539], que incluso te ayuda a cuidar tus plantas.

537 https://www.plantsnap.com/

538 http://eltarget.com/2018/06/06/plantsnap-una-aplicacion-identificar-especies-plantas/

539 https://www.picturethisai.com/?gclid=EAIaIQobChMIrpvvkKzX6wIVuBoGAB0y nAbVEAAYASAAEgI -IPD_BwE

Figura 8.18. Ejemplo de una app *para reconocer plantas*

Cualquiera que haya cultivado o cuidado plantas, le tiene pánico a las enfermedades o los bichos. No siempre es fácil acertar con el diagnóstico y/o la posible cura. Desde el 2015 se cuenta con Plantix, una *app* inteligente desarrollada en Berlín, [540] [541]. Con esta *app* es posible detectar enfermedades, pestes, deficiencias de nutrición, y obtener indicaciones para su tratamiento. Hay además otras *apps* para identificación de enfermedades, como las descritas brevemente en la página [542].

Hay bastante investigación científica acerca de la identificación de enfermedades en plantas, con abundantes publicaciones de interés. En ocasiones, se refieren a aspectos específicos, como el artículo [543] para el caso de las hojas de vid (el artículo propone emplear redes GAN). Un artículo de revisión más general es [544], centrado en el empleo de redes convolucionales.

8.3.5. Tu salud y alimentación

La cámara del móvil también es útil en aspectos relacionados con la alimentación. Tanto Calorie Mama AI, que antes hemos mencionado, como Bite.ai son *apps* inteligentes que reconocen los alimentos que tomamos mediante imágenes captadas por el

---

540 https://plantix.net/en/

541 https://medium.com/@hbchawla1307/plantix-7628394fe29a

542 https://www.themamapirate.com/plant-disease-identification-apps/

543 https://ieeexplore.ieee.org/stamp/stamp.jsp?arnumber=9104723

544 https://www.frontiersin.org/articles/10.3389/fpls.2019.00941/full

móvil. La figura 8.19, tomada de la página web de Bite.ai[545], ilustra la idea.

Figura 8.19. Reconocimiento automático de alimentos mediante el móvil

En una reciente publicación[546], investigadores de la McGill University, en Canadá, presentaron FoodTracker, una *app* inteligente para reconocer alimentos con el móvil. Lo interesante de esto no es tanto la *app* en sí, como que la publicación da extenso detalle de cómo está hecha: mediante aprendizaje profundo con red neuronal convolucional, con una capa YOLO en la salida.

Detrás de la *app* Calorie Mama AI[547] está la empresa Azumio, con base en Palo Alto, California. Es interesante tener un cuadro más completo de esta empresa, que guarda relación con universidades de la bahía de San Francisco. Es una empresa de productos para la salud, con 720.000 usuarios de su *app* Argus, y también una gran difusión de otras de sus *apps*, como FitnessBuddy, Instant Heart Rate, Glucose Buddy, Instant Fitness (entrenador personal) y Sleep Time. Esta última *app* emplea acelerómetros del móvil mientras duermes, para ver si te mueves poco o mucho, y generar un gráfico asociado a las fases del sueño.

Un breve inciso en relación con ejercicios y fisioterapia.

Como cabe esperar, la visión artificial inteligente basada en «esqueletos» también encuentra aplicaciones en escenarios de

545 https://bite.ai/

546 https://arxiv.org/pdf/1909.05994.pdf

547 https://www.caloriemama.ai/

rehabilitación, o de cuidados y ejercicios de personas mayores. Ejemplos de *apps* inteligentes para ejercicios de rehabilitación son: Rehab, de la empresa Rehab Boost[548]; o también MoveAI, de la empresa WizeCare[549]. Este tipo de *apps* está introduciéndose en el ámbito de la fisioterapia, ayudándose de sensores, como ya indica la página[550] de Orthyo. Podríamos sugerir, para vislumbrar el panorama de lo que viene, acceder a la página [551], sobre salud y análisis del movimiento humano; y la página [552], sobre inteligencia artificial y fisioterapia.

8.3.6. PERSONAS CON NECESIDADES ESPECIALES

Queremos ahora considerar el ámbito de las personas con necesidades especiales, y nos interesa la comunicación gestual.

Además de emplear la voz o el texto escrito para comunicarnos, las personas podemos utilizar nuestros movimientos musculares de diversas formas. Entre mudos o sordos, es popular el uso de un lenguaje de signos con las manos. Se está investigando para que el móvil pueda ayudar para emitir mensajes o para recibirlos.

Según anuncia la página [553], se puede usar MediaPipe (biblioteca de *software* ofrecida por Google) para reconocer el lenguaje de signos. Reproducimos en la figura 8.20, tomada de dicha página, una ilustración de cómo se reconocen los signos.

La compañía holandesa Evalk ha desarrollado una *app*, denominada GnoSys, que traduce en tiempo real el lenguaje de signos en mensajes de voz, [554].

---

548 http://rehabboost.com/

549 https://wizecare.com/

550 https://orthyo.com/

551 https://medium.com/ideas-lab-thoughts/healthcare-and-human-motion-analysis-applications-to-consider -a8b5b6b21c67

552 https://medium.com/@coviu/artificial-intelligence-for-physiotherapy-1f22fb4ac5f

553 https://syncni.com/article/2776/google-uses-ai-to-translate-sign-language-into-spoken-speech

554 https://www.business-standard.com/article/pti-stories/new-ai-app-for-deaf-translates-sign-language-into -speech-in-real-time-118102500541_1.html

Figura 8.20. Planteamiento del reconocimiento de signos con las manos

La traducción de signos en voz o texto constituye todo un tema de investigación, cuyos principales aspectos pueden consultarse en el artículo de revisión [555]. Es interesante tomar nota de una advertencia de [556], y es que cuando se emplea un lenguaje de signos, también son importantes los gestos del cuerpo y la expresión facial. Esto se ve reflejado en el proyecto que está desarrollando la compañía SignAll, de Budapest, [557].

Figura 8.21. Traduciendo texto escrito en lenguaje de signos

Pensando en niños sordos que están aprendiendo a leer, y que conocen el lenguaje de signos, Huawei ha desarrollado una *app*,

555 https://www.mdpi.com/2079-9292/8/9/1047/htm

556 https://syncni.com/article/2776/google-uses-ai-to-translate-sign-language-into-spoken-speech

557 https://techcrunch.com/2018/02/14/signall-is-slowly-but-surely-building-a-sign-language-translation-platform/

llamada StorySign, [558], que convierte texto en signos, según muestra el vídeo [559]. La figura 8.21, tomada de [560], muestra la protagonista que va traduciendo a gestos lo que va leyendo el móvil.

En otro capítulo posterior, pondremos el foco en iniciativas humanitarias de la inteligencia artificial. Como parte de esas iniciativas figura la de Microsoft en torno a AI for Good. Si accedemos a la página web de esta, [561], aparecen enlaces a cinco áreas de actividad: AI for Earth, AI for Health, AI for Accesibility, AI for Humanitarian Action y AI for Cultural Heritage. Pues bien, dentro del área dedicada a accesibilidad, aparece una interesante *app* para ciegos: se trata de Seeing AI.

La idea de Seeing AI es la de una cámara parlante. La *app* traslada a mensajes de voz lo que ve la cámara del móvil. Ejemplos: leer en voz alta texto escrito, ver una cara y describirla emocionalmente (es un hombre joven con gafas y sonriente; o bien, es tu amiga Fernanda), describir una escena (es una chica escribiendo en un portátil), escanear códigos de barras, detectar luz (para evitar quemarse con una bombilla), etc. Para más información sobre Seeing AI, pueden recomendarse las páginas [562, 563, 564].

Para los amantes del diseño, es aconsejable seguir la pista a los premios Core77 Design Awards, [565]. Uno de estos premios, del año 2018, vino a recaer en Seeing AI, calificado como notable en la

---

558 https://venturebeat.com/2018/12/03/huaweis-storysign-app-can-translate-kids-books-into-sign-language/

559 https://play.google.com/store/apps/details?id=com.storysign.storysign&hl=en_US

560 https://www.tododisca.com/huawei-lanza-storysign-la-app-que-interpreta-cuentos-para-ninos-sordos/

561 https://www.microsoft.com/en-us/ai/ai-for-good

562 https://www.microsoft.com/en-us/ai/seeing-ai

563 https://visionaware.org/everyday-living/helpful-products/using-apps/seeing-ai-app/

564 https://techcrunch.com/2019/03/12/blind-users-can-now-explore-photos-by-touch-with-microsofts-seeing-ai/

565 https://designawards.core77.com/

categoría de Diseño para Impacto Social, [566] (esta es una página digna de ver por sus ilustraciones).

Google también tiene sus planes para ayudar a los ciegos. Recientemente ha introducido la *app* Lookout, también del tipo cámara parlante[567].

Además de la cámara, el móvil tiene un micrófono (y un altavoz), y esto puede ser útil para ciertas aplicaciones médicas y humanitarias.

Ya se ve que la conversión de voz a texto (cuanto más rápida, mejor) interesa a los sordos o duros de oído. Así que, utilizando las técnicas de conversión voz a texto ya comentadas antes, hay actualmente un buen puñado de *apps* con esta función. Las páginas [568, 569] presentan un muestrario de estas *apps*. Como ejemplos se pueden citar Live Transcribe de Google, que permite, por ejemplo, situar un micrófono cerca de un conferenciante, recibir por wifi la señal en tu móvil y ahí leer el texto correspondiente. A su vez, AVA posibilita que en una reunión cada asistente se conecte a tu móvil y ver en pantalla el texto de lo que dice cada persona (con el nombre añadido).

Dicho sea de paso, existen investigaciones acerca de leer los labios automáticamente, según comenta la página [570]. Durante un cierto tiempo han trabajado en ello, por separado, dos grupos de la Universidad de Oxford. Uno de estos grupos creó el programa LipNet, que consiguió un 93,4 % de acierto, frente al 52,3 % típico de los humanos. El otro grupo mantuvo colaboración con Google DeepMind, llegando a desarrollar el programa

566 https://designawards.core77.com/Design-for-Social-Impact/72380/Seeing-AI-Talking-Camera-App-for -the-Blind-Community

567 https://www.theverge.com/2020/8/11/21357444/google-lookout-app-android-accessible-languages-design

568 https://www.attune.com.au/2019/11/27/the-best-helpful-apps-for-people-with-hearing-loss/

569 https://abilitynet.org.uk/news-blogs/9-useful-apps-people-who-are-deaf-or-have-hearing-loss

570 https://www.verywellhealth.com/lipreading-software-1048331

Watch, Listen, Attend, and Spell, [571]. Recientemente, DeepMind ha anunciado grandes mejoras en su *software*, [572]. El tema de la lectura de labios puede tener sus peligros (espionaje a distancia), pero también puede mostrar otras vertientes positivas: hay propuestas para su empleo para interactuar con el móvil, incluso como juego, o bien para autenticación y/o apertura de aplicaciones.

Nos ha parecido especialmente sugerente el artículo [573], que investiga de qué manera el cerebro traduce la lectura de labios en habla silenciosa interna (respuestas neuronales semejantes a cuando manejamos audio).

Para enseñar a niños autistas habilidades de comunicación con los demás, se ha desarrollado la *app* InnerVoice. Es muy simpática la página web, [574], con vídeos de niños jugando con la *app*.

Veamos algo sobre la dirección inversa, texto a voz.

Claramente esto es interesante para las personas mudas o con dificultades en el habla. Las páginas [575, 576, 577] ofrecen un repertorio de *apps* para conversión texto a voz; voz que podemos elegir y adaptar a nuestro gusto (podríamos optar por un cantante, una actriz, un locutor, etc.).

Como aplicación importante está el manejo de idiomas. Nos puede interesar cómo se pronuncia una palabra escrita en inglés; o también traducir un texto en castellano a chino hablado. Pueden encontrarse breves descripciones y enlaces, sobre diversas *apps* para traducción, en las páginas [578] [579].

571 https://www.theverge.com/2016/11/24/13740798/google-deepmind-ai-lip-reading-tv

572 https://deepmind.com/research/publications/large-scale-visual-speech-recognition

573 https://www.jneurosci.org/content/40/5/1053

574 https://innervoiceapp.com/

575 https://techwiser.com/text-to-speech-apps-for-android/

576 https://fossbytes.com/best-text-to-speech-apps-android/

577 https://www.friendshipcircle.org/blog/2017/01/26/text-to-speech-communication-apps/

578 https://thepointsguy.com/guide/best-translation-apps-for-travel/

579 https://www.daytranslations.com/blog/top-10-free-language-translation-apps/

Un tipo especial de traductores son los *camera translators*, que ya hemos mencionado páginas atrás. La página [580], del año 2020, describe brevemente cuatro *apps* con esta funcionalidad.

Otras aplicaciones en las que interviene el sonido tienen relación con diagnóstico médico, y, cómo no, con música. Se están desarrollando aplicaciones para analizar murmullos cardiológicos añadiendo al móvil un estetoscopio electrónico sin cables, [581] [582]. También se están considerando aplicaciones para diagnóstico de enfermedades respiratorias, [583] [584]. En cuanto a música, existen varias *apps* para generación de música a tu gusto, y otras que siguen el planteamiento de los sintetizadores; la página [585] presenta un muestrario de 30 *apps*. La *app* PentaScore escucha lo que tocas y lo transcribe a pentagrama, [586].

580 https://www.geckoandfly.com/11934/google-language-translate-offline/

581 https://tectales.com/ai/stethee-an-ai-powered-wireless-stethoscope.html

582 https://www.imedicalapps.com/2017/06/iphone-heart-murmur-app/

583 https://onlinelibrary.wiley.com/doi/pdf/10.1111/all.13720?casa_token=dUslyUEjt
     KYAAAAA:Klo5SecJX2EfPzXdoO4or8BUmC98AxfdnL7J_KyXJxdX7wSf9lub5s-
     F4ETkWxM3C1EPKhcIfcB6OYw8

584 https://copdnewstoday.com/2017/12/21/resapp-smartphone-app-accurately-diag-
     noses-copd-other-respiratory -illnesses/

585 https://how2do.org/30-app-for-playing-and-making-music-on-android-iphone-
     and-ipad/

586 https://apkpure.ai/pentascore

CAPÍTULO 9
IA EN LOS MEDIOS SOCIALES

Vamos a seguir tratando la información, pero esta vez con un toque más personal, porque los medios sociales permiten hablar de tú a tú.

No cabe duda de que los medios sociales son un gran acontecimiento de nuestra época, con variados efectos todavía por entender. Lo que sí está claro es su íntima conexión con las tecnologías digitales, entre las que está presente la inteligencia artificial (de forma quizá oculta). En buena parte, la misión de este capítulo es desvelar algunas facetas de esta presencia de la inteligencia artificial.

Algunos de los temas que van a aparecer son: el nuevo impulso de la realidad virtual (metaverso), la moderación algorítmica de contenidos y los *influencers*.

Tratándose de un mundo muy activo y de tanta importancia económica y social, todo pasa muy deprisa y no podemos pretender aquí dar noticias de última hora, pero sí centrarnos en temas y corrientes de fondo, más en la raíz.

9.1. MEDIOS SOCIALES. PANORÁMICA

A pesar de ser un fenómeno bastante reciente, todavía podemos hacer algo de historia para ir situando a los personajes de los que vamos a tratar.

9.1.1. QUIÉN ES QUIÉN

La World Wide Web nació a principios de los noventa. La segunda generación fue nombrada por primera vez como tal, Web 2.0, por Tim O'Reilly en octubre del 2004. Por su parte, las redes sociales nacieron con anterioridad al 2004. La primera que alcanzó cierta popularidad fue SixDegrees.com, que comenzó en 1997.

En el 2003 comienza LinkedIn, fundada por Reid Hoffman. Está dedicada al mundo profesional. A través de esta red se pueden encontrar trabajos y oportunidades de negocio, entre otras cosas.

Siendo estudiante de Psicología en la Universidad de Harvard, Marc Zuckerberg lanzó Facebook, en 2004. Al cabo de 24 horas se habían inscrito 1200 alumnos de esa universidad, y al mes ya era la mitad del alumnado *undergraduate*. A partir del 2005 salió más allá de Harvard. Su objetivo principal es entretenimiento. Mientras que las redes antes mencionadas están orientadas al usuario, en el caso de Facebook se mantienen dos orientaciones: a usuario y a contenidos. La red Flickr, tan conocida para compartir fotos y vídeos, fue fundada en 2004, y adquirida por Yahoo! en el 2005.

Evidentemente, es muy popular YouTube, con sus vídeos, documentales y películas. Fue fundada en 2005. En noviembre del 2006 fue comprada por Google por 1650 millones de dólares. Es una red orientada a contenidos.

La red Twitter fue fundada por Jack Dorsey, Biz Stone y Evan Williams en marzo del 2006. Sirve como red social y para *micro-blogging*. Mantiene dos objetivos: para negocio y para entretenimiento. Es una red orientada a contenidos. Ha sido utilizada para campañas electorales, propósitos educativos, relaciones públicas, etc.

La red Instagram fue fundada por Kevin Systrom en el 2010. En el mismo día de su lanzamiento se apuntaron 25.000 usuarios. Se dedica a fotos y vídeos.

Más detalles históricos y técnicos en el capítulo [587].

---

587 https://www.researchgate.net/publication/227226547_Online_Social_Networks_Status_and_Trends

Para culminar las presentaciones, la figura 9.1 muestra fotografías (bastante difundidas en Internet) de Marc Zuckerberg a la izquierda, Jack Dorsey en el centro, y a la derecha Peter Thiel y Reid Hoffman. Estos dos últimos fueron compañeros de estudios en la Universidad de Stanford, y se reunieron veinticinco años después para conversar (y hacerse fotos). Thiel es uno de los fundadores de PayPal, y es más bien delgado comparado con Hoffman, que se ve que es feliz.

Figura 9.1. De izquierda a derecha, Zuckerberg, Dorsey, Thiel y Hoffman

9.1.2. SITUACIÓN Y TENDENCIAS ACTUALES

Veamos algunos datos de cómo van las cosas con las redes sociales. Para ello nos vamos a servir de la información que nos brinda la página [588].

Aunque las mayores plataformas —Facebook, Instagram y Twitter— siguen dominando, Facebook ha perdido muchos usuarios (sobre todo jóvenes) y Twitter no está creciendo como antes. Sí que están cobrando fuerza las otras alternativas.

---

588 https://www.smartinsights.com/ecommerce/social-commerce/social-commerce-trends-for-2020-you-need-to-lookout-for/

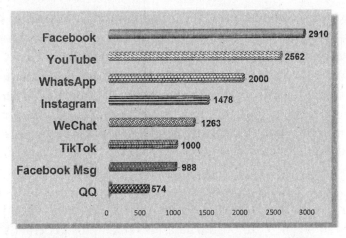

Figura 9.2. Millones de usuarios de las redes sociales en el 2022

La figura 9.2 muestra datos de Statista del año 2022, [589], sobre las redes sociales más populares a nivel mundial. Los números corresponden a millones de usuarios. Twitter no aparece porque está en unos 340 millones.

Las empresas que mantienen en funcionamiento las redes sociales ganan dinero con los anuncios. Los anunciantes, a su vez, quieren ver reflejado el efecto de sus anuncios en resultados económicos. En principio, es bueno para una red social tener muchos usuarios, pero conviene matizar. A un fabricante de galletas o de patatas fritas, por ejemplo, puede convenirle llegar con los anuncios a mucha gente. Pero si se trata de coches de lujo, le interesará acceder a un grupo especial de posibles clientes.

En definitiva, queremos señalar que el número de usuarios de una red no lo dice todo, aunque tiene su importancia.

Hasta cierto punto —hay polémica sobre esto— se puede entender que lo que venden Facebook, Instagram, etc., es tiempo. Se trata del tiempo que dedican los usuarios a mirar la pantalla, y, por tanto, interactuar con reclamos comerciales (pueden ser anuncios, o estar en los contenidos). Hay por consiguiente una consigna: enganchar *(engage)* al usuario.

---

589 https://www.statista.com/statistics/272014/global-social-networks-ranked-by-number-of-users/

Según los comentaristas, [590, 591, 592], las redes tienden a dar cada vez más cabida a los vídeos en directo, a las historias (breves, impactantes, divertidas), a la realidad aumentada. En fin, cosas dinámicas en las que se puede intervenir, y que enganchan. Por otra parte, crece el empleo de mensajería instantánea (WhatsApp, Messenger, Viber, WeChat, etc.). En parte por la mala impresión que produjo Facebook compartiendo datos con terceros, se ha perdido confianza en las redes y se está prefiriendo la mensajería. También se están focalizando más los esfuerzos hacia nichos concretos de la audiencia interesados especialmente en tal o cual tipo de contenidos o contactos. Precisamente, en cuanto a contenidos, se está dando más importancia a los contenidos generados por usuario, y a la generación Z. Esta generación ha nacido a finales de los noventa, comienzos de los 2000; se les conoce como *zoomers*, vienen después de los *milennials*, y preceden a la generación alfa.

Veamos acto seguido la situación actual y las tendencias de los medios sociales.

En otras páginas del libro hemos usado curvas de la empresa Gartner *(hype cycles)* sobre cómo evoluciona la expectación generada por las novedades a lo largo del tiempo. Hay otras fuentes, además de Gartner, que ofrecen gráficos parecidos, como es el de la figura 9.3[593]. Corresponde a cómo se veía la situación en el año 2019 con respecto a las comunicaciones digitales. Entre otras cosas, los años recientes han demostrado que, en efecto, TikTok está yendo para arriba.

590 https://www.antevenio.com/usa/12-trends-in-social-networks-for-this-year/

591 https://influencermarketinghub.com/social-media-trends/

592 https://sproutsocial.com/insights/social-media-trends/

593 https://www.datamediahub.it/2019/03/08/digitalmente-30/

Figura 9.3. Curva de expectativas de las comunicaciones digitales

Aunque hemos prestado atención a varios medios sociales bien conocidos, como Facebook o Twitter, no son los únicos que ocupan la escena. Más bien, el término «medio social» abarca actualmente un amplio conjunto de sistemas.

9.1.3. Ventajas y desventajas

En general hay bastante consenso en cuáles son las principales ventajas e inconvenientes de los medios sociales. No obstante, deben tenerse en cuenta factores como la edad de los usuarios o el tipo de utilización de los medios —puede ser gestión comercial, para entretenimiento, etc.—.

El informe [594] ofrece una revisión de publicaciones y se centra en los beneficios que aportan estos medios a la gente joven. Tales beneficios se refieren especialmente a aspectos educativos (incluyendo el dominio de los sistemas informáticos del caso), de creatividad, de autoexpresión, de fortalecimiento de relaciones interpersonales, del sentido de pertenecer a un colectivo o comunidad, de compromiso cívico y participación política y de bienestar. Más recientemente, la página [595] enuncia nueve beneficios en relación con actividades comerciales: comunicación más fácil y más rápida con mucha gente interesante (que pueden convertirse en apoyos y colaboraciones), ganar en visibilidad, impulsar la propia página

---

594 https://www.uws.edu.au/__data/assets/pdf_file/0003/476337/The-Benefits-of-Social-Networking-Services.pdf

595 https://www.searchenginejournal.com/social-media-business-benefits/286139/#close

web, recibir realimentación de los clientes, impresionar a clientes potenciales, dar imagen de marca, ver qué hace la competencia, interactuar con ideas y contenidos procedentes de los usuarios.

La otra cara de la moneda corresponde a desventajas. Aunque se podría consultar a usuarios de cierta edad, lo que hace la página [596] es preguntar a una clase de *teenagers* (chavales). Uno de estos estudiantes dice: «Tenemos ahora una disminución impresionante en cuanto a comunicación cara a cara, que reduce la capacidad para interactuar con los demás a nivel de hablar». A continuación, la página comenta brevemente diez desventajas: pérdida de conexión emocional, dar licencia para herir a los demás, aminorar las habilidades de comunicación cara a cara, dar pie a expresiones falsas de sentimientos, disminución de la comprensión y la reflexión, produce desconexión (es difícil conversar en vivo con gente pegada a pantallas), facilita la pereza (no buscas a los amigos, solo les cuelgas algún mensaje, y además desperdicias mucho tiempo), promueve una autoimagen deformada, debilita la unión familiar, causa distracciones.

Hay otras páginas que mencionan simultáneamente ventajas y desventajas. La página [597], del año 2021, resume seis ventajas y siete desventajas. Las ventajas son: poder contactar sin fronteras con cualquiera, acceso instantáneo a noticias e información, un gran canal para *marketing*, estar al tanto de lo que pasa y entrar en movidas, intercambio de ideas y colaboración, estar en contacto. Las desventajas: adicción, trastornos mentales, fraudes y molestias, información sesgada, *cyberbullying*, ser atacado por *hackers*, tener problemas con la privacidad.

A su vez, la página [598] nos habla de quince ventajas, quince desventajas, y recoge algunos comentarios de lectores sobre estos puntos. Constituye un ejemplo de cómo, si metes la lupa y empiezas a distinguir edades y sus circunstancias, aparecen más aspectos a favor o en contra. Verbigracia, en cuanto a ventajas, las gran-

---

596 https://www.rootsofaction.com/disadvantages-of-social-networking/

597 https://honestproscons.com/social-networking-advantages-and-disadvantages/

598 https://turbofuture.com/internet/Advantages-and-disadvantages-of-social-networking

des posibilidades de comunicación familiar que se abren para los mayores.

9.1.4. Impacto de la pandemia

Según [599], la pandemia ha acelerado tres grandes corrientes que ya se veían de antes. Son las siguientes: mucho más trabajo en remoto, más reuniones virtuales, menos viajes; mucha más actividad vía Internet: compras y entregas (p. ej. comida), educación no presencial, telemedicina; y más automatización. Esto significa cambios en el mundo del trabajo y amplia utilización de tecnología y redes.

Varias de las consultoras que venimos mencionando se dedicaron antes de la pandemia a consignar la penetración creciente de los medios sociales, teniendo como uno de sus efectos primordiales promover la colaboración, [600]. Ahora bien, a raíz del COVID, han empezado a preguntarse por el futuro del trabajo. Son notables al respecto los informes [601] [602] de McKinsey sobre este tema, diciéndonos, además, en el largo documento[603], que la recuperación va a ser digital.

9.2. Inteligencia artificial y redes sociales

La importancia de la inteligencia artificial en las redes va aumentando con una valoración cada vez más positiva de los usuarios.

---

599 https://www.forbes.com/sites/kweilinellingrud/2021/03/17/future-of-work-post-covid-19/?sh=12c92b3f55ef

600 https://www.communication-director.com/issues/communication-and-collaboration/future-collaboration -here/#.YOSRl9VLiM9

601 https://www.mckinsey.com/featured-insights/future-of-work/the-future-of-work-after-ovid-19

602 22   https://www.mckinsey.com/featured-insights/future-of-work/whats-next-for-remote-work-an-analysis-of -2000-tasks-800-jobs-and-nine-countries

603 https://www.mckinsey.com/ /media/mckinsey/business functions/mckinsey digital/our insights/how six companies are using technology y data to transform themselves/the-next-normal-the-recovery-will-be-digital.pdf

9.2.1. Presencia y aceptación de la IA en las redes

Es interesante la visión global que nos transmite el informe [604], que cubre varios aspectos de la presencia de la inteligencia artificial en el mercado de los medios sociales. El ritmo de crecimiento de dicha presencia es muy alto en el entorno del mar de la China, no tanto en Norteamérica y Europa, y es bajo en el resto del mundo.

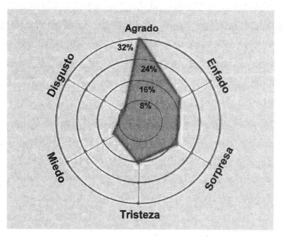

Figura 9.4. Respuestas emocionales en el 2020, de los usuarios
de medios sociales, ante la inteligencia artificial

Conforme a la página [605] sobre las tendencias de los medios sociales que seguir de cerca durante el 2020, se observa un cambio de apreciación respecto a la inteligencia artificial. Si bien en el año 2019 las respuestas emocionales de los usuarios suscitadas por la inteligencia artificial eran más bien negativas, la situación ha cambiado en el 2020 hacia un resultado más positivo, según muestra la figura 9.4 (respuestas emocionales en porcentajes de usuarios).

---

604 https://www.mordorintelligence.com/industry-reports/ai-market-in-social-media

605 https://www.marketing-interactive.com/top-social-media-trends-to-watch-in-2020

9.2.2. Ayudar a descubrir

En la página[606] del blog de LinkedIn-Ingeniería se pone de relieve un problema que afecta a los dos lados del binomio reclutador-candidato. Estamos hablando de ofertas de trabajo y búsqueda de personas adecuadas (se podría hablar de caza de cerebros en algún caso). Por un lado, sucede que los que buscan trabajo muestran interés por varias posibilidades, enviando solicitudes y currículums. Por otro lado, el reclutador se ve desbordado por cantidad de solicitudes y su documentación, y puede pasar por alto buenos candidatos. Lo que ha hecho LinkedIn es desarrollar un modelo de inteligencia artificial, denominado Qualified Applicant (QA), que ayuda significativamente a detectar (rápidamente) buenos acoplamientos oferta-demanda. LinkedIn aplica QA a sus tres líneas de negocio: Job Seekers, Premium y Recruiter (30). La aplicación de QA lleva consigo técnicas de *big data* y de *machine learning*, según describen [607, 608, 609], con particular énfasis en el empleo de árboles de decisión.

Otro aspecto en el que LinkedIn está aplicando inteligencia artificial es la detección de abuso y fraude, [610]. Por ejemplo, entre enero y junio del 2019, se detectaron (mediante una red neuronal convolucional) 21,6 millones de inscripciones falsas (*fake accounts*).

Con cierta frecuencia nos sucede que queremos encontrar algo sin saber exactamente qué o cómo se llama. Pinterest ha abordado el *discovery problem* mediante redes neuronales profundas. La página [611] describe esta aportación, y pone como ejemplo que alguien busca «BBQ», y selecciona una imagen de un chalet con

---

606 https://engineering.linkedin.com/blog/2020/quality-matches-via-personalized-ai.
30 https://business.linkedin.com/talent-solutions/recruiter

607 https://engineering.linkedin.com/blog/2020/quality-matches-via-personalized-ai

608 https://engineering.linkedin.com/blog/2018/10/an-introduction-to-ai-at-linkedin

609 https://engineering.linkedin.com/blog/2019/04/ai-behind-linkedin-recruiter-search-and-recommendation -systems

610 https://analyticsindiamag.com/how-linkedin-is-using-ai-to-detect-handle-abuse/

611 https://www.wired.com/brandlab/2018/11/pinterest-uses-ai-capture-imagination-tions/

jardín. Pinterest debe adivinar la intención del usuario a partir de estas pistas. Lo que consigue mediante PinSage, que así se llama su red neuronal profunda, es un conjunto de imágenes temáticamente relacionadas con una barbacoa: briquetas, pinzas, carnes, etc.; todo lo necesario para organizar el plan. Tanto [612] como [613] dan detalles técnicos sobre PinSage, que es una *Graph-convolutional neural network.*

Pinterest Lens y Google Lens se apoyan en imágenes captadas por el usuario, mediante la cámara del móvil, para enviarle información y recomendaciones relativas a esas imágenes. Por ejemplo, si son unos zapatos de deporte, lo que hace Lens es responder con varios zapatos de ese tipo, e incluso ropa deportiva acorde que pueda comprarse. Si se trata de una fruta, Lens puede recomendar algunas recetas, etc. La funcionalidad de Lens está basada en aprendizaje profundo que aprecia objetos, colores y patrones en las imágenes, y elabora sugerencias basadas en aspectos visuales y/o temáticos.

9.2.3. MODERACIÓN ALGORÍTMICA DE CONTENIDOS

Tradicionalmente los foros, presenciales o no, cuentan con un moderador. Se trata de una tarea delicada y difícil para que haya buen tono en la conversación y libertad para expresar distintos pensamientos. Si esto no es fácil con unos pocos participantes, el asunto se hace considerablemente más complicado en las redes sociales.

En marzo del 2019 tuvo lugar un terrible suceso, cuando un terrorista transmitió en vivo —*streaming* de vídeo en Facebook— su ataque a una mezquita en Christchurch, Nueva Zelanda, matando a más de 50 personas. Al cabo de unas horas, cientos de miles de versiones del vídeo habían sido subidas a Facebook, YouTube y Twitter. Según informó Facebook días después, en las 24 horas siguientes al ataque se produjeron alrededor de 1,5 millo-

---

612 https://www.wired.com/brandlab/2018/11/pinterest-uses-ai-capture-imaginations/

613 https://medium.com/pinterest-engineering/pinsage-a-new-graph-convolutional-neural-network-for-web-scale -recommender-systems-88795a107f48

nes de intentos de descarga del vídeo, de los que pudieron ser bloqueados el 80 %. Esta acción de bloqueo supuso un test de primera importancia para el Global Internet Forum to Counter Terrorism (GIFCT), una organización instituida por Facebook, Google, Microsoft y Twitter. Esta iniciativa guarda conexión con el código de conducta establecido por la Comunidad Europea para combatir el ilegal discurso del odio en las redes, [614].

El suceso que hemos comentado dejó clara la necesidad de moderar contenidos en las redes sociales. Esto supone contratar muchas personas cualificadas para esta labor. Pero también, dada la inmensidad de conversaciones, se ha hecho necesario acudir a la inteligencia artificial. Si bien la solución alcanzada es combinar personas e inteligencia artificial, el COVID ha mandado a muchas de esas personas a casa, y la responsabilidad se ha ido derivando casi por completo a las máquinas. Parece que el resultado deja que desear, porque las aplicaciones de inteligencia artificial para moderar no manejan todos los matices oportunos (por ejemplo, el sarcasmo). Por consiguiente, conviene volver a soluciones con personas y máquinas, [615].

Dentro de la «moderación algorítmica», las redes sociales han puesto en marcha algoritmos para evitar contenidos de terrorismo, violencia, lenguaje tóxico, abuso infantil, violaciones de Copyright, pornografía, *spam* y similares, [616]. En particular, Facebook también procura prevenir suicidios, la segunda causa de muerte en personas de entre 15 y 29 años, [617] [618]. La cuestión del suicidio es francamente complicada, según deja ver el artículo [619], que incluye observaciones sobre la detección mediante inteligencia artificial de estados de depresión, ansiedad, o incluso desórdenes mentales.

---

614 https://journals.sagepub.com/doi/full/10.1177/2053951719897945

615 https://journals.sagepub.com/doi/full/10.1177/2053951720943234

616 https://journals.sagepub.com/doi/full/10.1177/2053951719897945

617 https://www.facebook.com/safety/wellbeing/suicideprevention/?locale=es_LA

618 https://engineering.fb.com/2018/02/21/ml-applications/under-the-hood-suicide-prevention-tools-powered-by-ai/

619 https://informatics.bmj.com/content/27/3/e100175

Entre los algoritmos más importantes que se han desarrollado para la moderación está photoDNA. Su propósito inicial era combatir la pornografía infantil. Lo que hace photoDNA es asignar a cada imagen una especie de firma identificativa, que persiste aunque la imagen sufra alteraciones de forma y colorido, [620]. De acuerdo con el escrito[621] del profesor Hany Farid, más del 95 % de los 18 millones de informes enviados en el año 2018 al NMEC CyberTipline (un sistema centralizado de Estados Unidos para denunciar la explotación sexual infantil *online*, [622]) correspondieron a la utilización de photoDNA. En diciembre del 2014, Microsoft puso a disposición de las organizaciones cualificadas photoDNA como servicio en la nube. En el 2015, Microsoft anunció mejoras en el *software*, que le hacen capaz de firmar y analizar vídeos. El profesor Hany Farid sugirió, en el 2016, extender la utilización de photoDNA para antiterrorismo, iniciativa que se puso en marcha por parte del GIFCT a partir de diciembre del 2016 para retirar vídeos de Al Qaeda.

En cuanto a aspectos legales, el documento [623], del año 2020, encargado por el Parlamento Europeo, analiza la problemática reglamentaria de la moderación algorítmica, e indica que puede darse una regulación inadecuada, causante de un filtrado excesivo, o bien insuficiente. Se trata de un documento sustancioso, casi un tratado, sobre moderación de contenido *online*.

9.2.4. QUÉ SE ESTÁ INVESTIGANDO

Cambiando de tema, veamos qué se está investigando en cuanto a la inteligencia artificial dentro de las redes sociales.

Acerquémonos a YouTube. Su historia es corta: fue fundado en el 2005, y adquirido por Google en el 2006. Uno de sus tres fundadores, el alemán J. Karim, fue también el primero en subir un

---

620 https://rm.coe.int/CoERMPublicCommonSearchServices/DisplayDCTMContent ?documentId=09000016802f249e

621 https://www.congress.gov/116/meeting/house/110075/witnesses/HHRG-116-IF16-Wstate-FaridH-20191016.pdf

622 https://www.missingkids.org/gethelpnow/cybertipline

623 https://www.europarl.europa.eu/RegData/etudes/STUD/2020/657101/IPOL_STU(2020)657101_EN.pdf

vídeo a YouTube, que ya ha sido visto 165 millones de veces. Nos interesa en particular su forma de recomendar vídeos. La página [624] relata concisamente las etapas por las que ha pasado YouTube, en cuanto a su algoritmo de recomendación, hasta finales del 2016. En los años 2005-2012, el algoritmo recomendaba los vídeos que conseguían más clics de los usuarios. En el 2011, YouTube se dio cuenta de que la cosa no iba bien. Probaron a cambiar el diseño de la página, compraron cámaras profesionales para creativos *top*, etc. Pero no. Entonces cambiaron el algoritmo, de modo que recomiende aquellos vídeos que atraen atención durante más tiempo. Esta vez, éxito. El tiempo dedicado por los usuarios a YouTube creció un 50 %.

En el 2015, YouTube empezó a utilizar Google Brain, pasando así a apoyarse en redes neuronales profundas. La ponencia [625], del año 2016, escrita por investigadores de Google, describe técnicamente el sistema inteligente. Lo que se ha conseguido con la red neuronal es detectar y poner en práctica diversas mejoras, como recomendar vídeos más cortos si es para móvil o más largos si es para ordenador, etc. En el 2016, la red neuronal provocó 190 cambios, y unos 300 en el 2017. En los años más recientes, YouTube está preocupándose por evitar contenidos *borderline* y por personalizar individualmente las recomendaciones. Más información sobre el funcionamiento del algoritmo en [626] (una página orientada a situar bien tus vídeos).

Facebook, por su parte, mantiene activamente un grupo de investigación en inteligencia artificial. Las páginas [627] [628] presentan un resumen de cada una de sus áreas de trabajo. Vamos a fijarnos en una de ellas en particular: *video understanding* (entender los vídeos).

624 https://www.theverge.com/2017/8/30/16222850/youtube-google-brain-algorithm-video-recommendation -personalized-feed

625 https://research.google.com/pubs/archive/45530.pdf

626 https://blog.hootsuite.com/how-the-youtube-algorithm-works/#: :text=According to YouTube, the algorithm,get viewers to keep watching

627 https://research.fb.com/research-areas/

628 https://ai.facebook.com/research/#recent-publications

Gradualmente, Facebook se ha ido situando como una plataforma de vídeos, de modo que en el 2018 se veían ya más de 8000 millones de sus vídeos diariamente. Le interesa a esta empresa profundizar en las posibilidades de los vídeos y la visión. Por tanto, lleva años preparando y afilando herramientas, para llegar a plantear, para ya, entender vídeos. La página [629] describe, con cierto detalle técnico, cómo Facebook ha ido fichando grandes investigadores y desarrollando un entorno informático, denominado Lumos, para entrenar diversos tipos de redes neuronales sobre enormes cantidades de imágenes y vídeos. Parte de lo conseguido por la investigación se ha ofrecido al público, como por ejemplo la plataforma de *software* llamada Detectron, para detectar automáticamente objetos en las imágenes.

En marzo del 2021, Facebook publicó detalles en las páginas [630] [631]. El proyecto se denomina Learning from Videos. Para analizar los vídeos, Facebook ha desarrollado una nueva arquitectura en *software* llamada TimeSformer, basada en estructuras neuronales del tipo *transformer*. El problema del análisis de vídeo es que, a las dimensiones espaciales, se añade la dimensión tiempo, y se requiere gran potencia de procesamiento. Con la nueva arquitectura, Facebook consigue la velocidad de procesamiento necesaria.

Una de las ideas que se plantean para pronto es que los usuarios lleven unas gafas *smart*, de modo que Facebook vea lo que tú ves, [632] [633]. Como Facebook entiende lo que ves, puede, por ejemplo, avisarte de un peligro de tráfico (p. ej. al atravesar una calle) o indicarte cosas que sabe que te interesan mientras paseas, etc.

---

629 https://medium.com/aifrontiers/facebooks-next-ai-adventure-video-understanding-3fa96983a24e

630 https://ai.facebook.com/blog/learning-from-videos-to-understand-the-world/

631 https://ai.facebook.com/blog/timesformer-a-new-architecture-for-video-understanding/

632 https://www.theverge.com/2021/3/12/22326975/facebook-training-ai-public-videos-digital-memories#: :text= Share All sharing options for,machines on users' public videos&text=Teaching AI systems to understand,the world of machine learning

633 https://www.smart2zero.com/news/ar-smart-glasses-merge-ai-computer-vision-id-images

Claro está que, según señala [635], el usuario puede estar sirviendo también (involuntariamente, quizá) como cámara de vigilancia.

Veamos algo más acerca de Facebook y sus actividades relacionadas con inteligencia artificial.

En efecto, en el 2013 se creó el organismo Facebook Artificial Intelligence Research (FAIR), que agrupa varios laboratorios de investigación. El primer director de FAIR fue Yan Le Cun, de quien ya hemos hablado. En el 2015, FAIR abrió uno de sus laboratorios en París, [634]; y en el 2018 otro en Montreal. Está desde antiguo en Nueva York y en Menlo Park, California. FAIR tiene la virtud de ofrecer en abierto una gran cantidad de *software* de inteligencia artificial, o auxiliar (por ejemplo, PyTorch).

La página [635] describe brevemente tres aportaciones por parte de FAIR a finales del 2020, centradas en aprendizaje profundo. Una de ellas, PyTorch3D, permite entrenar agentes en entornos 3D. Por otra parte, Facebook ha abierto al público, en el 2020, la programación del chatbot Blender, que la gente nota como *más humano*, [636].

Nos ha llamado la atención, entre las múltiples ideas de Facebook, un mecanismo de inteligencia artificial que convierte imágenes 2D en imágenes 3D, [637, 638]. Fue anunciado en junio del 2020 y está basado en redes neuronales con esqueletos.

El mecanismo creado por Facebook, para pasar de imágenes 2D a 3D, tiene una larga denominación: Pixel-Aligned Implicit Function for High Resolution 3D Human Digitization. Se abrevia, afortunadamente, como PIFuHD. A su vez, el chatbot Blender

---

634 https://www.cnbc.com/2020/06/23/facebook-fair-paris-london.html

635 https://www.kdnuggets.com/2020/11/facebook-open-source-frameworks-advance-deep-learning-research.html. 71 https://venturebeat.com/2020/04/29/facebook-open-sources-blender-a-chatbot-that-people-say-feels-more-human/

636 https://venturebeat.com/2020/04/29/facebook-open-sources-blender-a-chatbot-that-people-say-feels-more-human/

637 https://interestingengineering.com/facebooks-new-ai-tool-transforms-2d-image-to-3d-models

638 https://c.mi.com/oc/thread-3163736-1-0.html?mobile=no

incluye PIFuHD, y puede convertir fotos tuyas en figuras 3D que puedes animar. El vídeo de YouTube [639] muestra cómo hacerlo.

Varias páginas consideran que PIFuHD permite crear, a partir de una foto, un avatar (o casi), p. ej., [640].

Los avatares pueden intervenir en películas, juegos, programas de televisión, y como personajes de realidad virtual.

Por lo demás, son varias las investigaciones y empresas que están desarrollando programas para pasar de imagen en 2D a 3D, [641, 642].

Facebook está impulsando planes relacionados con realidad virtual y realidad aumentada (RV/RA). En el 2014, Facebook adquirió la compañía Oculus, que produce dispositivos de realidad virtual (visores, sensores, etc.). Al poco, Oculus se desplazó de Irvine, su lugar de origen, a Menlo Park. Cada año se celebra el evento Oculus Connect, en el que se presentan novedades. Desde el año 2020 se celebra este evento con el nombre cambiado; ahora es Facebook Connect, [643]. Mediante realidad virtual se puede entrar en un espectacular mundo de juegos interactivos, en ejercicios físicos para *fitness* y en ciertos entornos profesionales, [644]. La figura 9.5, tomada de [645], muestra cómo la participación física en un juego de realidad virtual permite quemar calorías alegremente.

---

639 https://www.youtube.com/watch?v=LWDGR5v3-3o

640 https://dev.to/obenjiro/pifuhd-3d-avatar-from-1-image-well-almost-kel

641 https://syncedreview.com/2020/09/22/tracking-recent-topics-trends-in-3d-photo-generation/

642 https://arxiv.org/abs/1703.04079

643 https://www.vrprojects.es/blog/tag/oculus-connect/

644 https://www.oculus.com/

645 https://www.vrfitnessinsider.com/best-high-intensity-oculus-quest-2-games-for-burning-calories/

Figura 9.5. Quemando calorías con ayuda de realidad virtual

También en el año 2020, el grupo de investigación que tenía Facebook para avanzar en RV/RA pasó a llamarse Facebook Reality Labs (su sitio en la web es [646]). Desde aquel 2014, Facebook no ha cesado de incrementar esfuerzos económicos y humanos en este sector de su actividad. Concretamente, de los 58.604 empleados de Facebook a comienzos del 2021, cerca de 10.000 se dedican a RV/RA, [647]. Por lo que dicen sus páginas recientes, Facebook ofrece numerosas oportunidades de trabajo en esta línea.

De acuerdo con la visión de Michael Abrash, jefe científico del Facebook Reality Labs, se desea avanzar tanto en realidad virtual como en realidad aumentada, [648, 649].

En cuanto a la realidad virtual, se quiere potenciar la interacción con el mundo visual 3D que proporciona el visor, empleando movimiento de nuestros dedos o señales cerebrales. Se tiene en cuenta el teletrabajo, y se piensa en poder compartir espacios virtuales con otras personas (o avatares). Por lo tocante a la realidad aumentada, los usuarios de redes sociales emplean desde hace tiempo en Instagram o en Facebook los efectos y filtros que proporciona Spark AR[650] para crear efectos en caras y objetos. Ahora,

646 https://www.facebook.com/facebookrealitylabs/

647 https://uploadvr.com/facebook-employees-2021/

648 https://forbes.co/2021/05/06/tecnologia/te-guste-o-no-la-realidad-aumentada-y-virtual-sera-la-tecnologia -dominante-de-los-proximos-50-anos/

649 https://arinsider.co/2020/09/17/facebook-connect-the-ar-angle/

650 https://sparkar.facebook.com/ar-studio/

Facebook quiere ir más allá, mediante las gafas *smart* que hemos mencionado. El escenario futuro que dibuja Abrash sustituye los móviles por estas gafas. Ya no será necesario bajar la cabeza para mirar el móvil. Y las gafas incorporarán realidad aumentada.

Hay que decir que Facebook tiene bastante competencia de otras iniciativas y empresas en materia de gafas *smart*. En su día, Google lo intentó, con poco éxito; y se sabe que Apple quiere entrar pronto con gafas que tengan RA. Por añadidura, existe una cuestión por resolver, relativa a la interacción del usuario con las gafas. Durante la función de las gafas, se tendrán que elegir opciones o pedir que se almacenen vídeos cortos, y para esto no tenemos ratón, ni teclas, ni pantalla táctil. Se está investigando el empleo de brazaletes con sensores de electromiografía (señales musculares), [651]. Para quien desee saber más de la investigación sobre cómo interactuar con las gafas *smart*, puede recomendarse el artículo de revisión [652], en el que se habla de anillos en los dedos, movimientos de los ojos, guantes, movimientos de las manos (captados e interpretados por las gafas), etc.

El mismo mes y año en que se estableció la colaboración con EssilorLuxottica (especialista en gafas), Facebook anunció el lanzamiento del proyecto Aria, [653].

En principio el proyecto Aria trata de investigar y desarrollar lo necesario para dotar de realidad aumentada a las gafas *smart*. Parte de la investigación corresponde al Cognitive Assistance Laboratory de la Universidad Carnegie-Mellon, en orden a construir mapas en 3D de museos, aeropuertos, etc., lo cual puede servir, por ejemplo, para ayudar a personas con limitaciones a moverse en esos sitios. También participan en la investigación cien empleados de Facebook, para usar las gafas y tomar datos según el punto de vista del humano, moviéndose según su vida corriente en oficinas, la calle, su casa, etc., en San Francisco y Seattle.

---

651 https://www.theverge.com/2021/3/18/22338008/facebook-reality-labs-emg-wrist-bands-ctrl-labs-ar-interface -demo

652 https://researchportal.helsinki.fi/files/109243373/08368051.pdf

653 https://tech.fb.com/announcing-project-aria-a-research-project-on-the-future-of-wearable-ar/

Según Facebook, se trata de un experimento exploratorio, pensado para crear LiveMaps: un mapa virtual en 3D. Algunas páginas, como por ejemplo [654], dicen que se trata de hacer un Google Maps, pero con más detalles (según captamos los habitantes, incluyendo interiores). Hay comentaristas que hablan de que se ha desatado una carrera para cartografiar la realidad por parte de las tecnológicas, [655].

Google no se ha quedado quieto. En marzo del 2021 anunció la incorporación de funciones de realidad aumentada en sus mapas, [656].

9.3. ALGUNAS CUESTIONES QUE SURGEN CON LAS REDES SOCIALES

El uso generalizado de los medios sociales está potenciando varios fenómenos y situaciones que motivan comentarios, análisis, e incluso preocupación en ciertos aspectos.

Por ahora, en esta sección vamos a detenernos en dos cosas: el reconocimiento de caras y los *influencers*.

9.3.1. RECONOCIMIENTO FACIAL, PROBLEMAS

Como en otros avances tecnológicos, es posible que aparezcan malas prácticas tanto en la captación de datos como en su uso. Algunos consideran que la digitalización de la realidad, con proliferación incontrolada de cámaras y sensores, puede llevar a una sociedad vigilada sin contemplaciones, a invasión de la privacidad, e incluso a cambios culturales y de conducta, [657, 658].

---

654 https://exbulletin.com/tech/394842/

655 https://slate.com/technology/2020/09/facebook-augmented-reality-project-aria-mapping.html

656 https://www.cnbc.com/2021/03/30/google-maps-launches-augmented-reality-directions-for-indoor-spaces.html

657 https://www.engadget.com/next-generation-wearables-privacy-191237188.html

658 https://www.sciencedirect.com/science/article/pii/S2666659621000032

De forma parecida, también el reconocimiento facial por parte de varias redes sociales suscita reservas. El artículo [659], noviembre del 2020, hace referencia a que en China se han entrenado algoritmos para reconocer los rasgos faciales de los uigures. Al buscar información en Google sobre campos de concentración en Xinjiang, se encuentra que deben ser unos 380 campos de internamiento, y que hay más de un millón de uigures en ellos. Los datos para entrenar el reconocimiento facial se tomaron en la Dalian Minzu University, con 7000 fotos de estudiantes. Más información en [660, 661]. Evidentemente es un caso que se sale de lo normal, pero que también es significativo. Hay un fuerte debate.

La página [662] considera como aspectos positivos del reconocimiento facial la búsqueda de personas desaparecidas, la detección de delincuentes en tiendas, aeropuertos, etc., evitar contactos en cajeros y otros dispositivos y aplicaciones médicas. Como aspectos negativos, el peligro para la privacidad individual y social, sentirse vigilado (límites a la libertad), vulnerabilidad de los datos (se han dado ataques informáticos, con éxito, a bases de datos de la policía, bancos, etc.), oportunidades para fraudes (uso de caras falsas), inocentes que pueden verse inculpados, etc.

El caso de Clairview[663] pone ante la vista una situación límite. Lo que hace esta empresa es coleccionar caras que aparecen en YouTube, Facebook, Google, Twitter, etc. El producto se ofrece, por ejemplo, a la Policía, con la siguiente finalidad: inferir cosas de un sospechoso localizando su cara en diversas situaciones y con ciertas compañías. Se estima que unos 7000 policías o agentes han usado este producto en Estados Unidos, [664]. Las redes sociales más importantes han enviado cartas a Clairview para que

---

659 https://www.nature.com/articles/d41586-020-03187-3

660 https://www.codastory.com/authoritarian-tech/western-academia-china-automated-racism/

661 https://www.bbc.com/mundo/noticias-internacional-56590025

662 https://www.itpro.com/security/privacy/356882/the-pros-and-cons-of-facial-recognition-technology

663 https://clearview.ai/

664 https://www.businessinsider.com/clearview-ai-facial-recognition-thousands-police-departments-2021-4

cese su captura de imágenes, y se han producido varios juicios (véase, por ejemplo, la página [665]). Se teme una proliferación de este tipo de empresas.

Como notará el lector, han ido apareciendo cuestiones más o menos preocupantes, lo cual no significa que las redes sociales sean nocivas, o algo así; al contrario, constituyen un importante avance de conectividad social y profesional.

9.3.2. MODAS E *INFLUENCERS*

Todos estamos acostumbrados a presenciar un cierto contagio que nos es familiar. Se trata de las modas.

Podríamos decir, con poco riesgo de equivocarnos, que las modas son fenómenos típicamente sociales, y que tienen muchas variantes (no son solo de ropa).

¿Tienen las redes sociales influencia en las modas? No cabe duda, y de modo especial si se apoya en imágenes.

Otra vez tenemos un tema muy amplio. Pero vamos a centrarnos en los *influencers*, y dentro de estos nos vamos a fijar en los *influencers* que hacen uso de los medios sociales para *marketing*.

Si preguntamos a Google sobre «*influencer marketing*», obtenemos 191 millones de respuestas. Así pues, es un término de gran éxito y que alude a una actividad establecida e importante. La idea para una empresa que quiere usar este método de promoción es localizar *influencers* que le interesen y llegar a una colaboración.

Aquí la inteligencia artificial y los *big data* han encontrado un potente campo de aplicación. Y esto porque un primer problema es localizar *influencers* adecuados, y otro es aprovecharlos bien.

El problema de localizar *influencers* puede contemplarse desde la perspectiva de los grafos. El artículo [666] lo explica con claridad, y presenta algunos algoritmos para resolverlo. La figura 9.6, muy difundida en la web, muestra el punto de partida: un grafo que representa el mutuo conexionado actual (vía Internet) de un grupo de personas.

---

665 https://www.theregister.com/2020/05/28/clearview_aclu_lawsuit/

666 https://www.analyticsvidhya.com/blog/2020/03/using-graphs-to-identify-social-media-influencers/

Figura 9.6. Encontrar influencers: *el problema sobre un grafo*

Se trata de encontrar *influencers* (si los hay) estudiando el conexionado y los flujos de información. Si bien la figura muestra algunas decenas de usuarios, el escenario real es normalmente de muchos miles, o millones.

La página [667] ofrece algunos datos sobre la importancia del *influencer marketing*, cuyo volumen económico rondaba los 10.000 millones de dólares en el 2020. Además, sugiere algunas formas de encontrar *influencers*, bien con algoritmos sobre datos de redes sociales, o bien acudiendo al Influencer Marketing Hub, una especie de centro de contratación accesible en [668].

Los algoritmos para encontrar *influencers* han mejorado y ya en el 2020 tenemos el artículo [669], que aplica en este sentido inteligencia artificial para el análisis de imágenes en Instagram. Algo semejante hace [670], que busca los *influencers* apropiados para la marca comercial interesada, y emplea para ello Instagram y una combinación de métodos de *machine learning* (red neuronal y K-nn).

Personalidad y contenidos sustentan la resonancia de un *influencer*. Traigamos a colación lo que nos dice el artículo [671], año 2020, sobre el mundo de la moda y sus *influencers* en Instagram. Su investigación encuentra que los usuarios deben percibir ciertas cualidades en los contenidos para aceptar a alguien como *influen-*

667 https://kylejones.io/how-can-we-identify-emerging-influencers-using-machine-learning

668 https://influencermarketinghub.com/

669 http://ieeexplore.ieee.org/document/9186590

670 https://arxiv.org/abs/1901.05949

671 https://www.sciencedirect.com/science/article/pii/S0148296318303187

cer que seguir. En este caso, se valora la originalidad y la exclusividad. También tiene importancia la sintonía del usuario con la forma de ser del *influencer*, y su apoyo conversacional.

Sucede que los *influencers* dan lugar a una cierta «cultura» de representación visual: colorido, poses, lugares, etc. En la página [672] se relata cómo la empresa LoveTheSales.com emplea inteligencia artificial para analizar unas 50.000 imágenes procedentes de *influencers top* para capturar esos elementos culturales. Dicha empresa es una especie de hipermercado de ropa de moda por Internet, con más de 1000 marcas (incluyendo alta gama). La herramienta en *software* inteligente que ha creado se llama Minerva. La citada página menciona algunos resultados de su análisis, en relación con marcas, lugares, paletas de color, etc.

Ya existen *influencers* sintéticos. Se veía venir, ya que tenemos capturada la «cultura» de los *influencers* humanos. Algunas páginas dicen que los sintéticos son mejores que los humanos, pero esto parece discutible.

Probablemente la *influencer* sintética más conocida sea Lil Miquela. La página [673] da interesantes detalles de esta *influencer*, cuya cuenta en Instagram data del 2016. La figura 9.7 muestra una imagen, muy difundida en Internet, de Miquela. Hay muchas otras imágenes de esta *influencer*, con todo tipo de moda y de poses. Miquela tiene más de 3 millones de seguidores en Instagram.

Figura 9.7. Una influencer *sintética: Miquela*

---

672 https://www.theindustry.fashion/influencer-culture-data-reveals-the-brands-and-imagery-that -drive-engagement/

673 https://money.cnn.com/2018/06/25/technology/lil-miquela-social-media-influencer-cgi/index.html

Queda bastante por hacer en el mundo de los *influencers* virtuales, [674]. Además de generar imágenes mediante redes GAN, la inteligencia artificial debe servir para dotar de discurso cuasihumano a los personajes, para lo cual se cuenta con la experiencia de los chatbots.

9.3.3. COMENTARIOS FINALES

Parece que, de alguna manera, nos estamos asomando a una nueva época: la pospandemia.

Con este motivo están apareciendo nuevos aires y perspectivas en las publicaciones especializadas, lo cual se nota, especialmente, en cómo se está adivinando el futuro, mirando por ejemplo a las tendencias que cabe detectar y a las nuevas propuestas.

Miremos algunos ejemplos significativos de las predicciones que se están haciendo.

Como todos los años, desde el 2011, Deloitte publica las TMT Predictions. En el 2022, [675], estas predicciones hablan claramente de dejar atrás la mentalidad de pandemia (e incluso la pospandemia). Van a cambiar muchas cosas en relación con la televisión. Crecerá la importancia dada a la salud y el bienestar. El 5G tendrá su impacto. Los varones leerán menos libros, al contrario que las mujeres, lo que tendrá consecuencias en el rendimiento académico.

En cuanto a datos de la situación digital, cabe recomendar la página [676], del 2022. Entre otras muchas cosas, el informe dice que el número de usuarios de medios sociales creció en 424 millones a lo largo del 2021.

Y con respecto a las tendencias detectables en el 2022, podríamos destacar lo que nos dicen las páginas [677, 678]. Parece ser que la

---

674 https://containermagazine.co.uk/the-making-of-a-virtual-influencer/

675 https://www2.deloitte.com/lu/en/pages/technology-media-and-telecommunications/articles/tmt-predictions.html

676 https://datareportal.com/reports/digital-2022-global-overview-report

677 https://netbasequid.com/blog/social-media-trends/

678 https://www.udacity.com/blog/2022/03/10-major-social-media-trends-to-watch-in-2022.html

pandemia nos ha habituado a un modo de vivir virtual. Con ello crece el entretenimiento y los juegos. Los medios sociales permiten cada vez más el intercambio de vídeos, historias, etc. TikTok va a crecer todavía más. Un dato: en promedio, los usuarios de medios sociales gastan en ellos 2 horas y 27 minutos a diario.

Como recomendación de última hora, ver el documento [679], de HubSpot, año 2022, sobre tendencias de los medios sociales. Los procesos de compra-venta serán más sociales. La gente manejará varias plataformas.

---

679 https://offers.hubspot.com/social-media-trends-report-2022

Capítulo 10

Grandes áreas de aplicación

En los capítulos anteriores se han citado ya numerosas aplicaciones de la inteligencia artificial. Queremos ahora, en este capítulo, completar de una forma algo más sistemática (y breve) lo relativo a ciertas áreas de aplicación de especial relevancia o que revisten un especial interés.

Por supuesto, no podemos tomar nota de todo, porque requeriría muchas páginas y, aun así, faltarían las contribuciones de hace unos minutos o segundos.

Como veremos, es sorprendente el grado de penetración de la inteligencia artificial en muchos aspectos que conciernen a nuestra vida diaria: salud, energía, agua y alimentación, compras, conocimiento de nuestro entorno, etc.

10.1. El gran área de la salud

Reproducimos en la figura 10.1 una ilustración de [680] que muestra el número acumulado de publicaciones que se han hecho sobre inteligencia artificial (IA) en diversos sectores de la medicina, entre los años 1993-2013. Se observa que la oncología ocupa el primer lugar, y con una tendencia claramente creciente, seguida

---

680 https://europepmc.org/article/pmc/pmc6449768

de neurología. En el artículo [681], del 2021, que contempla la historia de lo publicado sobre IA y oncología, se constata una brusca aceleración del ritmo de estas publicaciones a partir del 2017 en adelante (ahora la curva verde crece bastante más rápido de lo que indica la figura 10.1).

Es decir, se cuentan por miles las diversas contribuciones científicas publicadas sobre IA en medicina.

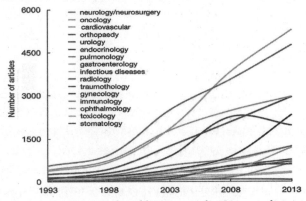

Figura 10.1. Número de publicaciones sobre IA en medicina

10.1.1. Imagen médica

Una parte importante de esas contribuciones está relacionada con la imagen médica, como, por ejemplo, en la segmentación de imagen aplicada a la detección de cáncer, problemas vasculares, etc. A ello contribuye, junto con otras organizaciones, la Medical Image Computing and Computer Assisted Intervention Society (MICCAI) que, además de impulsar anualmente el Congreso Internacional MICCAI, convoca diversas competiciones sobre aspectos del uso médico de la computación, [682].

681 https://www.researchgate.net/publication/355159183_Artificial_Intelligence_
     and_Machine_Learning_in_Oncology_Historical_Overview_of_Documents_
     Indexed _in_the_Web_of_Science_Database
682 http://www.miccai.org/events/challenges/

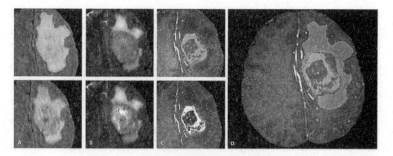

Figura 10.2. Aplicación de segmentación de imagen
al estudio de un tumor cerebral

Una de las competiciones organizadas por MICCAI se refiere específicamente a la segmentación de imágenes concernientes a tumores cerebrales. Se trata del BraTS Challenge, en cuyo contexto aparecen muchas contribuciones. La figura 10.2 muestra un ejemplo, tomado de [683], de segmentaciones semánticas de diversas regiones de un glioma, que finalmente se combinan para formar la imagen más a la derecha.

Son bastantes las publicaciones que han aparecido sobre aprendizaje profundo para segmentación de imagen cardíaca. El artículo [684], del 2020, que hace una revisión de este tema, llega a citar 257 publicaciones; y, por cierto, este artículo ya ha sido leído *online* por cerca de 5000 investigadores. Como ejemplo hemos elegido una ilustración del artículo [685] (figura 10.3), en la que vemos tres posibles segmentaciones de imagen 3D por resonancia magnética de un corazón, aplicando tres tipos de red neuronal artificial. A la izquierda, la imagen de partida.

683 https://ieeexplore.ieee.org/document/6975210

684 https://www.frontiersin.org/articles/10.3389/fcvm.2020.00025/full

685 https://www.groundai.com/project/automatic-3d-bi-ventricular-segmentation-of-cardiac-images-by-a-shape-refined-multi-task-deep-learning-approach/3

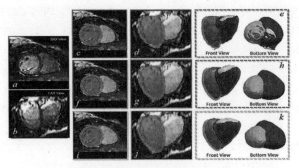

Figura 10.3. Ejemplo de segmentación del corazón,
según tres tipos de red neuronal artificial

En el artículo [686] se recogen muy buenas impresiones en cuanto al empleo de inteligencia artificial en apoyo de la radiología. Es un estudio basado en 36.000 casos, respaldados por biopsia. La inteligencia artificial por sí sola mostró una sensibilidad del 88,8 % para detectar el cáncer de mama, mientras que los expertos humanos llegaron a un 75,3 %.

10.1.2. GENÓMICA

El ADN contiene información codificada mediante secuencias de bases, contando con un repertorio de cuatro bases: adenina (A), citosina (C), timina (T) y guanina (G). Hace ya más de cuarenta años que el hombre empezó a estudiar secuencias de ADN (ver artículo especial de la revista *Nature*[687]). Uno de los frutos de este trabajo ha sido poder enfrentarse al COVID.

¿Cómo nació la secuenciación genómica? Es una bonita historia que está ligada a la figura del profesor Frederick Sanger, cuya vida científica transcurrió casi entera en un laboratorio, en Cambridge: al comienzo en el Departamento de Bioquímica de la Universidad, y más tarde en el nuevo Laboratory of Molecular Biology inaugurado por la reina Isabel II en 1962. Sanger es uno de los cuatro científicos que han obtenido dos Premios Nobel. Falleció en el 2013 con noventa y cinco años.

---

686 https://www.itnonline.com/content/ai-assisted-radiologists-can-detect-more-breast-cancer-reduced-false-positive-recall

687 https://www.nature.com/articles/nature24286

Tras quince años de trabajo, Sanger y su equipo desarrollaron y utilizaron un primer método de secuenciación, consiguiendo secuenciar el virus phiX 174, en el año 1977. Dos años más tarde, crearon un segundo método más rápido y capaz, lo que significó el segundo Nobel para Sanger. Con ello se abría camino para que, a partir de primeros balbuceos en los ochenta, un amplio grupo de científicos emprendiera el Proyecto Genoma Humano, concluido en el 2003. Hoy día la secuenciación de un genoma humano viene a costar 1500 dólares (la primera secuenciación costó unos 300 millones de dólares).

Cada secuenciación de un genoma humano produce unos 200 gigabytes de datos, a los que hay que añadir unos 100 gigabytes más inferidos por el análisis de los datos. La previsión es que para el 2025 se hayan secuenciado unos 100 millones de genomas. Se entiende por tanto que estamos entrando en el terreno de los *big data*, [688].

El artículo [689] ofrece una panorámica general sobre aprendizaje profundo en genómica. Es frecuente aplicar técnicas de agrupamiento *(clustering)* para establecer alineamientos entre secuencias parecidas[690].

10.1.3. CEREBRO

Cuando por algún motivo la actividad de una neurona aumenta, entonces necesita más oxígeno y nutrientes. A finales de los ochenta, se sabía que el flujo de sangre (dentro del cerebro) crece cerca de las áreas de mayor actividad neuronal.

Fue J. Bellivcau, graduado por Harvard y perteneciente en esos años a un centro de investigación del Massachusetts General Hospital, quien ideó un método para poder distinguir mediante resonancia magnética (MRI) volúmenes de sangre en el cerebro. Con ello se podían obtener mapas de actividad cerebral[691].

---

688 https://www.labiotech.eu/genomics/cloud-genomics-big-data-problem/
689 https://par.nsf.gov/servlets/purl/10089511
690 http://www.clustal.org/
691 http://www.brainmapping.org/MarkCohen/Papers/Belliveau91.pdf

Pisándole los talones al equipo de Belliveau, vino enseguida la gran aportación de S. Ogawa, que trabajaba en los Laboratorios Bell, en colaboración con investigadores de la Universidad de Minnesota. Ogawa observó que las propiedades magnéticas de la sangre oxigenada cambian al pasar a sangre desoxigenada, y que estos cambios son detectables por MRI sin necesidad de sustancia de contraste.

Aparece así la fMRI, resonancia magnética funcional.

En 1992, B. Biswal empezó a investigar en el Medical College of Wisconsin, y se dedicó a detectar mediante fMRI cómo se comunicaban distintas partes del cerebro mientras el cerebro estaba en *resting-state* (estado de reposo); es decir, despierto pero sin estar ocupado en ninguna tarea. Más adelante, el neurólogo M. E. Raichle, de la Washington University School of Medicine, acuñó el término *Default Mode Network* (DMN) para referirse a un entramado de conexiones entre zonas del cerebro que aparece en el estado de reposo (que él considera el modo predeterminado). La figura 10.4 presenta dónde están dichas zonas.

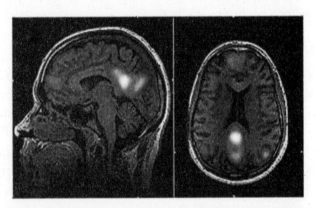

Figura 10.4. Zonas del cerebro que forman parte de la red DMN

Con esto se disparó la curiosidad científica y se estableció la existencia de otras redes en el cerebro. Por ejemplo, el artículo [692] identifica (mediante análisis de componentes) tres redes: la *salient*

---

692 https://link.springer.com/content/pdf/10.1007/s00429-010-0262-0.pdf

network (red de relevancia), la *central executive network* (red central ejecutiva) y la DMN.

En general, las investigaciones sobre el cerebro en la línea que acabamos de esbozar suelen requerir técnicas inteligentes de clasificación (como las que hemos comentado páginas atrás) e incluso enfoques basados en grafos. Como panorámicas respecto al empleo en fMRI de las técnicas de clasificación, podemos fijarnos en varios artículos de revisión que han ido apareciendo sucesivamente, como son [693], del año 2008, y [694] del año 2017.

Años antes, en el 2013, el artículo [695] hacía un breve comentario de varias redes, y dirigía su atención a aplicaciones clínicas porque ya se veía la importancia médica de la fMRI, con mención particular a la planificación quirúrgica respecto a la epilepsia, o la identificación de pacientes con alzhéimer. Por su parte, [696] señalaba otro aspecto, que es el párkinson.

Desde el 2011 se ha investigado, con mucho empuje, la aplicación de redes neuronales a la segmentación de imágenes cerebrales. En el verano del 2019 se publicó una revisión sistemática[697] sobre aprendizaje profundo y neurología, que cubre con amplitud este aspecto. Por otra parte, la página [698], procedente de Stanford, sobre aprendizaje profundo e imágenes MRI cerebrales, describe las etapas de un proyecto de segmentación de materia gris mediante red 3D convolucional.

Podríamos decir, con poco riesgo de equivocarnos, que el tema del cerebro es uno de los principales temas de investigación actualmente. Destaca por su importancia el Proyecto Cerebro Humano (Human Brain Project, HBP), financiado por la Comunidad Europea. Comenzó en octubre del 2013, y tiene prevista una dura-

693 https://www.ncbi.nlm.nih.gov/pmc/articles/PMC2724763/

694 https://www.ncbi.nlm.nih.gov/pmc/articles/PMC5524274/

695 http://www.ajnr.org/content/ajnr/34/10/1866.full.pdf

696 https://www.ncbi.nlm.nih.gov/pmc/articles/PMC5524274/

697 https://link.springer.com/article/10.1007/s40120-019-00153-8

698 https://medium.com/stanford-ai-for-healthcare/its-a-no-brainer-deep-learning-for-brain-mr-images-f60116397472

ción de diez años, [699]. Son centenares los investigadores incorporados al proyecto, según diversos grandes temas.

10.1.4. NUEVA FARMACIA

Entre los acontecimientos más sonados del año 2020 con respecto a inteligencia artificial y medicina está el descubrimiento de un nuevo y potente antibiótico. No podemos hablar de los investigadores descubridores del antibiótico, porque en este caso es la inteligencia artificial la descubridora. Los investigadores responsables de este hecho pertenecen al MIT, y han puesto nombre al nuevo antibiótico: Halicin, [700]. ¿En qué se han inspirado para este nombre? Pues en el ordenador HAL a bordo de la Odisea Espacial 2001.

Para dar con el antibiótico, los investigadores pusieron a punto una red neuronal profunda, y la entrenaron para predecir la actividad antibacteriana de las moléculas que se le indiquen. Utilizaron las moléculas descritas en una base de datos llamada Drug Repurposing Hub, que son unas 6000. Después, seleccionaron 100 candidatas a eliminar la bacteria *Escherichia coli* (que suele habitar en el intestino) y observaron que una de las candidatas —ya antes investigada para diabetes— era un potente antibiótico, el Halicin.

Tenemos así un primer ejemplo, muy valioso, de descubrimiento de medicinas *(drug-discovery)*. Hemos mencionado además una de las líneas de trabajo actual: dirigir fármacos conocidos a nuevos objetivos *(repurposing)*, [701].

Un enfoque para descubrir fármacos es acoplar (en inglés, *docking*) una pequeña molécula, un fármaco, a una molécula más grande (probablemente una proteína), con el fin de que la interacción de ambas moléculas tenga un efecto beneficioso, como puede ser desactivar un efecto dañino de la molécula grande.

699 https://www.humanbrainproject.eu/en/

700 https://www.nature.com/articles/d41586-020-00018-3

701 https://www.tcpharm.org/Synapse/Data/PDFData/1179TCP/tcp-27-59.pdf

Es muy informativa al respecto la publicación[702] de L. G. Ferreira *et al.* (año 2015), que presenta en detalle todo un abanico de estrategias de acoplamiento, y concluye con varios ejemplos de descubrimiento de moléculas. Por su parte, el artículo [703] cita entre las técnicas para encontrar acoplamientos los algoritmos genéticos y otros métodos heurísticos.

10.2. LA REVOLUCIÓN LOGÍSTICA

La marcha del mundo necesita el transporte por tierra, mar y aire de todo tipo de mercancías. Ante nuestros ojos se está produciendo una revolución en términos de contenedores, robots y grandes empresas basadas en logística.

La empresa que más invierte en I+D es Amazon, con unos 23.000 millones de dólares al año, seguida de Alphabet (Google, etc.). España viene a invertir en todo el I+D del país unos 15.000 millones de euros al año, de los que unos 3000 corresponden al Estado.

Hay por lo menos dos grandes dimensiones de la logística que tienen que ver con la inteligencia artificial: almacenes inteligentes (muy robotizados) y gestión (incluyendo planificación y transporte).

Para realizar un almacén inteligente, primero hay que diseñar la distribución interna, facilitando las operaciones de entrada y salida. Después hay que ver cómo se van a mover las cosas, con carretillas-robot, con cintas/rodillos transportadores, o bien —si es el caso— mediante robots especiales (por ejemplo, grúas, robots de *picking*, etc.). Y después hay que gestionar dónde van las cosas, en acuerdo con la demanda y otros factores. El informe de McKinsey, [704], nos dice que, a nivel mundial, las compañías gastan anualmente 350.000 millones de dólares en almacenamiento, y

---

702 https://www.ncbi.nlm.nih.gov/pmc/articles/PMC6332083/#:~:text=Broadly used in modern drug,in the intermolecular recognition process

703 https://www.frontiersin.org/articles/10.3389/fphar.2018.00923/full

704 https://www.mckinsey.com/business-functions/operations/our-insights/improving-warehouse-operations-digitally.

que se puede mejorar y ahorrar apoyando el diseño de almacenes y de su operación en las grandes posibilidades de la simulación animada en 3D.

Entre las variadas publicaciones existentes sobre IA en logística, podríamos destacar el informe conjunto de IBM y DHL, [705], que incluye casos prácticos; y también el libro blanco de SSI-Schaefer, [706], en el que se nos dice que la logística es uno de los sectores con el mayor número de empresas implicadas en el uso activo de *machine learning*.

10.2.1. BARCOS Y PUERTOS

En el 2017, según datos del artículo [707], el 85 % del comercio mundial era por barco. En el 2020, la International Chamber of Shipping afirma que ese porcentaje está ya alrededor del 90 %.

El documento [708] presenta una perspectiva *NextGen* en el ámbito del mar, tras haber analizado las ideas de 160 nuevas empresas embrionarias. Se espera un profundo impacto de la digitalización, hasta cambiar el modelo de negocio y el papel de los barcos. De forma parecida a como las empresas de la información (Google, Microsoft, Apple, etc.) están hibridándose con las empresas del automóvil, se prevén cambios en la propiedad (quizá compartida) de los barcos y en la gestión (en la cual intervienen la inteligencia artificial y el *big data*). A ejemplo de Amazon, se quiere ofrecer un servicio integrado desde el origen a tu misma puerta. En este planteamiento, el papel de los barcos cambia, siendo una infraestructura al servicio de la gestión inteligente.

Por lo demás, el escenario marítimo está bajo el foco de los métodos inteligentes de optimización, tanto en las rutas como en las operaciones (ver, por ejemplo, el artículo [709]). Además, hay

---

705 https://www.dhl.com/content/dam/dhl/global/core/documents/pdf/glo-core-trend-report-artificial-intelligence.pdf

706 https://www.ssi-schaefer.com/resource/blob/504540/06d87a3eff1abfbdd7af38754 04b724a/white-paper-artificialintelligence-in-logistics-dam-download-en-16558–data.pdf.

707 https://www.anave.es/images/tribuna_profesional/2018/tribuna_bia0618.pdf

708 https://www.shipfinance.dk/media/1910/maritime-trend-report.pdf

709 https://www.mdpi.com/2071-1050/11/22/6367/pdf

nuevas exigencias para los barcos: eficiencia energética, [710], evitar contaminación, detección automática de fallos a bordo, navegación inteligente, crear el *Internet of Ships*, etc.

El artículo [711], del 2019, nos ofrece una revisión de lo que se ha investigado sobre navegación de **barcos autónomos**. Esta es una importante innovación en ciernes, en conexión directa con la robótica marina. Un aspecto del tema es evitar colisiones[712].

Deloitte nos informa en la página [713] que a finales del 2018 se estableció la Digital Container Shipping Association (DCSA). Por primera vez en veinte años, las empresas del transporte por contenedores se han unido para un objetivo común, que es, en este caso, la digitalización.

Para visualizar el ambiente al que nos estamos refiriendo, presentamos en la figura 10.5 una fotografía[714] de un puerto de contenedores.

Figura 10.5. Aspecto de un puerto de contenedores

La página [715] habla de «puertos digitales», y pone como ejemplos el de Rotterdam, que predice los tiempos de llegada de bar-

---

710 https://www.mdpi.com/1996-1073/13/5/1082

711 https://www.researchgate.net/publication/338338942_Autonomous_Ship_Navigation_Methods_A_Review

712 https://www.sciencedirect.com/science/article/pii/S1367578812000430?casa_token=WanGNDgJ_mcAAAAA:8wGqnyiiNGYv2rUt3EvFDOR4nz0AH4rocRE7 0KafgueF9KJ44jLl89SKFF_N7NVa8-l0fx0Hgw

713 https://www2.deloitte.com/nwe/impact-report-2019/dcsa.html

714 https://container-xchange.com/blog/container-terminals/

715 https://blog.fpt-software.com/ai-applications-in-the-maritime-industry

cos, o el de Amberes, con sus análisis de flujo de embarcaciones. Hace referencia a asistentes virtuales, como Captain Peter, con el que Maersk nos permite monitorizar qué pasa con nuestro contenedor (dónde está, qué temperatura, humedad y CO_2 tiene, qué novedades hay). También agradece a la inteligencia artificial la mejora de la seguridad del transporte, y un mayor respeto al medioambiente, y menos papeleo.

En este sentido, el puerto de Hamburgo es ejemplar en cuanto a la incorporación de *big data* y de IA para las diversas optimizaciones asociadas a manejar grandes cantidades de contenedores en el espacio disponible (ver el artículo [716] sobre toma inteligente de decisiones en un terminal).

10.2.2. VOLAR

En el 2018, 4300 millones de personas viajaron en alguna de las 1300 líneas aéreas existentes, [717]. El número de aviones debe rondar los 29.000 en el 2020, [718]. Asia va tomando preponderancia en el número de aviones en servicio, seguida de Europa.

Mirando las cosas como cliente, tenemos a la inteligencia artificial facilitando el viaje desde el mismo comienzo: al buscar un vuelo. Después un chatbot inteligente nos ayuda a llegar al aeropuerto e ir pasando sucesivas etapas. Habrá, probablemente, reconocimiento facial (usando sin saberlo una red neuronal) por parte de seguridad. La IA habrá elegido asiento y comida según nuestras preferencias. Antes de embarcar, la IA habrá ayudado a preparar el avión (diagnóstico, análisis del tiempo, plan de vuelo, etc.). También la IA contribuirá a una rápida inserción del aparato en la cola de despegue, y a tener un vuelo seguro (quizá con alguna modificación ya en ruta).

Existen varias facetas del transporte aéreo que requieren optimización para diseñar y desarrollar una infraestructura apropiada, y para operar los sistemas con calidad y rendimiento. Precisamente la optimización es uno de los terrenos en que cabe

---

716 https://arxiv.org/abs/1904.13251

717 https://www.grupooneair.com/analysis-global-growth-commercial-aviation/

718 https://www.planestats.com/mrof_2015apr

esperar grandes contribuciones de la IA, mediante métodos heurísticos.

Para la compañía aérea hay dos grandes cuestiones: establecer un plan de rutas y la flota correspondiente (que hay que mantener) y gestionar los vuelos (con sus costes). En ambos aspectos se está considerando la ayuda de métodos de IA para optimización. Por ejemplo, las propuestas de [719] y [720], basadas en algoritmos genéticos.

Figura 10.6. Complejidad creciente de aterrizajes
y despegues con múltiples pistas

La figura 10.6 quiere ilustrar la complejidad creciente para la torre de control y los aviones. La imagen a la izquierda es el aterrizaje simultáneo de dos aviones en Los Ángeles. Ya hay propuestas con IA para la gestión de varias pistas, [721].

Todos nos damos cuenta de que el tráfico aéreo se va complicando. La cuestión tiene varias dimensiones e implica protocolos, aeropuertos, sistemas de control y controladores aéreos. Por ejemplo, es primordial evitar colisiones.

En Estados Unidos empezó en el 2007 una modernización de su espacio aéreo, con la iniciativa Next Generation Air

719 https://www.researchgate.net/publication/337963175_A_Multicriteria _Optimization_for_Flight_Route_Networks_in_Large-Scale_Airlines_Using_Intelligent_Spatial_Information/comments

720 https://www.sciencedirect.com/science/article/pii/S1000936119304042

721 https://www.hindawi.com/journals/mpe/2014/368208/

Transportation System (NextGen), que culminará en el 2025, [722].
En Europa está en marcha el concepto de un único espacio europeo —*Single European Sky*—, en el que se encuadra el Proyecto SESAR, un esfuerzo conjunto público y privado, cuya fase de definición empezó en el 2004, y que está previsto finalizar en el 2035, habiendo ya albergado 343 proyectos de I+D, [723, 724].

Un eslabón delicado de la cadena es el de los controladores aéreos. Puede haber un problema de excesiva carga de trabajo. Con arreglo a la intensidad del tráfico, se puede decidir la división de un sector, en varios sectores más pequeños, cuando hay exceso de carga de trabajo; o bien agrupar varios sectores en uno, cuando hay alivio. Esto puede suceder a lo largo del día. Surge así un tema de investigación sobre cómo hacer esto automáticamente. La ponencia [725] fue de las primeras en plantear el reagrupamiento automático de sectores utilizando algoritmos genéticos.

Con el afluir de nuevas propuestas se ha ido estandarizando el problema, llegándose así a acuñar el acrónimo DAC *(dynamic airspace configuration)* para referirse a una sectorización dinámica. Para tener una visión más completa y organizada de la historia de la investigación en torno a DAC, es recomendable la revisión [726], del verano del 2019, que repasa 38 contribuciones.

10.3. ENERGÍA Y RECURSOS NATURALES

El interior del planeta nos permite obtener petróleo, carbón y otros minerales que son claves para mantener nuestra actividad. Debemos encontrar estos recursos, y hay que explotarlos con inteligencia.

Es tradicional en minería hacer exploraciones y prospectiva a fin de descubrir yacimientos. Desde antiguo la IA está presente

---

722 https://www.faa.gov/nextgen/

723 http://www.sesar.eu/

724 https://ec.europa.eu/transport/modes/air/sesar_en#: :text=It aims to improve Air,the SESAR concept of operations

725 https://core.ac.uk/download/pdf/52899617.pdf

726 https://link.springer.com/chapter/10.1007/978-3-030-28377-3_40

en este escenario. Los estudios de una zona pueden comenzar con sensores remotos y cámaras, con medios aéreos o desde satélite. Además, cabe trabajar en superficie midiendo gravedad, magnetismo, resistividad eléctrica, etc. Y es frecuente utilizar ondas sísmicas u otros sistemas para interrogar el subsuelo. Habitualmente los datos obtenidos requieren interpretación.

Los estudios del subsuelo tienen evidentes lazos de unión con las geociencias (geología, geoquímica, geofísica, etc.). No podemos extendernos demasiado en esta dirección, pero sí decir, en palabras del capítulo [727], que se ha despertado un gran entusiasmo por el *machine learning* en estas ciencias.

Para informarse sobre cómo emplear *machine learning* en exploración minera, puede recomendarse el tutorial [728], del año 2019, y la tesis doctoral [729], Universidad de British Columbia, 2017.

10.3.1. El mundo del petróleo

Son muchas las aplicaciones de IA relativas a la búsqueda del petróleo y la explotación de los yacimientos. A lo que habría que añadir lo que viene después: el transporte, las refinerías, la distribución, los plásticos y otros productos, etc. Solamente comentaremos ahora algunos puntos.

Con cierta frecuencia los domos o cúpulas de sal (normalmente subterráneos) están asociados a la presencia de petróleo. Por tal motivo es interesante localizar estos domos. En el 2018 se convocó a través de Kaggle una competición sobre la detección de sal subterránea, bajo el título TGS Salt Identification Challenge[730]. El premio era de 100.000 dólares. Se presentaron 3219 equipos de investigación. El equipo ganador ha publicado su propuesta, y el código de programación asociado, en la página [731], en GitHub. Esta propuesta se basa en un *ensemble* de redes neuronales convolucio-

---

727 https://arxiv.org/abs/2006.13311

728 https://geomet.engineering.queensu.ca/wp-content/uploads/2019-13-Cevik-ML_Tutorial.pdf

729 https://open.library.ubc.ca/cIRcle/collections/24/items/1.0340340

730 https://www.kaggle.com/c/tgs-salt-identification-challenge

731 https://github.com/ybabakhin/kaggle_salt_bes_phalanx

nales. Varios de los contendientes han publicado sus propuestas alternativas, como artículos científicos. Uno de estos artículos es, por ejemplo, [732], también con aprendizaje profundo.

Una vez encontrado un yacimiento, hay que *caracterizarlo* (es un lago u otra cosa, cómo son las paredes, si hay además agua o gas, tamaño, tipo de petróleo, etc.). Aquí ha tenido bastante impacto la metodología *fuzzy* (ver, por ejemplo, [733]), que cabe optimizar con algoritmos genéticos[734].

Si se decide la explotación, hay que organizar el campo petrolífero y *optimizar* su infraestructura. La publicación [735] presenta un caso con la colocación de once pozos, con muchas alternativas posibles. Se soluciona el caso mediante algoritmos genéticos en paralelo.

En cuanto a las plataformas marinas, que pueden ser gigantescas (ver la página [736]), se habla ya de plataformas marinas autónomas, como por ejemplo en [737] (Bureau Veritas). Hay iniciativas recientes, como la descrita en [738] respecto a una plataforma noruega, que avanzan en este sentido.

10.3.2. HACIA LA MINERÍA AUTÓNOMA

Conforme a las informaciones de [739, 740] y otras fuentes, la compañía Rio Tinto tiene actualmente en uso 76 camiones mineros

---

732 https://www.mdpi.com/2220-9964/9/1/24/pdf

733 https://www.researchgate.net/publication/304341286_Improved_reservoir_characterisation   _using_fuzzy_logic_platform_An_integrated_petrophysical_seismic_structural_and_poststack_inversion_study.

734 https://www.researchgate.net/publication/263749461_Reservoir_Characterization_by_a_Combination_of_Fuzzy_Logic_and_Genetic_Algorithm

735 https://www.fault-analysis-group.ucd.ie/saigup_papers/pg_saigup7.pdf

736 https://www.ncei.noaa.gov/maps/gulf-data-atlas/atlas.htm?plate=Offshore   Structures

737 https://marine-offshore.bureauveritas.com/magazine/autonomous-future-offshore-platforms

738 https://www.offshore-mag.com/production/article/14176579/digital-technologies-leading-industry-toward -autonomous-operations

739 https://emerj.com/ai-sector-overviews/ai-in-mining-mineral-exploration-autonomous-drills/

740 https://www.nbcnews.com/mach/science/robots-are-replacing-humans-world-s-mines-here-s-why-ncna831631

(tamaño monstruo) sin conductor en minas a cielo abierto. Son camiones Komatsu, y pueden trabajar 24 horas al día. La figura 10.7 ilustra el tipo de camiones y de minas a los que nos referimos.

Figura 10.7. Ejemplos de mina a cielo abierto y camión minero

El capítulo [741] ofrece un interesante tutorial sobre robótica en la minería.

Si la autonomía está justificada en las minas terrestres por varias razones, lo es más todavía para un futuro que se avecina: la minería robótica bajo el agua.

10.3.3. GENERAR ENERGÍA ELÉCTRICA

Un panel solar cuadrado de 1 m x 1 m puede generar unos 150 vatios de energía eléctrica. El enorme aerogenerador Haliade-X, [742], con su altura de 248 metros, es capaz de generar 14 megavatios, equivalente a unos 93.000 paneles solares. Está en marcha la realización del parque marino Dogger Bank, que contará con 190 aerogeneradores Haliade-X de 13 megavatios, [743].

741 https://www.researchgate.net/publication/305719524_Robotics_in_Mining

742 https://www.ge.com/renewableenergy/wind-energy/offshore-wind/haliade-x-offshore-turbine

743 https://cleantechnica.com/2020/11/28/dogger-bank-worlds-largest-offshore-wind-farm-190-ge-haliade-x-turbines/

Figura 10.8. Un pequeño parque de aerogeneradores

Mostramos en la figura 10.8 un pequeño parque de aerogeneradores en el mar.

Se ha observado que los aerogeneradores crean turbulencias que interfieren en el rendimiento de aerogeneradores vecinos. Así que tenemos un problema: cómo distribuir espacialmente de forma óptima los aerogeneradores, a la vista de sus mutuas interferencias. Por supuesto, influyen los vientos dominantes en el entorno geográfico de que se trate.

Ha sido bastante citada la revisión [744], año 2014, de autores andaluces, sobre propuestas de la investigación internacional en torno al problema. Contiene relevantes y clarificadoras ilustraciones; y repasa 148 contribuciones. Alude frecuentemente a todo tipo de métodos de inteligencia artificial.

Para una revisión reciente de aplicaciones de inteligencia artificial en cuanto a parques de viento, puede recomendarse el artículo [745], de octubre del 2019.

Con respecto a la energía solar, China es el primer productor mundial de paneles fotovoltaicos, con un 66 % del total; Europa es un 3 %.

Tanto en la energía eólica como en la solar, las contribuciones de la IA se dirigen a optimizar la producción, y al buen mantenimiento y operación de los sistemas.

---

744 http://scholar.google.es/scholar_url?url=https://citeseerx.ist.psu.edu/viewdoc/download?doi=10.1.1.721.6555&rep=rep1&type=pdf&hl=en&sa=X&ei=bpBbYOHgNYaQmwGBy7-ICg&scisig=AAGBfm3Pc2OUVKyF6ygpfn1oLM-aoRB3cA&nossl=1&oi=scholarr.

745 https://link.springer.com/article/10.1007/s10462-019-09768-7

La variabilidad climatológica supone una dificultad: hay días encapotados o lluviosos o, al contrario, con el cielo raso. Con este motivo, han surgido muchas contribuciones de IA para predecir la producción de energía solar. Véase la extensa revisión de publicaciones[746] al respecto, del año 2016, y también [747], del 2017, que está específicamente orientada a los métodos de *machine learning*. Ya en el 2020 tenemos el artículo [748], que ofrece una taxonomía de los métodos de IA que se han aplicado al caso.

Las centrales hidroeléctricas pueden ir cambiando con agilidad su producción, ajustándose a los vaivenes de la demanda. Gracias a ser un país montañoso, podemos tener saltos de agua y, con ello, una fuente de energía renovable. Por vía de comparación, la mayor central hidroeléctrica de España es Aldeadávila, que produce 1,24 GW; mientras que la central nuclear de Trillo, la más moderna en nuestro país, genera 1,04 GW.

También en este ámbito, la IA aparece en la optimización y en el mantenimiento. El artículo [749], del año 2020, lo confirma mediante una variada y extensa revisión de métodos de metaheurística que se han propuesto en este sentido.

10.3.4. UN TESORO: EL AGUA

Existen serias desigualdades en el acceso al agua según países y regiones. Desde el año 2000 se viene hablando de una crisis del agua. En el año 2015, la ONU estableció la Agencia para el Desarrollo Sostenible. El sexto objetivo de la Agenda se refiere al agua[750].

La figura 10.9 pone a la vista el asunto que vamos a tratar.

---

746 https://www.sciencedirect.com/science/article/pii/S0038092X1630250X?casa_token=DoRXtehbv88AAAAA:x0wg6egotemR3HOaaHJ3uRUAjPpFA-WK-VmJyWexni9KCSPcr7sAsWZz1nvdyC9fWYaRwxhTKg

747 https://www.sciencedirect.com/science/article/pii/S0960148116311648?casa_token=v_OjqquIjvAAAAAA:C_vCjHCxkzu-boiX428HDMmG60VJKi26I-TkbHxcmhKxZAOrCnKfKTTW8MiEMtm6DxQS5UIgPw

748 https://www.sciencedirect.com/science/article/pii/S0196890420304477

749 https://www.sciencedirect.com/science/article/pii/S2352484720312592

750 https://sdgs.un.org/goals/goal6

Figura 10.9. Agua e inteligencia

Son numerosas y variadas las aplicaciones de IA en la obtención y gestión del agua. Vamos a mencionar preferentemente artículos que, a su vez, revisan conjuntos de aportaciones sobre uno u otro aspecto. Por ejemplo, el artículo [751], del año 2020, se centra en aplicar aprendizaje profundo para predecir el caudal de ríos tras revisar antecedentes (que suelen basarse en modelos de cuencas hidrográficas y clima).

En cuanto a la entrada de inteligencia artificial en el mundo de los embalses, está teniendo lugar sobre todo en la optimización del empleo de los embalses. En el 2010, el artículo [752] hizo una revisión de numerosas contribuciones que emplean algoritmos genéticos, templado simulado, búsqueda tabú, algoritmos de enjambre, sistemas *fuzzy*, redes neuronales, etc. Es predominante el empleo de algoritmos genéticos, y en particular en los problemas multiobjetivo.

Desde hace tiempo, la gestión de sistemas multiembalse se ha concretado en utilizar un sistema de reglas, para ir arrancando o cerrando operaciones de asignación de agua a lo largo del tiempo, [753]. Un artículo reciente con el empleo de reglas es [754].

---

751 https://iwaponline.com/hr/article/51/6/1358/77477/Using-long-short-term-memory-networks-for-river

752 https://link.springer.com/article/10.1007/s11269-009-9488-0

753 https://agupubs.onlinelibrary.wiley.com/doi/pdf/10.1029/96WR03745

754 https://link.springer.com/article/10.1007/s11269-018-2063-9

Las grandes empresas del agua están desplegando aplicaciones inteligentes, como, por ejemplo, SUEZ con la aplicación Smart River Basin, [755].

Existen países y grandes regiones del planeta que dependen fuertemente del agua subterránea. Por ejemplo, el artículo [756] nos dice que el 65 % del agua de Irán procede del subsuelo. Se trata de un artículo del año 2018, que propone utilizar un sistema *neuro-fuzzy* con optimización metaheurística para situar en el mapa localizaciones de posibles manantiales (o agua fácil de abrir a la luz). Emplea un grupo de palabras, *groundwater spring potential mapping*, que ha quedado acuñado para designar todo un tema de investigación de gran valor humano.

Como publicación reciente, citemos [757], del año 2020, la cual compara cinco métodos distintos de *machine learning* para obtener mapas de potencial de agua. Se sitúa en Jordania, en una región de 1640 km^2.

La naturaleza cancerígena del arsénico ha levantado mucha preocupación. Es una contaminación que puede afectar al agua de pozo. Parece que afecta a unos 250 millones de personas, particularmente en la India[758] (este artículo emplea *random forests* para modelación).

También hay preocupación en cuanto al ion nitrato, [759], debido a fertilizantes, aguas fecales, etc.; esta contaminación puede afectar a los bebés (bebés azules). Respecto a este ion, se está aplicando *machine learning* en los estudios que se están haciendo, con menor o mayor extensión geográfica. En el caso del artículo [760], se trata de toda África, y se aplica *random forests*.

Descendiendo a otro nivel, digamos algo acerca de la distribución urbana, con sus vicisitudes. Se están estableciendo modelos

755 https://www.retema.es/noticia/la-herramienta-smart-river-basin-permitira-mejorar-la-respuesta-ante-episodios-hidric-MerJ

756 https://hess.copernicus.org/articles/22/4771/2018/

757 https://link.springer.com/article/10.1007/s12665-020-08944-1

758 https://www.sciencedirect.com/science/article/pii/S004896972037042X

759 https://www.jstage.jst.go.jp/article/jrcsa/8/2/8_KJ00000795202/_pdf/-char/en

760 https://dial.uclouvain.be/pr/boreal/object/boreal:208690/datastream/PDF_01/view

que predicen el consumo, como es el caso de [761], que usa datos de una ciudad española de 175.000 habitantes. El modelo, basado en *machine learning*, es capaz de predecir el consumo urbano de agua día a día, con 24 horas de anticipación. Y lo que hace es decir lo que va a pasar en las próximas 24 horas, minuto a minuto. Este tipo de modelos ayuda a detectar fugas (que pueden representar pérdidas del 30 % en algunas ciudades).

Tanto el diseño de redes de distribución de agua como su gestión corresponde a un enorme tema de investigación. Se da la original circunstancia de que el artículo [762] incluye una tabla con varios artículos de revisión que se han publicado, uno tras otro, a lo largo de los años sobre este tema. Por cierto, el último de los artículos de esa tabla, del año 2017, es de por sí una revisión de 300 publicaciones.

Como confirman las diversas revisiones, no solo se han considerado algoritmos genéticos, sino que además se han propuesto algoritmos basados en colonias de hormigas, o enjambres de partículas, o enjambres de abejas, luciérnagas, etc. Véase la comparación[763] entre metaheurísticas.

La existencia de un tribunal de aguas en nuestro país nos pone en aviso sobre la complejidad del riego. Para una breve revisión de la asignación óptima de agua de riego, mediante algoritmos evolutivos multiobjetivo, puede consultarse [764].

Finalmente, debemos mencionar la llegada de la IA a nuestras casas. En el año 2018 se instalaron, a nivel global, unos 130 millones de *smart water meters* (medidores de agua *smart*). Se predice un ritmo sostenido de crecimiento, de modo que en el 2024 se superen los 200 millones de unidades. Estos medidores de consumo de agua pueden estar instalados en casas particulares, edificios, naves industriales, etc. Están conectados a redes de interco-

---

761 https://www.mdpi.com/1996-1073/12/12/2359/pdf

762 https://ojs.library.queensu.ca/index.php/wdsa-ccw/article/download/11973/7536/

763 https://www.researchgate.net/publication/253645473_Comparison_of_Metaheuristic_Algorithms_for_Pump_Operation_Optimization.

764 https://www.ijsmdo.org/articles/smdo/full_html/2018/01/smdo170003/smdo170003.html

municación (por aquí aparece el IoT) que permiten monitorizar a distancia lo que suceda, incluyendo consumos anormales (lo que puede indicar alguna fuga).

10.4. Producción industrial y agrícola

Vamos a considerar dos áreas en las que la IA se está extendiendo en amplitud y profundidad: la industria y la agricultura.

10.4.1. La industria

Desde un primer golpe de vista se adivina un enorme y variado panorama. Digamos que, a grandes rasgos, encontramos la presencia de la IA en la producción, en los productos, y a alto nivel en la política empresarial/industrial donde se toman las decisiones.

Podríamos dividir el mundo industrial que nos interesa en dos tipos de actividades: el empleo de máquinas para interacción física con materiales y el uso de procesos químicos. Hay parte de los alimentos, como los derivados de la leche o los obtenidos por fermentación, que pueden considerarse como procesos químicos.

No hace falta decir que la robótica tiene un importante papel industrial, especialmente en la fabricación de vehículos. Si bien Corea del Sur ostenta la mayor densidad de robots (710) por cada 10.000 habitantes, China está incrementando muy aceleradamente su parque de robots. La tendencia de los robots es ganar en variedad y flexibilidad, y en acompañar al hombre de forma colaborativa.

Veamos algunos aspectos de la industria química. Es China el país con mayor producción y consumo de productos químicos, con un nivel de ventas de 1.300.000 millones de dólares. Hay un espectacular informe de la ONU sobre la economía asociada a la química[765]. La figura 10.10 ofrece, en relación con la química, un ilustrativo paisaje industrial.

---

765 https://wedocs.unep.org/bitstream/handle/20.500.11822/28186/GCOII_PartI.pdf

Figura 10.10. Un paisaje industrial

La industria química está organizada escalonadamente. Hay un primer nivel que trata directamente con los recursos naturales, como minerales, petróleo, gas, agua, etc., para obtener productos químicos básicos, tanto inorgánicos como orgánicos. Después vienen las industrias intermedias, con productos asociados a sostener la vida vegetal y animal; o bien productos especiales, como son colorantes y pintura, adhesivos, aditivos, etc. Y, finalmente, la industria para consumidor: jabón y detergentes, cosméticos, perfumes, etc., [766].

El sitio más frecuente de la inteligencia artificial en la industria química es en el control automático y la optimización. En cuanto al control, se emplea con cierta frecuencia lógica *fuzzy* en formato proporcional-integral-derivativo (PID).

Tocante a la transición hacia la digitalización, según preconiza la Industria 4.0, se avanza hacia las factorías *smart*, la virtualización, la autonomía, la autoorganización de las plantas de producción, los sistemas ciberfísicos, ciberseguridad, empleo de *big data*, etc., [767,768].

Por lo que se detecta en las publicaciones e Internet, se está haciendo hincapié en el uso de inteligencia artificial para descubrir nuevos plásticos y nuevos procesos.

---

766 https://www.essentialchemicalindustry.org/the-chemical-industry/the-chemical-industry.html

767 https://www.tandfonline.com/doi/full/10.1080/00207543.2018.1510558

768 https://www.chemicalprocessing.com/articles/2019/tapping-into-distributed-control-systems-trends/

Así, por ejemplo, la página [769] nos informa de una iniciativa de la Universidad de Chicago, por la que se entrena a una red neuronal con una base de datos de 2000 polímeros para que infiera las propiedades que pueda tener un polímero de nueva planta. Es decir, si yo creo con el ordenador una nueva molécula (todavía por fabricar), la red neuronal me predice cuáles van a ser sus propiedades (quizá compense fabricar la nueva molécula, o no).

El extenso artículo [770], suscrito por un buen grupo de investigadores, presenta un sistema para «hacer moléculas a medida» (literalmente, como un sastre). Se emplean lógica *fuzzy*, neuronas, algoritmos genéticos e inteligencia de enjambres.

Querríamos centrarnos ahora en algunos aspectos de la industria textil, como ejemplo de la atmósfera peculiar que corresponde a cada subsector específico.

Empezando desde abajo, los hilos.

La detección de defectos en hilos y telas constituye un notable tema de investigación, al que se ha dedicado y se dedican esfuerzos significativos. Ocurre que la influencia económica de tales defectos es importante, ya que deprecia en un 45 a 65 % los productos. Aquí es crucial poder automatizar, y en ello entra la IA (visión artificial inteligente). El artículo [771] hace una revisión sistemática de 99 publicaciones al respecto, y trata con amplitud el uso de varias técnicas de *machine learning*.

A la hora de teñir, surge el problema de mezclar colores disponibles para acertar con el color deseado. Se trata de dar con la «receta» *(récipe)*. Aquí han entrado los sistemas expertos. De hecho, la revisión que hace [772], sobre inteligencia artificial en la industria del color y textil, incluye una sección sobre sistemas expertos en la que se citan algunos, como el sistema experto Wooly de Sandoz, Bafarex de Basf, etc.

Nos parece obligado confirmar una sospecha que puede tener el lector. Y es que, en efecto, bastantes de los aspectos que hemos

---

769 https://www.eurekalert.org/pub_releases/2020-10/uoc-nac102120.php

770 https://www.mdpi.com/2073-4360/11/4/579

771 http://www.bingol.edu.tr/documents/Review(1).pdf

772 https://onlinelibrary.wiley.com/doi/pdf/10.1111/j.1478-4408.2003.tb00142.x

comentado pueden corresponder también a la industria del papel, de las artes gráficas y la reprografía, de los pigmentos y la pintura, y del cine/fotografía, por lo menos.

Con la tela ya preparada, entra en escena la robótica en el corte y confección. Cosa que tiene lugar con enormes mesas, y una cuchilla o láser movida por ordenador, que va cortando según patrones digitalizados (procedentes del artista de moda).

Hay que avisar de una revolución en marcha, que es la de las nuevas fibras y la ropa *smart*, [773].

10.4.2. HACIA LA AGRICULTURA 5.0

La agricultura lleva consigo tareas de planificación y de ejecución bajo calendario. Dentro de un escenario socioeconómico y territorial (orografía, características del suelo, agua), y sujeto al clima. Tiene asociada una tecnología peculiar.

En el 2001, la International Communication Union (ITU) celebró una cumbre en Ginebra y estableció un plan de acción para impulsar que la población mundial estuviera conectada *online*. Dentro de las acciones previstas, la acción 7 hablaba de *E-agriculture*. La FAO y la ITU entraron en colaboración, y publicaron a partir del 2016 varios documentos con una estrategia para realizar la *E-agriculture*, [774].

A su vez, la ONU estableció en el 2015 la Agenda 2030 para el Desarrollo Sostenible. El segundo de sus 17 objetivos es terminar con el hambre, incluyendo promover una agricultura sostenible.

Al considerar las previsiones sobre alimentación en las décadas venideras, la ONU ve con preocupación, y con ella la FAO, que hará falta un incremento del 70 % en la producción agrícola, siendo así que el terreno agrícola puede crecer poco (un 4 %). Se confía en que la introducción de diversas tecnologías pueda mejorar sustancialmente el panorama.

---

773 https://link.springer.com/article/10.1007/s42765-019-0002-z

774 http://www.fao.org/in-action/e-agriculture-strategy-guide/documents/en/?page=1&ipp=5&no_cache=1&tx_dynalist_pi1[par]=YToxOntzOjE6IkwiO3M6MToiMCI7fQ==

Se viene hablando de Agricultura 4.0. Se trata de la integración de sistemas ciberfísicos, IoT, inteligencia artificial, *big data* y analítica, y comunicación en la nube con la maquinaria agrícola. Contribuyen a esta nueva agricultura distintos tipos de sensores, drones y robots terrestres, medios de conectividad y especiales aplicaciones en *software*. La digitalización puede suponer cambios en los modelos de negocio, en los modos de actuación agrícola, en el consumo de recursos y en el impacto medioambiental. Hay que decir que la industria de la alimentación representa el 30 % del consumo mundial de energía, y es responsable del 22 % de la emisión de gases invernadero.

Para establecer la *E-agriculture*, está siendo fundamental el móvil, a través de *apps* inteligentes que ayudan al trabajo del agricultor[775], también como empresario[776]. A su vez la robótica está apareciendo en diversas labores, llegándose ya a hablar de «agricultura de precisión».

En agricultura, la toma de decisiones es capital. Si hay que sembrar, hay que decidir qué se siembra y dónde, y también cuándo y cómo. El artículo [777], muy interesante por su conexión con aplicaciones reales, propone el empleo de un algoritmo evolutivo para la planificación del cultivo. Es solo un ejemplo de las muchas propuestas que ha hecho la IA para la toma de decisiones en agricultura.

Los tractores robotizados facilitan las labores de roturar[778], siembra inteligente[779] (o bien, si es el caso, insertar plantas), aplicar productos[780], monitorizar el desarrollo[781], eliminar hierbas[782] y

---

775 https://www.mdpi.com/2073-4395/10/6/855/htm

776 https://files.eric.ed.gov/fulltext/EJ1227665.pdf

777 https://www.academia.edu/download/46000820/An_Improved_Evolutionary _ Algorithm_for_S20160527-16666-ickxa4.pdf

778 https://www.efarmer.nl/

779 https://mro.massey.ac.nz/handle/10179/2507

780 https://www.swarmfarm.com/

781 https://www.earthsense.co/

782 https://www.farmwise.io/

cosechar (aquí hay una gran variedad de sistemas, egún el cultivo).
Van entrando en escena los tractores autónomos (por ejemplo, [783]).

Figura 10.11. Tractor robotizado, sin conductor, en plena faena

La figura 10.11 muestra un tractor trabajando sin conductor.
En este caso, debe seguir por sí mismo un conjunto de líneas rectas, espaciadas entre sí.

Se emplea visión artificial, bien desde satélite, o bien con drones[784], para monitorizar el desarrollo de los cultivos. Por el análisis espectral del color de las plantas se pueden saber muchas cosas, incluso para control de plagas[785] o para compensar el riego según zonas. Ya hace tiempo, además, que se emplean drones para rociado de productos.

Unas últimas palabras para mencionar los cultivos hidropónicos, donde la IA se utiliza para control de nutrientes, y se usa agricultura vertical en grandes estanterías, con luz especial para favorecer la fotosíntesis. Estas plantaciones verticales pueden instalarse en naves formando parte de la ciudad, abiertas a la compra directa[786].

783 https://www.caseih.com/northamerica/en-us/Pages/campaigns/autonomous-concept-vehicle.aspx

784 https://bestdroneforthejob.com/drone-buying-guides/agriculture-drone-buyers-guide/

785 https://www.precisionfarmingdealer.com/articles/1745-precision-apps

786 https://www.tastingtable.com/cook/national/vertical-farming-technology-bowery

Nos dirigimos actualmente hacia la Agricultura 5.0. Si bien la característica de la Agricultura 4.0 es el apoyo en los datos, lo que vamos a tener (está empezando) es sistemas y robots autónomos. Véase lo que dice al respecto el artículo [787].

10.5. LA ESCENA ECONÓMICA

La escena económica en la que vivimos comprende varios niveles. Desde el más alto, entre países, hasta el de cada persona. En general, es un ámbito dominado por la toma de decisiones, lo que implica captación de datos y su análisis (típicamente para intentar predecir).

Vamos a destacar algunas facetas indicativas de cómo la IA va tomando pie en este terreno.

En agosto del 2018 apareció en la red un informe del World Economic Forum (que organiza las famosas reuniones en Davos), [788], con el título *The New Physics of Financial Services – How Artificial Intelligence Is Transforming the Financial Ecosystem*. El informe cuenta con la colaboración de Deloitte. Como profesor en una Facultad de Física, me alegra ver la palabra *«physics»* en este contexto. Se basa el documento en las opiniones de doscientos expertos. Según dice el artículo [789], este informe presenta una verdad incómoda: y es que la inteligencia artificial va a transformar el mundo financiero, pero los bancos y la gobernación implicada no están listos para esta ola. La IA está causando innovaciones disruptivas, que afectan a la estructura de las entidades financieras, y que desplazan el énfasis al manejo y comprensión de los datos. Los reguladores se enfrentarán a dilemas. Google, Facebook, etc., entrarán en la banca y las finanzas (ellos juegan con ventaja, conocen mejor la IA). Habrá que colaborar. Los que queden en tierra de nadie estarán en peligro. Se necesitará gente creativa y con vista.

---

787 https://www.mdpi.com/2073-4395/10/2/207

788 http://www3.weforum.org/docs/WEF_New_Physics_of_Financial_Services.pdf

789 https://www.afr.com/companies/financial-services/world-economic-forum-ai-creates-new-physics-for-finance -20180817-h14376.

10.5.1. LAS *FINTECH*

En el 2017, la empresa DreamQuark recibió el premio Fintech of the Year, y además el premio Best Cognitive Platform. Es una empresa emergente *(start-up)* apoyada por la Comunidad Europea. Ofrece el programa Brain, para bancos y compañías de seguros. Nicolas Meric, fundador de la empresa, encontró las ideas de Brain al hacer su Tesis Doctoral en Física de Partículas, en la Universidad París-Diderot. El propósito de Brain es llevar el aprendizaje profundo a las instituciones financieras, facilitando la creación rápida de aplicaciones *smart* para las principales actividades del sector: evaluar candidaturas a crédito, evitar fraude y lavado de dinero, procurar la satisfacción del cliente, etc. Un valor añadido de Brain es que ofrece explicaciones para sus resultados.

Por lo que dicen unas y otras publicaciones, y las páginas web, deben existir varios miles de empresas *fintech* (algunos de los informes que he estudiado se apoyan en consultas a unas 4500 empresas *fintech*). En conjunto, ofrecen un amplio abanico de servicios, de los que no pocos se apoyan en inteligencia artificial y *big data* (ver [790]).

10.5.2. PREDECIR, DECIDIR

Ejemplo paradigmático: ¿cuándo y cómo conviene comprar o vender ciertas acciones o propiedades?

Es habitual emplear modelos matemáticos para predecir la evolución de variables económicas, incluyendo valores en bolsa. Dados los avances con las redes neuronales (por ejemplo, las LSTM), tiene sentido emplearlas en este papel predictivo. El reciente artículo de revisión [791] informa con bastante detalle de la investigación en este tema. Cita este artículo hasta 58 propuestas con *machine learning*, que, en general, superan en acierto a los resultados tradicionales. De todas maneras, como algunas publicaciones hacen notar, todavía no ha llegado el momento en que los investigadores se hagan ricos, hay de modo natural incertidumbres.

---

790 https://www.i-scoop.eu/fintech/

791 https://www.mdpi.com/2076-3417/9/24/5574

En la terminología en inglés, se denomina como «*quantitative finance*» a la actividad financiera basada en matemáticas. De forma coloquial, se llega a denominar como «*quants*» a las personas que se dedican a esta actividad. De alguna manera, recuerda los *quanta* de la mecánica cuántica. Abundando algo más en este aspecto, resulta que existe de hecho la Quantum Finance Theory, [792]. Una de las páginas de Investopedia se titula Quants: The Rocket Scientists of Wall Street, [793].

Tocante a la predicción, es recomendable acceder a las páginas [794, 795].

Hay empresas que, mediante inteligencia artificial, aconsejan a los inversores. La página [796] publica una lista de diez empresas de este tipo: Kavout, Auquan, Epoque, Sigmoidal, EquBot, Trade ideas, AITrading, Imperative Execution Inc, Infinite Alpha y War of Attrition.

10.5.3. Los *ROBO-ADVISORS*

Existe una especie interesante en la variada fauna de las empresas *fintech*. Nos referimos a los *robo-advisors* (lo podríamos traducir por «asesores-robot»).

Tomemos como ejemplo la actividad de Betterment, uno de los *robo-advisors* con mayor éxito. Es una empresa fundada en el 2008, con un número de empleados entre 200 y 500. A la hora de inscribirse a los servicios de Betterment, el futuro cliente responde a un cuestionario sobre sus datos económicos (ingresos, impuestos, deudas, estrategias de inversión, etc.). Con estas piezas, la inteligencia artificial de Betterment emite un juicio sobre la situación financiera del cliente, y le recomienda inversiones

---

792 https://link.springer.com/book/10.1007/978-981-32-9796-8

793 https://www.investopedia.com/articles/financialcareers/08/quants-quantitative-analyst.asp

794 https://towardsdatascience.com/stock-prediction-using-recurrent-neural-networks-c03637437578

795 https://medium.com/sciforce/artificial-intelligence-for-financial-planning-and-analysis-90a3d1890cf6

796 https://techspective.net/2019/03/19/ai-trading-10-companies-changing-the-stock-market/

relevantes. Entre las cosas que tiene en cuenta se encuentra reducir los efectos fiscales de las transacciones. Además de atender de modo individual, Betterment puede asistir a las empresas de cara al retiro de sus empleados. La página [797] describe tanto Betterment como otros cuatro *robo-advisors*.

10.5.4. NUEVOS AIRES EN LOS BANCOS

Probablemente sea Erica el chatbot que más éxito ha tenido en el ámbito de los bancos. Forma parte de la *app* denominada BofA, del Bank of America, y fue ofrecida a los clientes a partir de junio del 2018. Según la página [798], en marzo del 2019 ya tenía 6 millones de usuarios. Utilizando analítica predictiva, avisa al usuario con siete días de anticipación de que los gastos del mes acercan el balance a los números rojos. También aplica detección de anomalías (y avisa al usuario) con respecto a gastos recurrentes cuando se pasan de lo normal. Se comentan además otros chatbots y aplicaciones de inteligencia artificial por parte de JPMorgan Chase, Wells Fargo, CitiBank, PNC, Bank of NY Mellon Corp y US Bank.

Por su parte, la página[799] introduce un conjunto de empresas *fintech* con inteligencia artificial que apoyan a los bancos en sus diversas tareas.

Conforme a lo que dice la página [115] (ya citada), resulta que las interfases conversacionales (chatbots y asistentes) suponen un 13,5 % del volumen de ventas de las empresas de inteligencia artificial con respecto a los bancos. En cambio, la ciberseguridad, la protección antifraude, la gestión de riesgos y el cumplimiento de las normas atraen un 56 % del volumen de tales ventas.

---

797 https://emerj.com/ai-application-comparisons/robo-advisors-artificial-intelligence-comparing-5-current-apps/

798 https://emerj.com/ai-sector-overviews/ai-in-banking-analysis/

799 https://www.fintechnews.org/ai-bakability-10-ways-artificial-intelligence-is-transforming-banking/

Hay dos informes recientes de McKinsey, [800, 801], del año 2020, que proponen poner al cliente en el centro del sistema, con mayor protagonismo. Entre otras cosas, se hace notar que un 75-80 % de las operaciones de transacción pueden ser automatizadas, y un 40 % de las actividades más estratégicas. De modo que el personal del banco va a intervenir en tareas diferentes a las actuales, se necesitarán nuevas habilidades, y los bancos pasarán a tener el perfil de empresas basadas en tecnología.

En otro informe, [802], McKinsey pone el dedo en la llaga: hay que ir a la inteligencia artificial. Y esto lo dice parafraseando a Trump, subrayando que «*AI first*». La justificación de este extremo viene por dos frentes. El primero es que la inteligencia artificial trae consigo muchas ventajas para el negocio bancario (y las detalla). El segundo es que ya existen tendencias de digitalización (por parte de clientes y de las estructuras financieras) que, si no se atienden o se consideran, pueden llevar a un banco a varar en la orilla.

10.5.5. CONCEDER CRÉDITOS

Función clave de la banca es atender a préstamos e hipotecas. Antes de conceder una suma, se debe adquirir certeza (con cierto riesgo) de que va a ser devuelta y con intereses. De ahí que cobre especial importancia la puntuación de crédito (*credit scoring*, en inglés). Se trata de dar una puntuación (puede ser una calificación numérica) al crédito que merece una cierta instancia.

Por su naturaleza, la puntuación de crédito se corresponde bien con las virtualidades de la inteligencia artificial y del *big data*.

---

800 https://www.mckinsey.com/industries/financial-services/our-insights/banking-matters/banking-operations-for -a-customer-centric-world.

801 https://www.mckinsey.com/industries/financial-services/our-insights/reimagining-customer-engagement-for -the-ai-bank-of-the-future.

802 https://www.mckinsey.com/industries/financial-services/our-insights/ai-bank-of-the-future-can-banks-meet-the-ai-challenge.

Las páginas [803, 804] introducen con concisión un buen número de empresas *fintech* que ayudan a incorporar IA en la puntuación de crédito.

Por otra parte, son ya numerosas las empresas que ofrecen préstamo ágil. Por lo ilustrativo de su nombre, podríamos citar la empresa Happy, [805], radicada en India.

Para el lector que desee saber más sobre cómo se aplica inteligencia artificial para gestión de crédito, es recomendable la información dada por Deloitte en la página [806].

10.5.6. QUEREMOS CONVERSAR

El empleo de la voz está representando un *nuevo descubrimiento*. Es muy natural para las personas hablar, y poco a poco hay cada vez más máquinas que nos entienden.

Se está sugiriendo con bastante frecuencia pasar a *un banco conversacional*. El planteamiento tiene que ver con los chatbots, pero va más allá.

Nos ha llamado la atención una especie de libro blanco (brevísimo)[807], publicado por el FIS (Fidelity National Information Services Inc.), acerca del *conversational banking*. El FIS es una compañía con unos 55.000 empleados, con cuartel general en Florida. En este libro blanco, avisa de que se está produciendo un hartazgo (una fatiga) de la gente con respecto a las *apps*, y también de la comunicación unidireccional con los bancos: no hay conversación, solo automatismos. Informa de que Gartner predice que, en el 2020, un 20 % de las firmas van a abandonar sus *apps*; que el 30 % de las búsquedas hechas por la gente va a ser por voz (sin tocar la pantalla); y que, en el 2021, el 70 % de las organizaciones

---

803 https://emerj.com/ai-sector-overviews/ai-for-credit-scoring-an-overview-of-star-tups-and-innovation/

804 https://emerj.com/ai-sector-overviews/artificial-intelligence-applications-lending-loan-management/

805 https://happyness.net/

806 https://www2.deloitte.com/content/dam/Deloitte/fr/Documents/risk/Publications/deloitte_artificial-intelligence-credit-risk.pdf.

807 https://www.fisglobal.com/-/media/fisglobal/files/pdf/white-paper/conversational-banking-white-paper.pdf

van a adoptar el *Conversational AI first* (para ello son importantes las *fintech* especializadas).

10.5.7. IMPEDIR EL LAVADO

No es aventurado decir que, para las entidades financieras, el problema más grave es el lavado de dinero.

Por iniciativa del G7, se creó en 1989 la Financial Action Task Force (FATF), con su cuartel general en París, y que actúa internacionalmente. Su misión es combatir el lavado de dinero y la financiación del terrorismo.

Puede obtenerse una extensa y relevante información sobre el blanqueo de dinero gracias al artículo de revisión [808], que también repasa el estado del arte relativo a la utilización de inteligencia artificial para combatir este problema.

10.5.8. EL *MARKETING*

Vamos a intentar resumir los variados aspectos del *marketing*, que tanto incide en lo que compramos.

La figura 10.12, que hemos adaptado de [809], muestra el reparto del mercado para la inteligencia artificial por segmentos de aplicación (BFSI se refiere a banca, servicios financieros y seguros). Se ve la importancia de los anuncios y los medios.

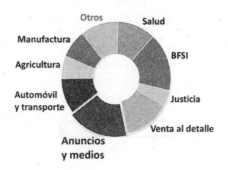

Figura 10.12. Reparto del mercado para la IA, según segmentos de aplicación

808 https://link.springer.com/article/10.1007/s42521-020-00023-1

809 https://www.grandviewresearch.com/industry-analysis/artificial-intelligence-ai-market

Respecto al futuro, en el informe [810], año 2019, de McKinsey, se dice que hay dos áreas en las que se va a concentrar el impacto de la inteligencia artificial: el área del *marketing* y las ventas y el de gestión y manufactura en la cadena de suministros.

Se está produciendo una transición hacia la publicidad digital. Esta publicidad nos llega fundamentalmente a través del móvil y del ordenador. Según los datos presentados en [811], la tendencia es que los móviles tengan más importancia que los ordenadores.

La página [812] señala con brevedad y acierto que —en cuanto a la publicidad— la IA contribuye a identificar clientes en potencia, a personalizar a medida los mensajes, a encontrar la mejor manera de comunicar los mensajes y a situar bien los anuncios. Todos hemos notado que los anuncios que aparecen cuando navegamos en Internet suelen hacer diana, conforme a lo que Google va sabiendo de cada uno.

El comprador sigue un trayecto[813], comenzando por explorar cosas que pueden interesar. La IA observa nuestro trayecto, y va llevándonos a la compra, por ejemplo, mediante rebajas sobre la marcha *(dynamic pricing)*. Después viene la poscompra (¿está usted satisfecho?). La IA intentará mantener el contacto, buscando nuevas compras.

La publicidad de algo concreto debe elegir objetivos y medios. El artículo [814] detecta 23 maneras con las que se está aplicando *machine learning* en este sentido: aprendizaje profundo, *random forests*, SVM, etc. La página [815] ofrece detalles y enlaces a *soft-*

810 https://www.mckinsey.com/business-functions/mckinsey-analytics/our-insights/most-of-ais-business-uses-will-be-in-two-areas.

811 https://www.tune.com/blog/2019-digital-advertising-trends-partner-marketing/

812 https://www.forbes.com/sites/cognitiveworld/2020/06/18/ai-makes-a-splash-in-advertising/

813 https://www.researchgate.net/publication/327500836_Artificial_Intelligence_in_Advertising_How_Marketers_Can_Leverage_Artificial_Intelligence_Along _the_Consumer_Journey

814 https://www.researchgate.net/publication/341842674_Identifying_machine_learning_techniques _for_classification_of_target_advertising

815 https://www.dealsinsight.com/ai-in-advertising-benefits-and-best-ai-advertising-tools/

ware inteligente y empresas para apoyar con IA campañas de publicidad.

La página [816], del año 2021, nos proporciona una división del *marketing* en cinco grandes actividades. Adaptamos en la figura 10.13 una ilustración de la citada página. Debajo de cada principal actividad, aparecen los logos de diversas empresas que permiten apoyar con inteligencia artificial cada una de las actividades.

Figura 10.13. Actividades del marketing *y apoyo de empresas de IA*

En lo que más insisten muchas páginas web es en la personalización. Por ejemplo, muy posiblemente Amazon desea tratar de forma particularizada a *cada uno* de sus clientes; esto sería imposible hacerlo mediante un equipo de especialistas humanos (aunque fuesen centenares), porque son muchos millones de clientes, pero sí es posible mediante inteligencia artificial. De todos modos, puede bastar con segmentar la clientela en grupos de interés[817].

Dentro de este contexto de la personalización entra también el componente emocional que tenemos todos. Hay ya todo un abanico de métodos y actividades de *marketing* basadas en análisis de sentimiento *(sentiment analysis)*.

Además, existen, por otra parte, modelos de propensión *(propensity models)* de las personas hacia ciertas compras. Junto con los enfoques analíticos mencionados, se han creado sistemas de

---

816 https://research.aimultiple.com/marketing-ai/

817 https://www2.deloitte.com/si/en/pages/strategy-operations/articles/AI-in-marketing.html

recomendación (*recommendation systems*, o también *recommender systems*).

La figura 10.14 ilustra la idea básica del análisis de sentimiento.

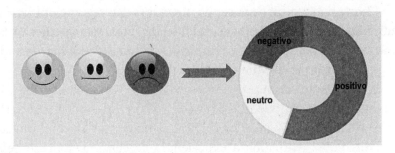

Figura 10.14. Esquema básico del análisis de sentimiento

El análisis de sentimiento está muy relacionado con la minería de opinión *(opinion mining)*. El artículo[818], que se centra en revisar una selección de contribuciones recientes sobre análisis de sentimiento, nos dice que en el 2018 ya se habían publicado unas 7000 aportaciones de la investigación sobre el tema. La aportación clave ha sido [819], del año 2002, que propone la clasificación de sentimientos mediante *machine learning*. Ha sido citado por más de 10.000 publicaciones.

En cuanto a la propensión (a comprar), bastantes de las publicaciones (recientes) sobre predicción en *marketing* hablan de una manera u otra de propensión (a veces sin emplear el término propensión). Un ejemplo de esto último es la publicación [820], que aplica y compara diversas técnicas de *machine learning* para identificar clientes potenciales, basándose en el comportamiento para comprar. Su caso práctico es una tienda de comestibles, con datos de 194.439 compras, y consigue tasas de acierto del orden del 99 %.

Por medio de Kaggle se han convocado varias competiciones internacionales en torno a sistemas de recomendación. Un ejem-

818 https://arxiv.org/abs/1612.01556

819 https://www.aclweb.org/anthology/W02-1011

820 https://www.researchgate.net/publication/331563946_A_Machine_Learning_Approach _to_Identify_Potential_Customer_Based_on_Purchase _Behavior.

plo importante ha sido [821], convocado en el 2017, con financiación del Banco Santander. El tema fue la recomendación de productos del Santander, el premio era de 60.000 dólares, y concurrieron 1779 equipos de investigación.

Cuesta mucho más conseguir un nuevo cliente que cultivar la adhesión de alguien que ya es cliente (hay que evitar perderlo). Se trata de fidelizar al cliente. La página [822] señala seis maneras de mejorar la lealtad del cliente mediante IA.

Le conviene a la empresa anunciante conocer la satisfacción de los clientes. Se les puede preguntar, por ejemplo, ¿recomendaría mi producto a otras personas? Esto tiene que ver con un término recientemente acuñado: la experiencia de compra. Es recomendable al respecto mirar la publicación [823], de la *Harvard Business Review*, directa y sin tecnicismos.

Hay que conseguir buena reputación. Hoy día la gestión de la propia reputación *(reputation management)* forma parte del organigrama de las grandes empresas. Asimismo, existen compañías dedicadas a promover la buena reputación, siendo contratadas por diversas entidades o a nivel individual[824] [825] [826]. Principalmente, el interés se pone en la imagen pública y en la opinión de las personas. El análisis de sentimiento es relevante en este contexto.

---

821 https://www.kaggle.com/c/santander-product-recommendation

822 https://www.singlegrain.com/customer-retention/6-ways-to-improve-customer-loyalty-with-ai/

823 https://hbr.org/2007/02/understanding-customer-experience

824 https://hypefactors.com/

825 https://genylabs.io/online-reputation-management/

826 https://es.reputationdefender.com/

Capítulo 11

Cuestiones de fondo

Desde antiguo la inteligencia artificial ha suscitado diversos debates conceptuales y éticos. En parte por que intenta capturar lo que es nuestra inteligencia, dar explicación de nuestras peculiaridades; y en parte por pretender sustituir e incluso superar al hombre en muchas tareas complejas o arriesgadas.

Querríamos en este capítulo introducir algunas de las cuestiones abiertas, rodeadas de actualidad y que también serán parte del futuro que nos espera.

Por ejemplo, los robots dotados de armamento. Están ya ahí: ¿tendrán licencia para matar a lo James Bond?

Ya se está viendo que los automóviles autónomos pasarán por disyuntivas morales en ciertas situaciones de peligro con terceros.

Cuando se ponen humanoides al cuidado de personas, surge un tema delicado: el cariño artificial.

Y así con otras nuevas cuestiones. A lo que hay que añadir la posible eliminación del trabajo.

De todos modos, mucha gente influyente se ha dado cuenta de estos nubarrones que pueden aparecer, y ya hay una reacción cada vez más notable en favor de una inteligencia artificial buena, incluso con proyecciones humanitarias.

Debemos decir que en este capítulo hago notar, de forma amigable, mi posición en algunos temas, que el lector puede compartir o no, o bien dejarlo en un punto *fuzzy*.

11.1. ROBOTS BUENOS. ROBOTS MALOS

Los pioneros de la robótica y de la inteligencia artificial, ya antes de aquel importante seminario en la Universidad de Dartmouth (1956), llegaron a hablar de máquinas que se autorreplicaban. Esto podría parecer una fantasía en el siglo pasado, pero hoy ya sería planteable una fábrica de humanoides (pongamos que marca ACME) en la cual no hubiera trabajadores humanos, sino una maquinaria robotizada bajo el control de humanoides también ACME. Curiosamente, asimismo en los cincuenta apareció en la escena científica el ADN y el mecanismo autorreplicante asociado (algo se sabía de esto bastantes años antes).

11.1.1. LAS LEYES DE ASIMOV

Quizá la novela *Frankenstein* o algunas películas antiguas hicieron intuir pronto un posible mal uso de los robots. En uno de sus relatos, publicado en 1942, Isaac Asimov enunció las famosas tres leyes de la robótica, a saber:

1. «Un robot no hará daño a un ser humano o, por inacción, permitirá que un ser humano sufra daño».
2. «Un robot debe obedecer las órdenes dadas por los seres humanos, excepto si estas órdenes entrasen en conflicto con la 1.ª ley».
3. «Un robot debe proteger su propia existencia en la medida en que esta protección no entre en conflicto con la 1.ª o la 2.ª ley».

Estas leyes no dejan de ser premonitorias. Ahora mismo estamos viendo que es posible que diversos intereses e iniciativas lleven a la puesta en marcha de robots peligrosos.

La figura 11.1 muestra una visión futurista de un robot policía. Recuerda evidentemente a películas como *Terminator*. Es difícil que una alternativa así, para nuestras calles, pueda gustar a nadie.

Figura 11.1. ¿Robots policías?

Ahora bien, suponiendo que se pongan en uso robots policía, surgen muchas preguntas. ¿Pueden tomar la decisión de disparar? ¿Pueden rebelarse? Por aquí aparecen cuestiones sobre autoconciencia y responsabilidad (también ante los tribunales).

Desde antiguo, la inteligencia artificial ha empleado metáforas más o menos impactantes para referirse a funcionalidades que vemos en el hombre. Hay que tomar con precaución estas metáforas, porque a veces son exageradas y pueden resultar engañosas. En cuanto a la robótica, desearía presentar un ejemplo trivial a primera vista: se trata de un muñeco de goma, muy parecido a un niño, que lleva un circuito electrónico que pronuncia algunas frases. Alguien podría decir que el muñeco «habla».

Incluso, el muñeco podría decir: «Pienso, luego existo». ¿Sería este un argumento válido?

Figura 11.2. Copias de humanos, ¿son fiables?

La figura 11.2 presenta un famoso investigador que se dedica a crear robots con aspecto humano[827]. De hecho, la foto muestra al investigador junto a una copia que ha hecho de sí mismo. Esta copia ¿tiene responsabilidad?

Hay animales, como el león o el cocodrilo, que son peligrosos. Otros, como la oveja o la gallina, que son beneficiosos. En todo caso, los animales no son responsables de sus decisiones y actos. Las personas con uso de razón, al ejercer su libertad, sí que son responsables. En cuanto a los robots autónomos, puestos a buscar responsabilidades, están en las personas que los han creado y, si se diera el caso, en las personas que los usaran con mala finalidad.

Centremos ahora nuestra atención en uno de los factores que más impacto va a tener en la sociedad.

Nos referimos a los vehículos sin conductor (figura 11.3, tomada de [828]). No se trata solo de automóviles, sino que también los vamos a tener en el aire y en el agua.

---

827 http://www.geminoid.jp/projects/kibans/Images/001.jpg

828 https://kilometrosquecuentan.goodyear.eu/coches-autonomos/

Figura 11.3. Vehículos sin conductor, ¿son responsables?

Según las predicciones, habrá que esperar unas dos décadas para que se generalice el uso de vehículos autónomos. Un informe[829] del 9 de enero del 2020, que está siendo muy citado, hace una predicción a largo plazo con bastantes puntos de interés. El documento está centrado en automóviles, con mayor acento en los taxis. Por cierto, estos taxis tendrán cámaras de seguridad, y no serán muy confortables sino más bien espartanos, preparados para un uso poco cuidadoso. Sucede que el *software* de a bordo de un coche autónomo puede llegar a tener unos 100 millones de líneas de código, mientras que un caza F-22 (US Air Force) tiene 1,7 millones, y un avión de pasajeros actual tiene unos 6,5. Es por tanto un *software* muy complejo.

Entre los riesgos detectados por el citado informe están los posibles gazapos del *software* y problemas de sensores y *hardware*, actuación maliciosa de *hackers*, exceso de confianza en la tecnología, peligros para peatones y ciclistas, etc.

La comodidad del viaje permite que la gente trabaje dentro del coche. Hay empresas que ya empiezan a considerar esto como parte del horario laboral. De esta manera, puede compensar vivir más lejos todavía, y dispersar así los núcleos de población.

En fin, el impacto social requerirá nuevos esfuerzos de planificación y de dotación de infraestructuras por parte de las autoridades.

Aunque el predominio de los vehículos autónomos vaya a tardar, ya se está investigando lo que puede pasar a corto plazo. El

829 https://www.vtpi.org/avip.pdf.

Proyecto Europeo de Investigación denominado SHERPA ha considerado la situación en el año 2025. Los resultados se resumen en el artículo [830], publicado en la revista *Science and Engineering Ethics*. Es un artículo que arroja luz sobre muchos aspectos. Nosotros solo vamos a mencionar brevemente algunos.

— Se van a eliminar puestos de trabajo relativos a conducción.
— Si hay un gazapo en el *software*, esto se va a notar en miles de vehículos.
— Un estudio del Instituto de Tecnología de Georgia encontró que el *software* de a bordo detectaba mejor a los peatones blancos que a los de color.
— Existen dificultades de reglamentación, con diferencias importantes según los países. También hay dificultades legales en cuanto a reclamar responsabilidades.

Desde hace años, y no solo en el contexto de los vehículos autónomos, existen serios problemas de privacidad y protección de datos. En 2018 la Comunidad Europea introdujo la General Data Protection Regulation (GDPR), que también afecta a nuestro caso. Hay bastantes cuestiones difíciles de decidir. Por ejemplo, suponiendo que haya interacción del vehículo con el exterior a nivel de datos, ¿puede la policía «hackear» un vehículo que se esté comportando mal?

11.1.2. DILEMAS MORALES

Otro aspecto que ha crecido en popularidad es el de los dilemas. Por ejemplo, que el coche autónomo tenga que elegir entre atropellar a un joven o a una persona mayor. El MIT ha creado una página web, llamada Moral Machine[831], en la que se visualiza este tipo de situaciones, y se pide la decisión del visitante a la página. De esta manera se están recabando miles de respuestas. Parece que hay países en los que se prefiere atropellar al joven, y

---

830 https://link.springer.com/article/10.1007/s11948-019-00130-2
831 http://moralmachine.mit.edu/

otros en que se opta por la persona mayor. Evidentemente, esto lleva a un gran debate filosófico-moral.

La figura 11.4[832] muestra tres alternativas, incluyendo la peor para el conductor. ¿Cuál debe ser el criterio de la empresa que vende el vehículo?

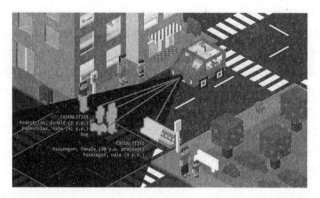

Figura 11.4. Alternativas morales para un vehículo sin conductor

En cuanto a la perspectiva militar, el arsenal de aeronaves militares no tripuladas ha crecido grandemente tanto en número como en variedad. Pero ¿cabe dejar al robot que decida por sí mismo acciones letales?

La organización pacifista PAX[833], al hablar en su página web de los *killer robots* (robots asesinos), dice que probablemente no existan en este momento, pero que sí hay precursores. Un ejemplo de estos precursores es el dron Harpy, [834], o también los robots centinelas SGR-A1 para la frontera entre las dos Coreas[835].

Con ocasión del 24.º Congreso Conjunto Internacional sobre Inteligencia Artificial (IJCAI-15), en el 2015, se redactó una carta dando la alarma sobre el uso militar de la inteligencia artificial. La carta fue firmada por unos mil expertos y personalidades, inclu-

832 https://www.iast.fr/debate-moral-machine-0

833 https://www.paxforpeace.nl/#

834 https://www.timesofisrael.com/israeli-killer-robots-could-be-banned-under-un-proposal/

835 https://www.dailymail.co.uk/sciencetech/article-2756847/Who-goes-Samsung-reveals-robot-sentry-set-eye -North-Korea.html

yendo Stephen Hawking, Elon Musk, Noam Chomsky, etc. Existe una página web, [836], que sigue recogiendo firmas para esta carta, que ya ha sido suscrita por unas 30.000 personas.

Para quienes deseen profundizar en los *killer robots*, hay un largo y documentado artículo en la revista científica *Journal of Applied Philosophy* sobre este tema, [837]. En este artículo se atribuyen responsabilidades tanto a los productores de estos robots como al comandante que ordena su uso. Otro texto, más breve, ofrecido por la Arms Control Association y disponible en Internet, es [838], el cual insiste en los aspectos problemáticos de la autonomía, y en que el robot debe permanecer bajo la autoridad de un humano.

11.1.3. ROBOTS BUENOS

¿Pueden los robots ser buenos?

Desde hace bastante tiempo, se viene investigando en robots para enfermos y personas dependientes. Parte de las propuestas se dirige a la actividad hospitalaria; otras a las necesidades de las personas necesitadas de atención. Nos valemos a continuación de algunas imágenes, que ayudan, mejor que las palabras, a captar las ideas que se están manejando.

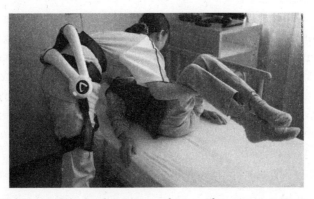

Figura 11.5. Exoesqueletos que ayudan a cuidar y mover pacientes

---

836 https://futureoflife.org/open-letter-autonomous-weapons#signatories

837 https://wmpeople.wm.edu/asset/index/cvance/sparrow

838 https://www.armscontrol.org/act/2016-09/features/stopping-killer-robots--why-now-time-ban-autonomous -weapons-systems

Cualquiera que haya ayudado a un enfermo a levantarse de la cama sabe que es un reto para la propia espalda y que a la vez requiere delicadeza. La figura 11.5 muestra un exoesqueleto que es muy de agradecer para esta acción, [839].

La figura 11.6 muestra un pequeño humanoide ayudando a un niño autista a aprender habilidades sociales y de comunicación, [840]. El robot tiene expresiones faciales simples, y un comportamiento amistoso y predecible.

Figura 11.6. Niño autista ayudado por un simpático robot

Con el tiempo se han adquirido experiencias de cómo debe ser un robot para acompañar a personas mayores. Es importante que el robot no cause miedo, o no tenga cierto aire de superioridad o autoridad. En algunos casos, se busca que los robots «necesiten» cariño, de modo que hay perros, gatos, e incluso focas robot, [841], que buscan con sus «ojos» contacto visual y emplean diversos gestos faciales (figura 11.7).

---

839 https://www.aviacaofederal.com.br/2015/06/traje-robotico-ajuda-cuidadores.html

840 https://www.hcf.com.au/content/hcf/home/health-agenda/health-care/research-and-insights/robots-helping-kids-with-autism

841 https://www.mayoresudp.org/robots-cuidadores-ciencia-ficcion-realidad/

Figura 11.7. Robots de compañía

Si el lector deseara saber más sobre robots sociales en educación, es recomendable ver las panorámicas presentadas en [842] [843]. En cuanto al uso de robots en hospitales, [844].

11.1.4. Cariño artificial

Considerando en especial los robots sociales para enseñanza o cuidado de personas, ¿qué cuestiones éticas pueden surgir? El tema es actualmente objeto de debate. Entre las cosas que se aprecian a primera vista, está que las personas —y más los niños o los mayores— necesitan cariño real. Quizá puedan «entrar al juego», como solemos hacer al ver ciertas películas, llegando a una relativa interacción emocional con los robots, pero en realidad nuestro juicio suele permanecer despierto y detecta lo que podríamos llamar cariño artificial. Este último punto tiene que ver con términos que aparecen en la literatura internacional, como son *«computational empathy»*, o bien *«artificial empathy»*. Se ha publicado mucho sobre este tema, según se refleja en [845], que es un extenso artículo de revisión, el cual dedica una de sus secciones a la empatía con robots.

842 http://elc.blogs.uoc.edu/robots-familiares-y-sociales/

843 https://robotics.sciencemag.org/content/3/21/eaat5954/tab-pdf

844 https://medicalfuturist.com/robotics-healthcare/

845 https://gaips.inesc-id.pt/amigos/papers/a11-paiva.pdf

Hay otro aspecto relevante, relativo a la autonomía: la toma de decisiones por parte del robot y la responsabilidad. En [846] se considera el siguiente ejemplo: ¿qué pasa si la persona mayor a cargo del robot pide al robot que le tire por la ventana? ¿Debe el robot obedecer? ¿Quién es responsable? Por cierto, hay un estudio sobre las posibilidades de utilizar aprendizaje computacional para predecir si alguien va a intentar suicidarse; sucede que los algoritmos crecen en certeza en el caso de pacientes en hospital, llegando a un acierto del 92 % con una semana de anticipación.

Según se recoge en el artículo [847], la International Federation for Robotics (IFR) indica que en el 2018 existirían aproximadamente 35 millones de robots de servicio, bastantes de ellos para el cuidado de personas. El artículo se pregunta por los criterios éticos de los creadores de robots, los usuarios, la reglamentación y la política en este terreno. También cita como tareas de los robots cuidadores mover personas, bañarlas, alimentarlas, conversar, jugar. En otros artículos se comenta que los robots tienen buena memoria, y pueden ir anotando datos en sus conversaciones con un paciente, sobre su familia, aficiones, temas de conversación, opiniones, quizá datos económicos, etc. Claro está que esta ventaja también puede suscitar preocupaciones en cuanto a privacidad, seguridad, etc. Puede ser además que surjan nuevos escenarios, como robots de compañía para ayudar a hacer la compra en un mercado.

Si bien algunos autores justifican la introducción de robots cuidadores por el gran crecimiento de personas dependientes, no todos están de acuerdo. En el artículo [848] se pregunta con cierta crudeza acerca de los puestos de trabajo correspondientes, y si la sustitución de cuidadores por robots es para ahorrarse dinero.

Queda por ver la reacción del público. Según el informe [849], en el 2012 se hizo una encuesta en 27 países de la Comunidad

---

846 https://cmfblog.org.uk/2016/03/30/rise-of-the-healthcare-robots-five-ethical-issues-to-consider/

847 https://link.springer.com/article/10.1007/s10676-016-9409-x

848 https://www.sciencedirect.com/science/article/pii/S0921889016305292

849 https://ec.europa.eu/commfrontoffice/publicopinion/archives/ebs/ebs_382_sum_en.pdf

Europea sobre la actitud del público hacia los robots. Contestaron más de 27.000 personas. Menos de la cuarta parte tenían una opinión negativa. Pero en cuanto a los robots para cuidar niños, personas mayores o con discapacidad, el 60 % respondieron que tales robots deberían ser prohibidos. Un resultado parecido se obtuvo en Estados Unidos, año 2017, [850]. Un interesante comentario de esta situación aparece en [851] al plantearse la siguiente pregunta: ¿dejarías a un robot ponerse al cuidado de tu madre?

11.1.5. DRONES PARA INICIATIVAS SOLIDARIAS

Dediquemos un espacio específico a los drones.

Los drones están teniendo un gran impacto en el público. Se pueden emplear para muchas cosas buenas, y esto ha llevado consigo interesantes propuestas internacionales. Por ejemplo, la iniciativa WeRobotics, [852, 853], que intenta llevar conocimiento y apoyo —en drones—, datos e inteligencia artificial a centros locales en África, Asia y Latinoamérica (incluyendo por ejemplo los *Flying Labs*).

Otra iniciativa de gran valor humano está llevando a cabo en varios países de África una red de distribución de sangre para transfusiones, utilizando pequeños aviones sin piloto que reparten los contenedores de sangre mediante paracaídas, [854] [855]. Las siguientes fotos muestran una rampa de lanzamiento del avión, y una instantánea del lanzamiento del paracaídas con el pequeño contenedor (figura 11.8).

---

850 https://www.pewinternet.org/wp-content/uploads/sites/9/2017/10/PI_2017.10.04_Automation_FINAL.pdf

851 https://www.nytimes.com/2019/12/13/opinion/robot-caregiver-aging.html

852 https://werobotics.org/

853 https://impact.empodera.org/werobotics-robotica-y-tecnologia-para-el-bienestar-social/

854 https://flyzipline.com/

855 https://www.designweek.co.uk/issues/28-october-3-november-2019/designer-drone-zipline-rwanda-keenan-wyrobek/

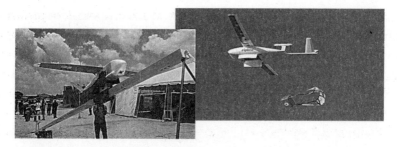

Figura 11.8. Aviones sin piloto repartiendo sangre para transfusiones

Además de las mencionadas, existen bastantes más iniciativas con respecto a drones para çosas buenas *(Drones for Good)*, como, por ejemplo, [856, 857].

Afortunadamente van apareciendo vías de financiación y reuniones para intercambio de experiencias. Es digno de encomio, en este sentido, el apoyo ofrecido por la Dubai Future Foundation a través de varios premios, tales como el premio Drones for Good Award, dotado con un millón de dólares, [858]. La primera convocatoria tuvo lugar en el 2015, a la que se presentaron más de 800 candidaturas; una de las finalistas fue, por cierto, una compañía española. Otra iniciativa de la Fundación de Dubai es el premio AI and Robotics Award for Good.

Formando parte de la red de innovación promovida por la ONU, UNICEF ha lanzado un programa sobre Drones para el Bien Social, [859, 860].

Pero, además de los drones para cosas buenas, también podemos ampliar nuestra perspectiva y considerar los robots para usos buenos *(Robots for Good)*. En realidad, ya hemos iniciado este tema al comentar páginas atrás su uso con enfermos y personas mayores. Una de las secciones del Consumer Electronics Show (CES), que es uno de los más grandes escaparates de las últimas

---

856 https://www.dronedeploy.com/about/dot-org/

857 https://www.avy.eu/

858 https://www.dubaifuture.gov.ae/our-initiatives/drones-for-good-award/

859 https://www.uninnovation.network/events/2019/4/22/drones-for-social-good

860 https://www.unicef.org/innovation/drones

novedades en cuanto a aparatos electrónicos, se viene dedicando a *Robots for Good*, [861, 862, 863].

11.1.6. MISIONES HUMANITARIAS: BÚSQUEDA, RESCATE Y ATENCIÓN

Queremos comentar ahora una interesante aplicación humanitaria de la robótica. Se trata de la «búsqueda y rescate». El motivo puede ser un terremoto, o un naufragio, o un incidente en la montaña, etc., [864, 865].

Curiosamente, una de las formas de entrar en esta temática es a través del fútbol.

El concurso internacional RoboCup comenzó en Japón, en 1997. Tiene lugar cada año, y es muy popular, [866]. Comenzó con fútbol entre robots, organizado en varias ligas según que los robots sean humanoides, cuadrúpedos, con ruedas, etc. El primer RoboCup enfrentó a 38 equipos. El RoboCup del 2017, a 500 equipos. La siguiente fotografía[867] (figura 11.9) corresponde al RoboCup del 2013, y muestra el entorno en el que se celebran las pruebas, con diversos campos de fútbol robótico.

861 https://www.ces.tech/conference/28331.aspx

862 https://www.cnet.com/news/ces-2020-little-robots-are-ready-to-make-the-world-better-in-a-big-way/

863 https://www.dezeen.com/2020/01/14/robots-ces-2020/

864 https://eandt.theiet.org/content/articles/2020/01/finders-keepers-search-and-rescue-robots-evolve/

865 https://emerj.com/ai-sector-overviews/search-and-rescue-robots-current-applications/. 47 https://www.robocup.org/

866 https://www.robocup.org/

867 https://www.kekbot.org/?cat=6

Figura 11.9. Campeonato de fútbol entre robots

En realidad, RoboCup sirve para la investigación de algoritmos de robótica cooperativa, con varios robots móviles trabajando en equipo, [868]. Estos algoritmos son luego útiles para otros contextos, como será en el futuro la coordinación de coches autónomos.

¿Y qué tiene que ver RoboCup con búsqueda y rescate? Pues bien, con motivo del terremoto de Kobe, comenzó en 2001 la liga de RoboCup dedicada a rescate, aplicando un escenario experimental en el que los robots terrestres tienen que moverse en terrenos difíciles, como sería entre escombros de un edificio.

A su vez, en los años 2012-2015 tuvo lugar el DARPA Robotics Challenge, que consideró entornos degradados y peligrosos.

La figura 11.10 intenta expresar lo que puede ser un terreno difícil. Esta imagen es un fotograma de un vídeo de YouTube[869] sobre el comportamiento del *Big Dog*, una especie de mula-robot de transporte desarrollada por la compañía Boston Dynamics.

868 https://canvas.harvard.edu/courses/37276/files/5818986

869 https://www.youtube.com/watch?v=cNZPRsrwumQ

Figura 11.10. Mula-robot de transporte para escenarios dificultosos

La primera intervención real de la robótica para búsqueda y rescate tuvo lugar en las ruinas del World Trade Center, tras el atentado del 11 de septiembre del 2001, [870]. La investigación había empezado bastantes años antes a considerar este tipo de aplicación, y actualmente constituye una amplia actividad, consolidada internacionalmente, [871].

Además de la robótica para búsqueda y rescate en tierra, hay interesantes aportaciones para playas y para náufragos. Por ejemplo, el robot EMILY, que es una especie de flotador motorizado que se lanza desde la orilla hacia la persona en riesgo (una vez que se abraza al robot, se puede remolcar fácilmente a tierra). El robot PARS deja caer flotadores desde el aire. Existen también otros robots basados en pequeñas embarcaciones autopropulsadas, con un diseño que facilita que el náufrago se agarre o se encarame, [872].

En cuanto a desastres…, los incendios. Australia… California… Portugal… Historias dramáticas de incendios forestales y personas atrapadas. Es obvio que los drones pueden ser de gran ayuda para ver desde el aire, e incluso intervenir de alguna manera, [873, 874].

870 https://onlinelibrary.wiley.com/doi/pdf/10.1002/rob.20218

871 https://www.intechopen.com/books/search-and-rescue-robotics-from-theory-to-practice/introduction-to-the-useof-robotic-tools-for-search-and-rescue

872 http://en.fzblue.com/news_view.aspx?TypeId=4&Id=426&Fid=t2:4:2

873 http://dronenodes.com/firefighter-drones/

874 https://www.aerones.com/eng/firefighting_drone/

El artículo [875] presenta en detalle los aspectos técnicos que se han investigado para el empleo de drones en incendios a cielo abierto.

11.2. INTELIGENCIA ARTIFICIAL: USOS DIGNOS Y USOS CUESTIONABLES

Por diversos motivos, se ha suscitado una amplia controversia sobre la ética de ciertas aplicaciones de la inteligencia artificial, también mirando al futuro.

11.2.1. ¿HACIA UNA SOCIEDAD VIGILADA?

En primer lugar, están las cuestiones de la captura de datos como a escondidas y poniendo en precario nuestra privacidad.

Por ejemplo, se tiene la sospecha de que los móviles nos escuchan. No solo mi móvil, sino los de la gente con quien charlo. Algunos expertos dicen, sin embargo, que para algunas empresas la escucha no es necesaria, basta con obtener datos de otras maneras. Resulta impresionante leer la cantidad de cosas que Google puede saber de las personas, según detalla [876], a partir de los mapas, el calendario, los asistentes, las direcciones de *e-mail*, las webs que se han consultado, las *apps*, etc. Se puede saber lo que te gusta, cómo suena tu voz, en qué crees, tu estado de salud, tu domicilio y tu lugar de trabajo, cuáles son tus recorridos, con qué personas te relacionas, y más cosas. También se podría decir que es culpa tuya, porque es posible usar opciones de Google para estorbar o prohibir el acceso a estas informaciones.

Se viene hablando de que vamos hacia una «sociedad vigilada», muy en la línea de lo anunciado por Orwell hace unos setenta años[877]. Por supuesto, hay razones que justifican la vigilancia, [878], pero también caben excesos y tiene su peligro, como en los estados totalitarios. Recordemos el caso ya citado de la *app* Clearview,

---

875 https://www.spiedigitallibrary.org/conference-proceedings-of-spie/10643/106430M/UAVs-for-wildland-fires/10.1117/12.2304834.full

876 https://es.vpnmentor.com/blog/que-sabe-google-realmente-de-ti/

877 https://www.nobbot.com/firmas/orwell-vigilancia/

878 https://www.iep.utm.edu/surv-eth/

que hace reconocimiento facial y compara con una base de unos 3000 millones de fotos tomadas de Facebook, YouTube, etc., [879, 880]. Se está produciendo una reacción en contra, acudiendo a tribunales y promoviendo la abolición de estas prácticas, [881].

11.2.2. INICIATIVAS ÉTICAS EN INTELIGENCIA ARTIFICIAL

En enero del 2017 tuvo lugar el Asilomar Conference on Beneficial AI, organizado por el Future of Life Institution. El lugar de encuentro era un centro de congresos, denominado Asilomar, situado en la península de Monterrey, California. Hay una larga historia de importantes congresos internacionales en ese sitio. Lo que nos lleva a citar ese congreso en particular, sobre inteligencia artificial beneficiosa, es que allí se reunieron más de cien pensadores e investigadores (del mundo de la economía, el derecho, la ética, la filosofía, etc.) y enunciaron 23 principios, [882], que vienen a completar aquellas tres leyes enunciadas por Asimov. Como en el caso de la carta del IJCAI-15, que ya hemos mencionado, es posible manifestar el apoyo personal a los 23 principios mediante la página web [51]. La larga lista de personalidades que ya han firmado, y que figuran en esa página, es impresionante.

Los participantes en el congreso se hicieron una foto en las dunas próximas al lugar de reuniones, según aparece en la figura 11.11[883]. La página web del congreso añade, al pie de la fotografía, los nombres de los que en ella aparecen.

879 https://www.nytimes.com/2020/01/18/technology/clearview-privacy-facial-recognition.html

880 https://www.muckrock.com/news/archives/2020/jan/18/clearview-ai-facial-recogniton-records/

881 https://www.eff.org/deeplinks/2020/01/clearview-ai-yet-another-example-why-we-need-ban-law-enforcement -use-face

882 https://futureoflife.org/ai-principles/

883 https://www.cser.ac.uk/news/cser-at-the-asilomar-beneficial-ai-2017-conference/

Figura 11.11. Congreso Asilomar 2017: foto de familia

Desde luego no se puede decir que el tema se haya quedado dormido. Más bien se está produciendo un amplio despertar. El artículo [884], recientemente publicado (2019) en Internet, presenta una numerosa cronología de grandes iniciativas de ética.

En cuanto a la Comunidad Europea, la forma rápida de acceder a la documentación que ha preparado acerca de la *inteligencia artificial confiable* es mediante la página web [885]. Hay una síntesis en el documento [886], que presenta siete requisitos que deben cumplir los sistemas inteligentes, incluyendo respeto a la privacidad, promover el bienestar y evitar los sesgos (de esto hablaremos más adelante).

Ahora mismo es complicado hacerse idea de las numerosas iniciativas que han tenido lugar. El observatorio de algoritmos, denominado Algorithm Watch, mantiene en Internet un inventario de iniciativas éticas. En nuestra consulta más reciente ya incluye 82 registros, con sus enlaces[887].

A nuestro nivel europeo, la apertura del debate al gran público, viendo caras de los grandes líderes políticos, puede observarse en la página web del Atomium European Institute for Science, Media and Democracy (EISMD). Este instituto mantiene diversos encuentros, como es el Forum for a Good AI Society. En relación con las conclusiones de este fórum, el artículo [888] presenta 20 reco-

884 https://www.cionet.com/blog/2019/11/05/artificial-intelligence-and-data-ethics-ii

885 https://ec.europa.eu/futurium/en/ai-alliance-consultation

886 https://ec.europa.eu/futurium/en/ai-alliance-consultation/guidelines/1

887 https://algorithmwatch.org/en/project/ai-ethics-guidelines-global-inventory/.   77
      https://www.eismd.eu/

888 https://link.springer.com/article/10.1007/s11023-018-9482-5

mendaciones. Una de ellas hace referencia a la «explicabilidad». Sucede, por ejemplo, que las redes neuronales pueden dar sus resultados sin que vengan acompañadas de explicación alguna. Lo que se pide ahora es que las decisiones de los sistemas inteligentes sean explicables, lo cual guarda relación con la responsabilidad.

Desde hace poco, la familia de revistas científicas, en conexión con la prestigiosa revista *Nature,* se ha visto incrementada con una revista *online* denominada *Nature Machine Intelligence*. Esto da idea de la importancia científica que ha adquirido el *machine learning* y temas asociados. En su primer número figura un amplio artículo, [889], con el que se da una panorámica sobre orientaciones éticas en inteligencia artificial. El artículo estudia 84 documentos, con un análisis detallado, tablas, mapa, bibliografía, etc. Entre los aspectos éticos que detecta, aparecen la equidad, el impacto sobre los puestos de trabajo, la dignidad del hombre, la solidaridad, el uso no malicioso, etc.

En fin, completando un recorrido institucional de abajo-arriba, llegamos a la ONU y sus agencias. Realmente, merece la pena citar el estudio preliminar que ha publicado la UNESCO sobre la ética de la inteligencia artificial, [890]. El documento recorre diversos sectores, que corresponden a grandes ramas de la UNESCO, como son educación, conocimiento científico, cultura y diversidad cultural, comunicación e información, paz y seguridad mundial, igualdad de género, África, etc. El texto incluye acertadas observaciones para cada sector.

Tenemos además la plataforma AI for Good de la ONU, que promueve cada año una cumbre global en Ginebra, hospedada por la International Telecommunications Union (ITU), [891]. La cumbre contempla varias sesiones sobre inteligencia artificial para la tierra (aplicaciones ecológicas y ambientales), inteligencia artificial humanitaria e inteligencia artificial y sanidad. La página web de la cumbre incluye un enlace a un repositorio de proyectos y ejemplos de buen uso de inteligencia artificial.

---

889 https://www.nature.com/articles/s42256-019-0088-2

890 https://unesdoc.unesco.org/ark:/48223/pf0000367823.

891 https://aiforgood.itu.int/

A su vez, la ITU ofrece un resumen y diversos enlaces sobre buen uso de la inteligencia artificial, [892]. Contempla aspectos relacionados con agricultura, medicina, educación, ayuda a discapacitados, cambio climático, pesca, etc.

Además de la ONU, hay varias entidades que sufragan proyectos y organizan reuniones sobre inteligencia artificial buena. Por ejemplo, la AI for Good Foundation[893] (cuyo nombre puede confundirse con la plataforma de la ONU). Entre las líneas de actuación de esta fundación están: salud, sueño y nutrición; alimento, energía y agua; sesgos de la información; vida en el océano; desarrollo urbano, etc.

11.2.3. Iniciativas de las empresas

En otro mundo, que podríamos llamar paralelo al institucional, están las iniciativas de las grandes empresas. Se podría decir con bastante seguridad que el gran paraguas que las agrupa es el término «*AI for Social Good*». Aquí se está más cerca de las medidas concretas, con aplicaciones reales.

La misma empresa que anunció en un famoso informe el impacto próximo de la inteligencia artificial sobre los puestos de trabajo, la compañía McKinsey, ha publicado un interesante y breve informe sobre cómo aplicar la inteligencia artificial para el bien social, considerando diez dominios (educación, igualdad, salud, etc.), [894].

En otoño del 2018, Google lanzó su Impact Challenge, pidiendo ideas a las diversas organizaciones sobre cómo usar la inteligencia artificial para el bien social. El desafío se veía apoyado por 25 millones de dólares. Se registraron 2062 inscripciones, de 119 países. Se han seleccionado 20. Las páginas web de Google AI informan de las propuestas seleccionadas, entre las que se cuentan: gestión inteligente del riego en invernaderos (Beirut), toma de datos de

---

892 https://www.itu.int/en/mediacentre/backgrounders/Pages/artificial-intelligence-for-good.aspx

893 https://ai4good.org/

894 https://www.mckinsey.com/featured-insights/artificial-intelligence/applying-artificial-intelligence-for-social -good

polución en Kampala (sensores en taxis y motos), mantenimiento de vacunas, reconocimiento de imágenes a través de *smartphones* para ayuda a diagnosticar infecciones microbianas, prevención de suicidios, ayuda a la gestión de residuos en Indonesia, etc., [895] [896].

También Intel, la gran fabricante de microprocesadores (el corazón de muchos portátiles), se ha implicado ampliamente en la promoción de proyectos para el bien social. Su página web sobre esta actividad, [897], informa de varios de estos proyectos, como son: predecir ataques al corazón, investigación con drones en el Ártico, contribuir a que no haya explotación infantil, mejorar la radiografía médica y la detección de tumores, etc.

Por supuesto, las empresas mencionadas no son, ni mucho menos, las únicas que se han embarcado en acciones sociales. No es posible, en el marco de estas páginas, ponerse a citar cientos de iniciativas. Sin embargo, nos sirve de consuelo llamar la atención sobre los siete ejemplos descritos brevemente en [898], que incluye el programa de acción AI for Earth, promovida y sustentada con 50 millones de dólares por Bill Gates; y también la ayuda de la inteligencia artificial en el campo de las energías renovables; la detección de terremotos; la mejora de la agricultura; y el apoyo a la atención médica. Otra aportación motivadora se refiere al uso de chatbots para el bien social. Se trata de la propuesta de Yoomee, que ya aporta ejemplos, como es enseñar a programar a presos, o la ayuda a personas vulnerables, [899].

11.2.4. PERO ¿HAY PROBLEMAS?

Yendo por un momento a un nivel más abstracto, cabe reflexionar algo más sobre la situación y en cómo acometer la idea de inteligencia artificial para el bien social. Este análisis está brevemente

---

895 https://ai.google/social-good/

896 https://ai.google/social-good/impact-challenge/

897 https://www.intel.ai/ai4socialgood/#gs.vrrueg

898 https://www.springboard.com/blog/ai-for-good/

899 https://medium.com/yoomee/latest

incoado en [900], que hace notar la brecha que se ha creado entre las comunidades científicas y tecnológicas y el sector social (que no debe ser solo un consumidor, sin nada que opinar). Además, indica una hoja de ruta, que es nada menos que los 17 objetivos marcados por la ONU para un desarrollo sostenible.

Es conveniente afrontar una cierta dosis de realismo, que es lo que pide el profesor de Ética Computacional, J. Moore, de la Universidad de Washington, en el breve artículo[901]. El título del artículo es ya de por sí provocativo: «No, AI Is Not for Social Good». El profesor se pregunta ¿qué bien, y para quién? Aunque cabe aceptar la buena voluntad de las iniciativas tecnológicas, hay que ver las implicaciones y efectos colaterales, y contemplarlas desde un contexto de buena política.

Esto nos lleva a dirigir la mirada a posibles problemas y reparos.

Desde una perspectiva ética, ¿por dónde le puede apretar el zapato a la inteligencia artificial? En primera instancia, podríamos decir que en la clasificación y en la toma de decisiones.

Muy probablemente, ya en el contexto de la inteligencia artificial, el problema que más ha llamado la atención es el sesgo. Pongamos algunos ejemplos conocidos:

Seguros: dentro del informe sobre inteligencia artificial y seguros personales, del Centro para Ética de Datos e Innovación (CEDI), establecido por el Gobierno del Reino Unido, se cita el caso de que los seguros para motoristas resultaban más caros si el peticionario se llamaba Mohammed, [902]. También cita una investigación en Estados Unidos que encontró que los seguros de automóvil eran más caros en barrios de minorías que en barrios con mayoría de raza blanca.

Identificación de género: en otro documento del CEDI, se recoge que investigadores del MIT detectaron que tres de los programas más recientes para identificación del género de una per-

900 https://medium.com/@eirinimalliaraki/what-is-this-ai-for-social-good-f37ad7ad7e91

901 https://venturebeat.com/2019/11/23/no-ai-is-not-for-social-good/

902 https://assets.publishing.service.gov.uk/government/uploads/system/uploads/attachment_data/file/833203/ AI_and_Insurance_-_WEB.pdf

sona, a partir de su fotografía, tenían un porcentaje de acierto del 99 % para personas de raza blanca, y del 35 % para otras razas, [903].

Anuncios: un artículo del 2015 comenta que si uno indicaba que es mujer en la configuración de anuncios en Google (Google Ads Settings), entonces los anuncios de trabajos que aparecían correspondían a sueldos menores, [74].

Hipotecas: en el año 2000, Wells Fargo puso en marcha una página web para aconsejar a los clientes un barrio donde vivir. A partir del código postal del cliente deducía su raza, y entonces recomendaba barrios con una demografía similar, [904].

Reclutamiento de personal: en 2014, una gran empresa utilizó más de 400 algoritmos para seleccionar personal para montar un equipo de programadores. Tomaron los datos de equipos de programadores ya existentes en la compañía; casi todos eran varones. Tras el entrenamiento con esos datos, la decisión algorítmica rechazaba personas que acudieron a centros educativos femeninos o que tuvieran en su currículum relación con organizaciones femeninas, [75].

La cuestión del sesgo está dando lugar a diversos estudios. La publicación [905] nos dice, entre otras cosas, que ya se ha hecho un censo de unos 180 casos de sesgo; y, por cierto, comenta uno que resulta bastante chusco, y es que Google Photos apareció en las noticias por haber clasificado a personas de una cierta etnia como gorilas. También dice que dos tercios de las imágenes de ImageNet (una base de datos de imágenes bastante utilizada) están tomadas en el mundo occidental. Hay además otra publicación, [906], que realiza un primer ejercicio de análisis distinguiendo diversos tipos de sesgos, como, por ejemplo, los debidos a cambio de contexto

---

903 https://assets.publishing.service.gov.uk/government/uploads/system/uploads/attachment_data/file/819055/Landscape_Summary_-_Bias_in_Algorithmic_Decision-Making.pdf

904 https://enterprisersproject.com/article/2019/8/4-unethical-uses-ai

905 https://www.infosys.com/services/incubating-emerging-technologies/offerings/Documents/human-bias.pdf

906 https://www.researchgate.net/profile/Alex_London/publication/318830422_Algorithmic_Bias_in_Autonomous_Systems/links/5a4bb017aca2729b7c893d1b/Algorithmic-Bias-in-Autonomous-Systems.pdf

(un ejemplo sería intentar mantener el *software* de un vehículo autónomo americano en coches de Inglaterra, los cuales circulan por la izquierda).

Las empresas relacionadas con inteligencia artificial son conscientes de los problemas de sesgo y discriminación, y están proponiendo diversas medidas. Bastantes de las ideas que se manejan se ven resumidas en otro informe de McKinsey, [907], y tratadas con mayor extensión en [908].

11.2.5. Derechos humanos e inteligencia artificial

La consideración de los derechos humanos abre una importante perspectiva para individuar ciertos riesgos de la inteligencia artificial. Además, se abre así una ruta para poder abordar de una forma más sistemática los temas, al menos en un primer intento. En este sentido, puede servir de modelo el reciente informe de Access Now sobre *Derechos humanos en la edad de la inteligencia artificial*[909].

El informe va recorriendo diversos derechos humanos que pueden verse afectados por la inteligencia artificial, como son el derecho a la vida, libertad y seguridad y a juicios justos; derecho a la privacidad y la protección de datos; derecho a la libertad de expresión, pensamiento, religión, reunión y asociación; derecho a la igualdad y la no discriminación; prohibición de la propaganda de la violencia y el odio; derecho a la educación, etc.

Algunos de los derechos citados nos pueden parecer triviales, pero conviene considerar como telón de fondo la situación en países autoritarios o con ciertas características heredadas. La tentación de privar de Internet, de meter censura o de intentar imponer ideologías está presente en muchos sitios.

---

907 https://www.mckinsey.com/featured-insights/artificial-intelligence/tackling-bias-in-artificial-intelligence-and-in-humans

908 https://www.brookings.edu/research/algorithmic-bias-detection-and-mitigation-best-practices-and-policies-to -reduce-consumer-harms/

909 https://www.accessnow.org/cms/assets/uploads/2018/11/AI-and-Human-Rights.pdf

Con cierta sorpresa, hemos descubierto en Internet dos publicaciones, muy oportunas, en un sitio inesperado. Se trata de la biblioteca jurídica de nuestro *BOE* (sí, el *Boletín Oficial del Estado*, España). Una de ellas es todo un libro que agrupa aportaciones de varios autores, [910]. El libro está dividido en secciones, dedicadas a grandes temas como son: la persona (libertad y seguridad, derecho al olvido, etc.), la ciudadanía, la privacidad, la igualdad (derecho a la información, derecho de acceso a Internet, etc.), responsabilidad, seguridad y ciberdefensa, trabajo y mercado laboral, mercado digital y competencia, robots y sanidad, sostenibilidad, *smart cities*. La otra publicación[911] es un jugoso artículo sobre ética de la inteligencia artificial que recoge cuatro grandes aspectos: autonomía y dignidad, explicabilidad y rendición de cuentas, no dañar y promover un mundo justo. Este artículo comienza relatando una curiosa anécdota: en abril del 2018, un distrito de Tokio con más de 150.000 habitantes convocó elecciones municipales. Se presentó un robot humanoide con rasgos femeninos (llamada Michihito Matsuda), y quedó tercera en la segunda vuelta. Su propuesta era utilizar sus algoritmos para acabar con la corrupción y ofrecer oportunidades justas y equilibradas para todos. Esta propuesta gustó a muchos.

El gran evento anual sobre derechos humanos en la edad digital se denomina RightsCon. El de San José, en Costa Rica, año 2020, incluyó 400 sesiones.

11.2.6. Posibles usos maliciosos

Y cerca ya del final de esta sección, podríamos mirar brevemente el tema de los usos maliciosos de la inteligencia artificial. Es el lado oscuro.

La página web de la Universidad de Cambridge tiene publicado un breve artículo titulado «Global Experts Sound the Alarm»[912].

---

910 https://www.boe.es/biblioteca_juridica/abrir_pdf.php?id=PUB-NT-2018-97

911 https://www.boe.es/biblioteca_juridica/anuarios_derecho/abrir_pdf. php?id=ANU-M-2019-10037900394_ANALES_DE_LA_REAL_ACADEMIA _DE_CIENCIAS_MORALES_Y_POLITICAS _Etica_de_la_inteligencia_artificial

912 https://www.cam.ac.uk/Malicious-AI-Report

Aquí se comentan resultados de una reunión de veintiséis expertos en la Universidad de Oxford, que tuvo lugar en 2017, sobre usos maliciosos de la inteligencia artificial, [913]. El informe de la reunión tiene unas cien páginas. Se han identificado tres dominios susceptibles de ataque: digital, físico y político. Se predicen ciberataques de diversos tipos, incluyendo voces que parecen humanas, drones dañinos, hacer que coches autónomos colisionen, interferencias sobre infraestructuras, etc.

Según se menciona en [914], el World Economic Forum considera en un informe del 2020 que los ciberataques van a ser el segundo gran riesgo para el mundo del negocio en los próximos diez años.

11.3. SISTEMAS INTELIGENTES Y EL HOMBRE

Según se indicó en un capítulo anterior, se ha despertado la alarma por el cambio de escenario en el mundo del trabajo a causa de la automatización y los robots.

11.3.1. ¿UN HORIZONTE SIN TRABAJO?

Una de las películas de Pixar que más comentarios ha suscitado es *Wall-E*. Podríamos decir que presenta ante los ojos una visión profética de lo que puede llegar a suceder. Los hombres han abandonado la Tierra porque está ya cubierta de basura. En la enorme nave en la que viajan todo está robotizado. Las personas son gordas y casi incapaces de andar; siempre sentadas y con una pantalla flotante ante sus ojos. En una de las escenas, dos personas tienen una conversación mirando cada una a su pantalla, sin darse cuenta de que están una al lado de la otra. No se levantan para alimentarse, ya les llevan la comida (tipo *burger*). En la nave hay una persona que hace de capitán de la nave, pero es falso: en realidad el control lo tiene un computador. No saben a dónde van. La parte tierna de la historia tiene lugar entre dos robots, Wall-E e EVE. La figura 11.12 nos muestra la familiar estampa de Wall-E.

---

913 https://maliciousaireport.godaddysites.com/ ver en Google uno initiative ethics (sale también IEEE)

914 https://www.weforum.org/agenda/2020/01/cyber-risk-assessments/

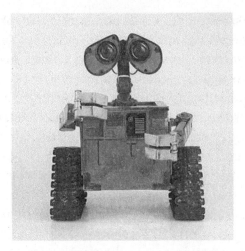

Figura 11.12. Le conocemos: es Wall-E

Intencionadamente, queremos poner a continuación dos imágenes (figura 11.13). A la izquierda un momento de la película; y a la derecha un supermercado actual, que pone a disposición de los clientes un vehículo eléctrico para la compra.

Figura 11.13. ¿Dejar que sean los robots los que trabajen?

La película es del 2008, y se proyecta para un futuro muy lejano. Pero algo hace sospechar que parte de ese futuro ya está aquí. ¿Es atractiva una utopía semejante? ¿Un futuro sin trabajo? Eso sí, con muchas redes sociales y mucho entretenimiento.

Algo falla, ¿no?

El trabajo puede costar más o menos, pero nos aporta muchas cosas. Hay un consenso entre pensadores de muy diversas tendencias acerca de la profunda relación entre trabajo y dignidad del hombre (si bien toda persona es de por sí digna). Ocurre que el hombre con un trabajo, además de ganarse la vida, siente que tiene un papel en la sociedad, mejora su autoestima y puede proyectar una buena imagen de sí mismo.

Por eso, quitar la posibilidad de tener un trabajo es un daño.

Incluso desde una perspectiva ecológica, el cuidado del planeta incluye también cuidar a las personas, y no es solo evitarlas daños, también hacen falta iniciativas proactivas. Es lógico que se estén levantando voces de preocupación ante la perspectiva —más o menos lejana— de un mundo sin trabajo.

Se presenta pues una situación en la que hay argumentos a favor y argumentos en contra. Los robots y la automatización pueden descargar al hombre de tareas peligrosas o duras, tediosas y repetitivas, etc. Por ejemplo, no hay más que comparar cómo se hacían las carreteras hace muchos años, a pico y pala, con la maquinaria actual. Pero, por otra parte, un horizonte de desigualdad económica y de escasez de trabajo no es tan digerible.

También es de sospechar que, si en una zona agraria todo se hace automáticamente, con pocas personas, entonces los pueblos se vacían, las alimañas se multiplican, la maleza crece, surgen problemas con los cauces, etc.

Quizá haya que dar más sitio a la artesanía, a lo especial, al mimo y el arte, cuidar el campo, atender a los más dependientes, etc. También se debe considerar que hay países con muchas necesidades. En todo caso, parece necesario pensar en cambios de planteamiento a nivel general.

11.3.2. UN PROFUNDO DEBATE: ¿ROBOTS CON ALMA?

Pasemos ahora a otro tema, de carácter más especulativo y ciertamente sugerente.

Cerca de mi facultad hay un Centro de Cálculo en el que, además de otras muchas cosas, y desde hace años, se han hecho investigaciones sobre poesía digital. Es un tema reservado a unos pocos en el mundo. He aquí una poesía hecha por ordenador:

¡Oh! Orquídea astral que consume la poetisa en vanidades
Como guerrilla de anónimas preguntas, indignada
Y reprocha instantes de odiosa virgen con eclipsada belleza
Que en la contraseña de tu fuente se reprime retrasada
Adicta semiótica, cual heroica distorsión
Que alegra en tu suicida del camino que no vuelve
Y detona con gramática infinita matando sin consuelo,
¡Ay! Procesando su interdicción.

Suena bien, ¿no es cierto?

El poema se titula *Orquídea hiperastral*. Fue generada por el robot AI Halim X9009, [915]. Sí, suena bien, pero no tiene sentido. He aquí el gran problema... No tiene significado.

Conforme al test de Turing, año 1950, ponemos a prueba dos entidades: un ordenador y un humano. Hay una tercera entidad, un evaluador humano que va haciendo preguntas mediante un teclado a las dos entidades (que podrían estar encerradas en una habitación aparte), y recibe respuestas de una u otra a través de una pantalla. Si al cabo de cierto tiempo (Turing decía que unos cinco minutos), el evaluador no distingue si las respuestas vienen del ordenador o del humano, se puede decir que el ordenador exhibe un comportamiento inteligente.

Ni qué decir tiene que este test ha sido objeto de muchos comentarios.

Al cabo de bastantes años, en 1980, el filósofo John Searle propuso un famoso experimento mental: la habitación china, [916]. Searle se imagina a sí mismo en una habitación llena de libros con símbolos chinos, y con otro libro (un manual) que tiene instrucciones para manipular esos símbolos. Searle no tiene ni idea de chino. Sucede entonces que una persona fuera de la habitación le pasa por un buzón unos símbolos chinos, que son preguntas. Siguiendo el manual de instrucciones, Searle es capaz de pintar símbolos chinos, que son respuestas correctas a las preguntas.

---

915 http://belengache.net/pdf/BelenGache/Antologia_AIHalim_v1.0.pdf
916 http://cogprints.org/7150/1/10.1.1.83.5248.pdf

Searle le pasa esas respuestas a través del buzón al hombre fuera de la habitación. La figura 11.14, tomada de [917], visualiza la situación.

Figura 11.14. La famosa habitación china

De esta manera, la persona dentro de la habitación es capaz de pasar un test de Turing acerca de si entiende chino. Pero Searle no tiene ni idea de chino.

El punto interesante es que si en vez de Searle, pusiéramos un ordenador que utilizara el manual (en forma de programa), también puede pasar el test de Turing. Pero el ordenador no entiende chino.

Es decir, el test de Turing no es suficiente para demostrar que un ordenador entiende o que tiene conciencia o intencionalidad (en palabras de Searle, [918]).

De acuerdo con el largo texto que dedica la *Enciclopedia de filosofía de Stanford* a la habitación china, [89], ha habido un amplio debate sobre el peso argumental de este experimento.

Las máquinas no pueden entender. Y, sin embargo, queremos tener asesores o consejeros digitales.

Es posible arreglárselas usando técnicas de clasificación y de agrupamiento. Por ejemplo, si hablamos de medioambiente emplearemos una serie de palabras, como son polución, ozono, lluvia, etc. Podemos hacer una gran bolsa de palabras y añadir indicaciones sobre relaciones mutuas (por ejemplo, que un con-

---

917 http://web.cse.ohio-state.edu/~stiff.4/cse3521/chinese-room.html

918 https://plato.stanford.edu/entries/chinese-room/

cepto esté contenido en otro más general). Esto llega a ser una «ontología».

Si un móvil nos escucha y ve que estamos empleando palabras de la ontología que hemos citado, puede inferir que estamos hablando de medioambiente.

El uso de las ontologías es bastante variado, no solo para «entender». Normalmente se emplean para análisis y organización de datos.

Conviene distinguir tres cosas: datos, información y conocimiento. La palabra «dato» ya indica que son elementos dados, factuales, que están en nuestro entorno. La información corresponde a datos procesados que tienen un significado; la palabra «información» indica dar forma a algo. El conocimiento es fruto de una elaboración personal, en el que cuenta la experiencia, la información, el aprendizaje y la introspección. Hay varios tipos de conocimiento referidos a qué es, cómo hacer algo, y en qué condiciones (p. ej., cuándo). Es característico del conocimiento relacionar unas cosas con otras. Al definir una ontología, por ejemplo, estamos expresando conocimiento.

Una cuestión central de la filosofía, en bastantes de las últimas décadas, es el conocimiento humano. Entre diversos aspectos que cabe considerar están no solo los funcionales, sino también otros de carácter fundamental, como, por ejemplo, si todo es material, o bien si hay espíritu. Y si hay espíritu, qué papel tiene.

Nosotros manejamos muchos conceptos abstractos, como belleza, justicia, respeto, esperanza, etc. No se refieren a objetos físicos concretos. Son, por su naturaleza inmaterial, un indicio de que en el hombre hay una dimensión espiritual.

Esto nos lleva a un terreno en el que confluyen ciencia y fe, y en el que caben muchas discusiones, [919]. Las relaciones entre ciencia y convicciones religiosas tienen su importancia. De hecho, pueden influir en el rumbo vital de muchas personas. En los últimos años ha crecido enormemente la atención a esta temática en numerosos ámbitos académicos, institucionales, y en debates en

---

919 https://blackwells.co.uk/bookshop/product/Science-and-Religion-by-Alister-E-McGrath-McGrath/ 9781118697283

prensa y medios a distancia. En mi caso, asistí recientemente a unas jornadas de estudio de estas cuestiones en la Universidad de Cambridge, con varios ponentes de diversas ramas científicas, incluyendo cosmología, genética y evolución, arqueología, etc., [920].

Durante el Siglo de las Luces, los avances de la ciencia experimental hicieron temblar las convicciones religiosas, y empujó al agnosticismo o al ateísmo a grandes personalidades. ¿Puede suceder algo parecido con la inteligencia artificial?

Pues, de hecho, se ha llegado incluso a proponer religiones centradas en la inteligencia artificial. Este es el caso de Way of the Future (WOTF), una nueva iglesia, registrada en mayo del 2017, en el Internal Revenue Service (ISR) de Estados Unidos, y por tanto exenta de impuestos[921]. El promotor de esta iglesia es Anthony Lewandowski, famoso por su contribución en Google en el contexto de los vehículos sin conductor (Waymo), y por sus problemas legales en relación con Google y Uber. La misión de esta iglesia es la realización, aceptación y adoración de una divinidad basada en la inteligencia artificial (AI) desarrollada a través de *hardware* y *software*, [922].

¿No recuerda esto a una cierta idolatría? Varios de los comentarios en Internet, acerca de WOTF, coinciden en esta observación, como por ejemplo el sitio Mind Matters, [923], que titula como «El ídolo con pies de silicio» un interesante artículo, cuyo resumen de cabecera es: «Las religiones basadas en inteligencia artificial (AI) no pueden transcender los límites de los computadores».

Efectivamente, hay una cuestión de límites. Me viene a la cabeza la siguiente anécdota, que tuvo lugar en un congreso internacional sobre simulación al que asistí hace tiempo. Uno de los que presentaban su trabajo vino a decir, llevado por su entusiasmo,

---

920 https://faraday-institute.org/index.php

921 https://www.wired.com/story/anthony-levandowski-artificial-intelligence-religion/

922 https://clipset.20minutos.es/anthony-levandowski-iglesia-robots-inteligencia-artificial/

923 https://mindmatters.ai/2019/02/the-idol-with-feet-of-silicon/

que su método de simulación podía resolver *todos los problemas imaginables*. Nadie hizo el menor comentario. Creo que los asistentes no pensaban como él, pero, en fin, mejor era pasar página. Es algo que a veces sucede, que alguien se extralimita.

En algunos casos, sucede que este excederse llega a saltar como noticia. Pongamos, a continuación, dos ejemplos.

El 12 de abril de 1961 tuvo lugar el primer viaje del hombre al espacio. El cosmonauta se llamaba Yuri Gagarin. Al cabo de un tiempo corrió el bulo (que todavía pervive) de que había dicho algo así como que «estoy en el cielo y no he visto a Dios por ningún sitio», [924]. En realidad, la frase procede de un discurso de Nikita Jruschev (por aquella época, era secretario general del Partido Comunista en Rusia), en el que decía de pasada que Gagarin voló al espacio, pero no vio ningún Dios allí.

Al poco de conocerse los Premios Nobel de Física del 2019, uno de los tres laureados, Michel Mayor, fue entrevistado por un conocido periódico español. Este periódico puso como titular del artículo correspondiente: «No hay sitio para Dios en el universo». Varios medios se hicieron eco de esta frase, extraída de la entrevista.

¿Qué decir a este tipo de declaraciones?

Antes que nada, en lo que se refiere a Dios, entendemos que es un ser espiritual y que no está hecho por el hombre.

Esto quiere decir, por ejemplo, que Dios no es detectable con ningún aparato.

Por poner un ejemplo cotidiano, con un voltímetro podemos medir los voltios de una pila. Pero con un voltímetro no podemos detectar a Dios. El voltímetro no nos sirve para saber si Dios existe o no existe. Quien dice un voltímetro, también puede decir un telescopio, un sensor de ondas gravitatorias, etc.

Cuando un científico nos dice que no percibe experimentalmente a Dios, está diciendo una obviedad. Es como decir que la lluvia moja, o que la salsa de tomate mancha. No debería ser noticia.

---

924 https://www.religionenlibertad.com/personajes/35315/gagarin-en-el-espacio-nunca-dijo-no-veo-a-dios -aqui.html

Por otra parte, un científico no tiene obligación de ser un no creyente. Antes bien, es libre de creer o no en la existencia de Dios. Los científicos constatan que hay leyes en la naturaleza, y las describen en lo posible con matemáticas. Los filósofos pueden ir más allá y preguntarse cómo es que las leyes existen.

De todos modos, cualquier persona es libre de observar y de pensar. Así pues, un ingeniero puede afirmar algunas cosas en calidad de ingeniero, con la autoridad correspondiente; y también puede hablar de novelas, de cocina, de fotografía, etc., en calidad de persona de a pie, y probablemente con una autoridad bastante distinta.

Por cierto, los físicos solemos mantener un cierto escepticismo. En lo que respecta a cosas científicas, una cosa son los datos y otra las teorías. En particular, con respecto al cerebro y la inteligencia, parece que todavía queda mucho, mucho por saber.

Hablando de las religiones que creen en un Dios espiritual, sus convicciones religiosas implican una visión ampliada de la realidad que va más allá de la materia. Su certeza —que existe— no está en lo que detectan los científicos con sus aparatos, sino que procede de otras raíces. De entre la amplia literatura al respecto, podría recomendar, por su estilo directo y sin ambages, el libro [925]. También es novedoso por su planteamiento, el libro del profesor C. S. Evans, de la Universidad de Yale, sobre signos naturales y conocimiento de Dios, [926].

Entre los focos que mantienen con mayor viveza la discusión intelectual sobre las cosas que vamos mencionando, está la Universidad de Oxford. Por demás, es conocida la costumbre de los debates de la Oxford Union a alto nivel (ver la página web [927]). Bueno, pues también en este contexto, precisamente, se trató de la credibilidad de la fe (este debate está en YouTube, [928]). Uno de

---

925 https://www.palabra.es/es-razonable-ser-creyente-digital-0390.html

926 https://www.tendencias21.net/Hay-signos-naturales-de-la-existencia-de-Dios_a41123.html

927 https://www.oxford-union.org/past_debates

928 https://hitchensblog.mailonsunday.co.uk/2013/01/should-we-believe-in-god-the-oxford-union-debate.html

los polemistas, el profesor John C. Lennox, de dicha universidad, tiene publicados en castellano un libro[929] sobre si la ciencia ha enterrado a Dios, y otro[930] entrando al choque dialéctico con los famosos «cuatro jinetes del ateísmo», que tanto han dado que hablar últimamente.

Figura 11.15. Un debate en la Oxford Union

Hay que decir también que en el 2018 hubo un debate de la Oxford Union sobre ética y moralidad en robótica, [931]. La siguiente imagen (figura 11.15) muestra el aspecto de un típico debate de esta institución.

Cambiemos por ahora el objetivo de nuestra mirada a otras cuestiones de fondo. La inteligencia artificial no solo puede interferir en el ámbito de las creencias, sino que además pone a temblar concepciones habituales, como lo que es *el hombre.*

Anteriormente hemos citado algunas extralimitaciones que llegaron a ser noticia. Pues todavía podemos ir ampliando más este panorama con los siguientes ejemplos.

Si uno consulta a Google sobre *«robots have souls»* (los robots tienen alma), obtiene ¡17 millones de respuestas! O sea, no es un tema que nadie se haya planteado todavía: más bien al contrario.

929 https://www.rialp.com/libro/ha-enterrado-la-ciencia-a-dios_105465/

930 https://www.publicacionesandamio.com/products-page/andamio/disparando-contra-dios/

931 https://floc2018.org/public-debate/

Quizá el científico al que se le hayan hecho más preguntas sobre esto sea Iroshi Ishiguro. Desde hace años viene construyendo replicantes de hombres o mujeres, al modo de *Blade Runner*. Los llama «geminoides». Páginas atrás mostrábamos una foto de este investigador junto a una réplica de sí mismo. Su página web es espectacular, [932]. Las múltiples declaraciones de I. Ishiguro indican bastante indefinición respecto a poder discriminar hombre y replicante. En un artículo en Internet, dice que: «Básicamente, los japoneses creemos que todas las cosas tienen un alma, nunca distinguimos humanos de otras cosas»[933].

En una página de Internet, [934], se nos dice que los humanos seremos capaces de *transferir nuestra alma a robots androides*. Con ello se viene a recoger algunas de las predicciones de Ian Pearson, jefe de la Unidad de Futurología de la importante empresa British Telecom. Por cierto, otras páginas web vienen a decir cosas parecidas pero con bastante confusión terminológica. Así, por ejemplo, [935] habla de poder bajar *(download)* la mente hacia un cuerpo androide; [936] habla de bajar el cerebro; y [937] trata acerca de descargar *(upload)* la mente en ordenadores. En todo caso, esto solo es parte de una gran visión futurista, como la que describen [938, 939]. Podríamos decir incluso que ya se ha abierto la caja de los truenos. Por ejemplo, ya hay una empresa que *compra tu cara* (para ponerla en algún tipo de robot, real o virtual),[940]; y se sabe de otra

932 http://www.geminoid.jp/en/index.html

933 https://syncedreview.com/2019/11/14/japanese-scientist-insists-his-robot-twin-is-not-creepy/

934 https://www.humanizer.news/android-robots/

935 https://www.mnn.com/green-tech/research-innovations/stories/you-might-be-able-upload-your-mind-android -body-2050

936 http://edition.cnn.com/2005/TECH/05/23/brain.download/

937 https://www.richardvanhooijdonk.com/blog/en/in-a-future-of-mind-uploading-will-you-still-be-you-and-who-will-own-your-mind

938 https://www.trustedreviews.com/opinion/robots-time-travel-and-eternal-life-9-predictions-from-a-professional-tech-futurist-2930900

939 https://futurism.com/futurist-merge-with-ai-protect-humanity

940 https://nypost.com/2019/10/16/tech-company-will-pay-130k-to-put-your-face-on-a-line-of-robots/

que quiere transferir consciencias a cuerpos artificiales, [941]. Por supuesto que ya se presentan preocupaciones éticas, aunque estemos en un futuro hipotético, como por ejemplo a quién pertenece tu cerebro si ha sido descargado en la nube.

Al tomar nota, en el párrafo anterior, de algunos artículos en inglés, hemos traducido *soul* por «alma», *brain* por «cerebro» y *mind* por «mente». Este último término podría traducirse también por «espíritu».

La figura 11.16 se refiere, de forma muy primitiva evidentemente, a ponerle cara a un robot, y ponerle «cerebro» (un circuito electrónico).

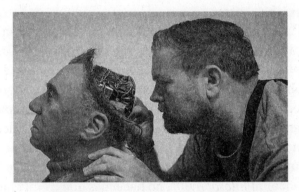

Figura 11.16. Ponerle cara a un robot

Si los hombres de ciencia y pensamiento ya han escrito mucho sobre la autoconsciencia, incluyendo el contexto de los robots, no digamos nada de lo que hay en torno a la conciencia, y en particular a robots con conciencia.

Por cierto, nótese que no es lo mismo consciencia que conciencia. Lo que hace una sola letra (la «s»), ¿verdad?

Nos pasaríamos de espacio si fuésemos a adentrarnos en lo relativo a robots con conciencia. Simplemente, sugerimos algunas referencias que pueden ser útiles para introducirse en el tema. En primer lugar, un artículo muy útil para delimitar la cuestión

---

941 https://www.xataka.com/medicina-y-salud/esta-start-up-californiana-quiere-resucitar-gente

con cierta estructura es [942], que en concreto llega a distinguir once niveles diferentes de *machine consciousness*. En cuanto a revisiones que permiten identificar los principales investigadores del tema, junto con un breve resumen de lo que hace cada uno, podemos destacar [943], bastante breve, y [944], que es bastante más largo e intricado (el título del artículo menciona física y metafísica). Finalmente, el artículo [945] hace un interesante análisis de conciencia, subconsciente y autoconsciencia.

Resulta ciertamente recomendable leer las observaciones que hace Daniel C. Dennett, profesor en la Universidad de Tufts, Massachusetts, tanto en [946] como en un capítulo del libro [947] (Oxford Scholarship), sobre la posibilidad misma de construir robots con conciencia.

En fin, para quienes deseen bucear en Internet, debemos señalar que hay una canción de Sasse, con el título *Do Robots Have Soul?*, que sale en Google con cerca de medio millón de respuestas.

La existencia de distintas raíces culturales, junto con otros factores, puede hacer difícil el consenso en algunos conceptos. En el caso concreto de la «conciencia», bastantes de los artículos ya citados (y muchos otros) dicen que no hay una definición de conciencia comúnmente aceptada. La consulta sobre esto a la *Stanford Encyclopedia of Philosophy*, [948], no hace más que confirmar la complejidad de la cuestión, si bien la lectura de lo que dice esta obra de referencia resulta ser muy instructiva.

Con todo, la noción de conciencia es importante a la hora de poder imputar responsabilidades a un robot.

942 https://e-archivo.uc3m.es/bitstream/handle/10016/10460/criteria_arrabales_2008.pdf

943 https://www.ncbi.nlm.nih.gov/pmc/articles/PMC6614488/

944 https://vixra.org/pdf/1904.0527v1.pdf (IEEE)

945 Arai, S. & Takeno, J. (2018). Discussion on Explicit Consciousness, Sub-Consciousness, and Self-Awareness in a Conscious System. *Procedia Computer Science*, 123, 35-40.

946 https://ase.tufts.edu/cogstud/dennett/papers/concrobt.htm

947 https://www.oxfordscholarship.com/view/10.1093/acprof:oso/9780198524144.001.0001/acprof-9780198524144 -chapter-2

948 https://plato.stanford.edu/entries/consciousness/

Para concluir esta sección, queremos llamar la atención sobre algo quizá inesperado para el lector. No hace poco, en marzo del 2019, la BBC publicaba en Internet una noticia con el siguiente título: «How Pope Francis Could Shape the Future of Robotics». El subtítulo de la noticia venía a decir: «El Vaticano no parece ser el primer sitio que a uno se le ocurriría al pensar en robótica». Esta noticia, [949], se refiere a un *workshop* de la Academia Pontificia para la Vida, celebrado en el 2019 sobre roboética. La figura 11.17 muestra una fotografía[950] de una de las sesiones.

Figura 11.17. Workshop *de roboética, Roma*

Las actividades de la Academia siguen adelante. Hace poco ha promovido otra reunión sobre ética de la inteligencia artificial,[951], con asistencia de altos representantes de IBM, Microsoft, etc., [952]. Con motivo de la reunión se ha firmado la Rome Call for Ethics.

949 https://www.bbc.com/news/technology-47668476

950 htpps://www.importantinnovations.com/2019/03/important-innovations-collec-tion-pope.html

951 http://www.academyforlife.va/content/pav/en/news/2019/intelligenza-artificiale. html

952 https://www.bbc.com/news/technology-51673296

11.4. TRANSHUMANISMO

Es muy posible que las cosas de las que vamos a tratar ahora traigan a la cabeza del lector más de una película reciente. Y es que sucede que el transhumanismo ha tenido bastante éxito en el mundo del cine futurista. Uno de los pilares tecnológicos en los que se apoya es la inteligencia artificial.

En pocas palabras, el transhumanismo es un movimiento que considera que el hombre debe tomar un papel proactivo en mejorar la especie humana. Por decirlo así, se trata de no esperar a la evolución, sino de empujarla.

Para ir captando en qué se basa este modo de ver las cosas, el término clave es «convergencia». En concreto, se trata de la convergencia de cuatro componentes: la nanotecnología, la biotecnología, la tecnología informática y la ciencia del conocimiento (en particular, la neurociencia). Para abreviar, se habla de convergencia NBIC. Por supuesto, esta convergencia puede ampliarse con otros elementos.

Se considera como documento fundacional del transhumanismo el informe de la NSF/DOC, publicado en 2002, que lleva el título: *Converging Technologies for Improving Human Performances* (Tecnologías convergentes para la mejora de las potencialidades del hombre)[953]. Este informe tuvo un gran impacto, más allá incluso del ámbito científico.

¿De dónde viene el término «transhumanismo»? Fue creado por el biólogo Julian Huxley, que fue el primer director general de la UNESCO. Julian era hermano del escritor Aldous Huxley, y medio hermano del Premio Nobel Andrew Huxley.

En la actualidad hay una treintena de organizaciones que promueven el transhumanismo. Quizá la más numerosa sea Humanity+[954], que cuenta con unos 6000 seguidores. Antes se llamó World Transhumanist Association (WTA), y fue fundada por Nick Bostrom y David Pearce. Otra organización que se inte-

---

953 https://www.wtec.org/ConvergingTechnologies/Report/NBIC_report.pdf
954 https://humanityplus.org/get-involved-2/join/join-hplus/

gró en Humanity+ fue el Extropy Institute, impulsado entre otros por Max More.

También es importante el Institute for Ethics and Emerging Technologies (IEET)[955], que es una especie de *technoprogressive think tank*. Fue fundado por Nick Bostrom y James Hughes, en el 2004.

11.4.1. ALGUNOS TRANSHUMANISTAS

En general, los transhumanistas buscan de alguna manera la inmortalidad o, al menos, la prolongación de la vida. Max More, antiguo estudiante de Oxford, es el director de Alcor, una institución para la preservación criogénica. Natasha Vita-More es su mujer y es presidenta de Humanity+. En abril del 2019, Alcor tenía 168 pacientes en estado de suspensión criogénica, en cilindros de acero a 196 grados bajo cero. En la lista para pasar a ese estado hay más de un millar de personas, algunas bastante conocidas en el mundo del deporte o del arte. El precio para clientes americanos es de 100.000 dólares si es cuerpo entero, u 80.000 dólares si es solo el cerebro.

David Pearce, filósofo, formado en Oxford, publicó en 1995, en Internet, un manifiesto titulado *The Hedonisitc Imperative*. En él se presentan unas líneas de actuación, para eliminar toda forma de experiencias desagradables en la vida sintiente (humana y no humana), utilizando fármacos, ingeniería genética, nanotecnología y neurocirugía. Hay que diseñar mejor las drogas del placer y añadir autoestimulación intracraneal («cableado cerebral») para evitar bajones. Hay que emplear ingeniería genética para evitar gente depresiva y tender más a la hipertimia, [956].

Antes de continuar con más personajes, conviene detenerse en considerar el concepto de «singularidad», puesto que tiene una importante significación en el transhumanismo.

Para hacer una bomba atómica hay que alcanzar una masa crítica. Si la masa es menor, no hay explosión; pero si la hay, la reacción en cadena produce el estallido.

---

955 https://ieet.org/

956 https://www.abolitionist.com/

El científico S. M. Ulam, que precisamente participó en el proyecto Manhattan (bomba atómica), y que descubrió el concepto de autómata celular, inventor además del método de Monte Carlo en computación, relata que en una conversación con Von Neumann sobre el progreso tan acelerado de la tecnología, este hizo notar que parece como si este progreso podría alcanzar una «singularidad». A partir de la singularidad, el modo de vida del hombre cambiaría.

I. J. Good, matemático, introdujo el concepto de «explosión de la inteligencia». Este profesor de la Virginia Tech ayudó como consultor a Stanley Kubrick durante la película *2001: una odisea en el espacio*. El modelo matemático de Goods sobre la explosión de la inteligencia predice que una futura superinteligencia dispararía una singularidad.

Vernor Vinge, antiguo profesor de la Universidad Estatal de San Diego (California), y autor de libros de ciencia ficción, escribió en un ensayo, titulado *The Coming Technological Singularity* (1993), que la superinteligencia iba a aumentarse y mejorarse a sí misma gradualmente, hasta alcanzar una singularidad, antes del 2025, que iba a significar el final de la era humana.

No es extraño pues que Stephen Hawking y Elon Musk hayan mostrado preocupación sobre si la inteligencia artificial puede llevar a la extinción del hombre.

La persona de la que vamos a hablar con cierta extensión, Ray Kurzweil, publicó en 2005 un libro que ha tenido gran impacto. Su título, *La singularidad está cerca*. El libro ha dado lugar a una película con el mismo título del libro. Kurzweil sugiere que el progreso tecnológico sigue una curva exponencial. En cuanto a la inteligencia artificial, se alcanzará una singularidad cuando la suma de la inteligencia de los computadores supere a la suma de las inteligencias humanas. En cuanto a la fecha, es más prudente que Vinge, y sugiere que aproximadamente será en el 2045. Recogemos a continuación unas palabras de Kurzweil en ese libro:

> La singularidad va a representar la culminación de la mezcla de nuestro pensamiento y existencia biológicos, con nuestra tecnología; resultando en un mundo que es todavía humano pero

que transciende nuestras raíces biológicas. No habrá distinción, postsingularidad, entre hombre y máquina, o entre realidad física, o virtual.

Más adelante, dice:

La singularidad nos va a permitir transcender limitaciones de nuestros cuerpos y cerebros biológicos. Nuestra mortalidad va a estar en nuestras manos.

Y, además:

Hacia el final de este siglo, la porción no biológica de nuestra inteligencia será billones y billones más poderosa que la inteligencia humana no ayudada.

Hemos traducido el «*trillion*» de la cita en inglés por el billón nuestro.

Para el lector interesado en transhumanismo y singularidad, recomendamos [957] como un amplio y detallado artículo sobre el particular.

Se podría decir que el transhumanismo ha encontrado gran resonancia en el Valle del Silicio, California. Por ejemplo, allí tiene su dirección la Singularity University, de la que Ray Kurzweil es cofundador y canciller. Kurzweil es autor de diez libros, entre los que se cuenta *La era de las m*áquinas *espirituales*.

Kurzweil pretende conseguir una versión 2.0 del cuerpo humano, según tres fases. En la primera fase hay que llevar una vida sana, con una dietética adecuada y ciertos fármacos. La segunda fase utiliza ingeniería genética y la biotecnología para enfrentarse con el envejecimiento celular. La tercera se basa en nanotecnología e inteligencia artificial, para la reconstrucción completa del cuerpo (incluido el cerebro) a escala molecular. El mismo Kurzweil comenta que toma diariamente cien píldoras para alargar la vida.

La visión transhumanista se extiende a diversas áreas. En el caso de James Hughes, sociólogo, que fue temporalmente monje

957 https://www.researchgate.net/publication/330559687_Transhumanism_and_Singularity _A_Comparative _Analysis_of_a_Radical_Perspective_in_Contemporary_Works

budista, y es uno de los fundadores del IEET, dice que, en vez del bioconservadurismo o del transhumanismo libertario, hay que ir a un transhumanismo democrático, que sería una forma de tecno-progresismo. Es autor del libro titulado *Cyborg: Why Democratic Societies Must Respond to the Redesigned Human of the Future*.

Comentábamos antes que los fundadores del IEET fueron J. Hughes y Nick Bostrom. Pues bien, N. Bostrom tiene bastante importancia en cuanto a las ideas. Es filósofo, y es el director fundador del Future of Humanity Institute, de la Universidad de Oxford. Es autor de más de doscientas publicaciones, entre las que figura el libro *Superintelligence: Paths, Dangers, Strategies*. El libro avisa de que la inteligencia artificial y la aceleración de las tecnologías llevan a un riesgo existencial; y que aquí hay un reto en cuanto al desarrollo moral de nuestra especie. Otra de sus ideas se refiere a la simulación. Bostrom imagina que existen civilizaciones avanzadas, con inmensos recursos computacionales, que pueden estar interesadas en averiguar cómo otros universos posibles podrían evolucionar. Entonces, podrían crear enormes simulaciones, tan realistas que sus habitantes virtuales no se darían cuenta de que ellos mismos no son reales. Así que podría ser que nuestra «realidad» no sea más que una simulación.

Esto último suena a una saga de películas, de las que han hecho época (figura 11.18).

Figura 11.18. ¿Vivimos un mundo simulado?

Se debe distinguir entre un ser transhumano y otro poshu-mano. El primero es un momento de la transición al segundo. Según Bostrom, el poshumano tendrá una esperanza de vida superior a los 500 años, capacidades intelectuales dos veces superiores al máximo en el humano actual, y dominio y control de los impulsos de los sentidos, sin padecimiento psicológico. El poshumano tendría un cuerpo según sus deseos, podría engendrar copias de sí mismo, y controlaría totalmente sus emociones, [958]. La figura 11.19 muestra una imagen de Bostrom, tomada de la web [959].

Figura 11.19. Nick Bostrom

Como se habrá podido advertir, varios mensajes del transhumanismo suenan a una pseudorreligión materialista. Probablemente el más explícito en este sentido sea el Movimiento Terasem[960]. El término alude a la Tierra (Tera) y a la semilla (Seed), y se inspira en una religión ficticia que aparece en las obras de Octavia Butler, escritora de ciencia ficción. Terasem fue fundada en 2002 por Martine Rothblatt y su mujer. Agrupa tres organizaciones: el Terasem Movement, la Terasem Movement Foundation y la Terasem Movement Transreligion.

---

958 https://repositorioinstitucional.ceu.es/bitstream/10637/3694/2/EPostigotranshumanismo.pdf

959 https://newspunch.com/how-to-thwart-a-robot-apocalypse-oxfords-nick-bostrom-on-the-dangers-of-superintelligent-machines/

960 https://terasemcentral.org/

La misión de Terasem es educar al público sobre la practicidad y necesidad de extender grandemente la vida humana, de forma consistente con la diversidad y la unidad, a través de la nanotecnología geoética y de la ciberconciencia personal, concentrándose en particular en facilitar la revitalización (o resurrección) a partir de la biostatis. El Movimiento se focaliza en preservar, evocar, revivir y descargar la conciencia humana. Terasem propone una fe, basada en las «Verdades de Terasem», a saber:

— La tecnología futura permitirá a Terasem abarcar el universo, convirtiéndose en omnisciente y omnipotente.

— De esta forma estamos construyendo Terasem como Dios, con átomos *smart* y electrones con conciencia.

Entre los pensadores más populares actualmente, figura Y. N. Harari, autor de libros tan conocidos como *Sapiens: de animales a dioses*, o bien *Homo deus: breve historia del mañana*. Harari considera que, con la transición promovida por el transhumanismo, las diferencias entre animales, máquinas y hombres desaparecerán; también la diferencia varón-mujer; y, finalmente, entre hombre y Dios. Posiblemente seamos las últimas generaciones de sapiens. En las próximas décadas vamos a convertirnos en dioses, con habilidades divinas como crear vida. Los principales productos ya no serán ropa, coches, etc., sino cuerpos, cerebros y mentes. Crearemos nuevos seres orgánicos, o bien ciborgs, o completamente inorgánicos. El hombre es un algoritmo orgánico que será dominado por las máquinas con mejores algoritmos, [961].

En fin, quedarían por nombrar bastantes más personas enroladas activamente, de una forma u otra en el transhumanismo. Sin embargo, no pretendemos aquí agotar el tema. Pasemos más bien a considerar brevemente otras materias.

---

961 https://www.bioeticacs.org/iceb/seleccion_temas/transhumanismo/transhumanismo_CLASE_GT.pdf

11.5. ALGUNAS CONSIDERACIONES

Los que trabajamos en control automático de sistemas estamos acostumbrados a un enfoque de «caja negra». No nos importa lo que hay dentro de la caja, solo nos interesa cómo responde a los estímulos que le aplicamos. El test de inteligencia de Turing recuerda a este enfoque, aplico preguntas y observo respuestas.

Sin embargo, hay muchos sistemas que no se dejan tratar como cajas negras. Hay que «abrir la caja» para saber más. Especialmente esto es así con los sistemas biológicos, que encierran mecanismos y estructuras bastante complicadas (aunque se basen en repertorios de «piezas» simples).

Pero, además, en el caso de la inteligencia humana, aparte de que engloba aspectos más complejos de lo que parece, tiene facetas tales como el manejo de conceptos abstractos, o entender el significado de las frases, que denotan un componente inmaterial, [962, 963] y [964, 965].

Hay bastante por investigar en cuanto a la persona humana. Aunque sujeta al campo libre de las interpretaciones, la inteligencia artificial está haciendo contribuciones importantes en este sentido, se va sabiendo más. Por ejemplo, en cuestiones de percepción y fusión multisensorial y reconocimiento de patrones. Se puede hablar de progreso efectivo.

En cuanto a la investigación en materias donde todavía se sabe poco o hay sitio para nuevas sorpresas (en las ciencias experimentales ya ha habido unas cuantas), conviene decir que, desde hace centurias, los teólogos cristianos vienen insistiendo en que en el mundo físico todo es inteligible; no hay que usar a Dios para «rellenar huecos», como «explicación» cuando no sabemos por qué existe este o aquel fenómeno. Lo que hay que hacer es investigar. El cristianismo no tiene miedo a la ciencia, al contrario, más bien la impulsa, ya que crecer y dominar la Tierra (Génesis) sig-

---

962 https://mindmatters.ai/2019/06/science-points-to-an-immaterial-mind/

963 https://dadun.unav.edu/handle/10171/40246

964 http://www.revistas.uma.es/index.php/myp/article/view/2807

965 https://www3.nd.edu/ afreddos/courses/43151/ross-immateriality.pdf

nifica entender cada vez más. Es significativo que bastantes claves científicas de primer orden hayan sido propuestas por cristianos tales como Von Neumann, Donald Knuth (ciencias de la computación), Lemaître (teoría del *big bang*), Tesla, Mendel, Max Planck, etc., [966].

Viene a cuento recordar una famosa anécdota, atribuida a un diálogo entre Napoleón y Laplace. Refiriéndose al tratado de Laplace sobre mecánica celeste, Napoleón le hizo ver que no había mencionado ni una sola vez al Creador del universo. A lo cual, Laplace respondió que «no había tenido necesidad de esa hipótesis». Esto es así ciertamente, el cómo se mueven los astros está gobernado por leyes físicas. Los libros de mecánica, óptica, termodinámica y otras ramas de la física, como también los de química, geología, etc., no mencionan a Dios, ni tienen por qué hacerlo. Algunos han tomado al pie de la letra la frase de Laplace para decir que era ateo. Pero no tiene por qué ser así, como en el caso de cualquiera de los autores de los libros que he citado; es cosa de su esfera personal. De paso, hay que decir que Laplace murió como católico.

Una cosa es la física y otra la filosofía. Pero es curioso que exista una doctrina filosófica, llamada «fisicalismo», que afirma que lo que existe es exclusivamente físico, incluía la mente o el alma. No es que la física lleve a esto, sino que más bien es una postura filosófica de partida: no aceptar la existencia de nada más allá de lo medible.

En la época de Laplace, se consideró necesaria una visión determinista. Pero, más adelante, con la mecánica cuántica, y después con la teoría del caos, se ha suavizado bastante este planteamiento.

Con respecto al hombre, ya se ve que tiene algo de especial. Nuestra historia, nuestro modo de ser y actuar, desde muy antiguo, tiene una dinámica distinta a la de los animales irracionales.

Junto con otras religiones, el cristianismo habla de alma. Pero no entiende al hombre como si el alma fuese como un parche pegado al cuerpo, de quita y pon. Se trata más bien de que el hom-

---

966 https://www.outono.net/elentir/2017/06/19/100-eminentes-cientificos-cristianos-porque-no-creer-en-dios-no-te -convierte-en-inculto/

bre es uno, no una suma, con unión intrínseca de alma y cuerpo. Esto es difícil de expresar. Un aspecto importante, que señalan algunos filósofos, es que el alma intelectual necesita un soporte funcional adecuado, como es nuestro cuerpo, con su cerebro en especial.

La persona se distingue por poder emplear el «yo». La responsabilidad se atribuye a las decisiones de un «yo». Por supuesto, jurídicamente se puede hablar de responsabilidades de una empresa, un club u otras entidades, pero siempre hay detrás personas. Al tocar este punto viene a la memoria el comportamiento de HAL, el ordenador de a bordo en *2001: una odisea en el espacio*, que es *de facto* el sexto tripulante de la nave. Una de las frases de HAL es: «I'm sorry Dave, I'm afraid I can't do that» (HAL emplea tres veces el «yo»). Uno de los muchos comentarios y artículos que ha suscitado HAL es [967], en el que se plantea la pregunta «¿HAL cometió asesinato?».

Siguiendo con los transhumanistas, parece que su planteamiento de transmitir o descargar la mente, basándose en escanear el cerebro, o bien en copiar todos sus datos, es netamente fisicalista. Además, parece que confunde conocimiento con información.

La isla de la Resurrección, relativamente cerca del Polo Sur, ha sido testigo de una grave historia. Cuando llegó el hombre, se descubrieron grandes posibilidades de negocio basadas en la caza de focas, elefantes marinos y ballenas. Se edificaron instalaciones industriales. Al cabo de los años, las ballenas fueron llevadas al borde de la extinción, y el número de pieles de focas era de decenas de miles cada año. La sobreexplotación llevó finalmente a abandonar a su suerte aquellas instalaciones, por dejar de ser rentables.

Podemos ser bastante inhumanos. También, por ejemplo, en cuanto a que las personas puedan vivir dignamente teniendo trabajo. No es solo promover el progreso, también hay que emplear la inteligencia con creatividad, para que el futuro sea de todos. Hay empresas que, con grandeza de horizonte, y no sintiéndose

---

967 https://thereader.mitpress.mit.edu/when-hal-kills-computer-ethics/

al margen de la moral, están ya pensando activamente en estas cosas.

Aunque son ya muchas las referencias bibliográficas que hemos recomendado al lector, todavía nos quedan algunas que queremos mencionar. El informe [968], sobre cómo la IA está transformando el mundo; o el artículo [969] sobre el futuro de la interacción hombre-IA. Además, el mensaje final, [970], del Congreso sobre Robótica, IA y la Humanidad: Ciencia, Ética y Política, celebrado en Roma, año 2019.

968 https://www.brookings.edu/research/how-artificial-intelligence-is-transforming-the-world/

969 https://journalofbigdata.springeropen.com/articles/10.1186/s40537-019-0202-7

970 http://www.pas.va/content/accademia/en/events/2019/robotics/statementrobotics.html